深圳律师实务丛书

元宇宙法律实务

主 编 黄 斌 张叶丰
副主编 潘 良 侯玉洁 康 宁

YUANYUZHOU FALÜ SHIWU

法律出版社
LAW PRESS · CHINA
北京

图书在版编目(CIP)数据

元宇宙法律实务 / 黄斌，张叶丰主编；潘良，侯玉洁，康宁副主编. -- 北京：法律出版社，2023
(深圳律师实务丛书)
ISBN 978-7-5197-7571-1

Ⅰ. ①元… Ⅱ. ①黄… ②张… ③潘… ④侯… ⑤康… Ⅲ. ①虚拟经济-经济法-研究-中国 Ⅳ. ①D922.290.4

中国国家版本馆CIP数据核字(2023)第027876号

元宇宙法律实务
YUANYUZHOU FALÜ SHIWU

黄 斌 张叶丰 主 编
潘 良 侯玉洁 康 宁 副主编

责任编辑 朱轶佳 韩超群
装帧设计 汪奇峰 鲍龙卉

出版发行 法律出版社
编辑统筹 司法实务出版分社
责任校对 王 丰 郭艳萍
责任印制 胡晓雅
经 销 新华书店

开本 710毫米×1000毫米 1/16
印张 16.25 **字数** 244千
版本 2023年3月第1版
印次 2023年3月第1次印刷
印刷 三河市龙大印装有限公司

地址：北京市丰台区莲花池西里7号(100073)
网址：www.lawpress.com.cn
投稿邮箱：info@lawpress.com.cn
举报盗版邮箱：jbwq@lawpress.com.cn
销售电话：010-83938349
客服电话：010-83938350
咨询电话：010-63939796

书号：ISBN 978-7-5197-7571-1
定价：62.00元

深圳律师实务丛书
编委会

本 书 编 委 会

主　　编：黄　斌　张叶丰

副 主 编：潘　良　侯玉洁　康　宁

编委会成员（按姓氏首字母顺序排列）：

蔡诗爽　马楷阳　王　颖

熊　聪　徐斯敏　张　茵

校对组成员（按姓氏首字母顺序排列）：

曹海涛　杜春龙　黄忆莹

文湘川　肖　燕　杨　秦

尹艳荣　俞菁华　余明枫

本书编委会成员介绍

蔡诗爽

广东卓建律师事务所律师，第十一届深圳市律师协会数字经济法律专业委员会委员，卓建元宇宙法律研究中心副主任。曾获深圳市律师行业“优秀青年律师”表彰，擅长领域为经济类刑事犯罪辩护、民刑交叉案件处理。

马楷阳

美国圣路易斯华盛顿大学法学硕士，万商天勤律师事务所驻港代表、青工委副主任、律师。已通过美国纽约州律师执业资格考试。专注涉外商事争议解决，在中国国际经济贸易仲裁委员会、香港国际仲裁中心、深圳国际仲裁院、上海国际经济贸易仲裁委员会等及各法院有丰富的出庭经验。

王　颖

毕业于对外经济贸易大学，国浩律师（深圳）事务所合伙人。主要从事公司IPO、并购及投融资等法律业务，已服务近百家不同规模的企业，涉及行业包括数字经济、军工、能源、环保、金融、高端制造、生物医药等。

本书编委会成员介绍

熊　聪

毕业于中国政法大学法学专业，广东宝城律师事务所合伙人、专职律师。具有十多年的法律实践经验，常年担任执法部门、土地整备部门、国有资产管理部门、工程事务管理部门的法律顾问，在行政执法、市政工程建设、征收整备、集体资产管理和处置等相关法律事务方面经验丰富，能够准确把握深圳地方相关政策规定和趋势，为政府部门行政管理和企业合规治理提供有力支持。带领的团队主办或管理的行政、民商事诉讼案件达上百宗，能够在案件处理过程中有效维护当事人的合法权益。

徐斯敏

香港中文大学国际经济法硕士，广东星辰律师事务所律师，第十一届深圳市律师协会数字经济法律专业委员会委员。所涉专业领域包括大型零售行业相关法律事务、劳动争议、保险法、数据合规与个人信息保护。

张　茵

北京市京师（深圳）律师事务所律师，深圳市律师协会数字经济法律专业委员会干事。执业前拥有多年知名上市健康科技企业、保险企业和互联网企业的管理从业经验，同时具有经济师、寿险管理师（FLMI）和北美核保师（ALU）资格。擅长办理企业民商事争议解决、公司治理及合规业务。

践行初心使命　回归专业发展

律师行业如何专业化发展是个常谈常新的问题。作为社会分工精细化的必然产物,律师业务专业化发展是法律服务适应市场发展的内在要求,也是一种国际趋势。随着新技术、新模式、新业态的快速发展,律师从业环境不断变化,法律服务市场的竞争日益激烈,只有走专业化发展道路,才可能提高服务质量,寻求更好发展。专业化道路的探索不易,必将经历一些困局,那么如何打破这些困局,摸索破局之道呢?呈现在眼前的这套"深圳律师实务丛书"为我们提供了重要的世界观与方法论,这其中记载的逻辑思路、办案细则,为提供高质量专业法律服务创造了可能。

律师行业的专业化首先需要律师个人花费更多的心血研读专业书籍,花费更多的精力掌握本专业的实践知识。本套丛书大量采用以案释法的方式,锁定实务中存在的痛点,运用综合的法律视野,结合实际办案经验,精准实现了理论与实践的融合,知行合一,极大地提高了律师个人提升专业素养的效率,为实现律师行业专业化发展奠定了广泛的人才基础。

律师行业专业化还需要创新业务领域,追求多方面发展。开放的市场经济需要律师行业的专业化发展,但同时也会带来新的问题,产生实务领域上的法律业务空白,制约律师行业的专业化发展。本套丛书先行先试,勇于破冰探路,在前人著书立说尚少之处积极探索,紧密结合理论与实践需求,有针对性地阐明各类实务问题,通过全面深入地论证分析,在一定程度上填补了相关领域实务方面的空白。

深圳目前正处于"双区"驱动、"双区"叠加、"双改"示范及建设中国特色社会主义法治先行示范城市的重大历史时期,深圳律师应当树立终身学习理念,实现专业知识与市场需求相匹配;紧握行业动向,创新法律服务领域及模式;抢抓历史机遇,充分了解法治环境政策,实现专业化深耕,为深圳社会主义法治建设做贡献。

蒋小文

深圳市司法局党委书记、局长

2023 年 1 月 9 日

回归专业　潜心钻研
促进高质量发展

斗转星移，继往开来。深圳市律师协会自2012年启动“深圳律师实务丛书”（以下简称丛书）出版工作以来，至今已出版实务专著37部，内容涵盖诸多专业领域，全面展现了深圳律师业务的研究成果和实务经验，已成为深圳市律师协会推进行业专业化建设的品牌项目。

鼓励和引导律师著书立说是深圳市律师协会推动律师专业化的一项长期性的重点工作。丛书旨在充分发挥深圳市律师协会的业务指导作用，通过鼓励深圳律师和深圳市律师协会各专业委员会撰写实务专著，可以有效提升律师业务水平，增强律师业务能力，保证律师服务质量，以专业引领和成果共享助推深圳律师行业高质量发展。

本套丛书凝集着深圳律师的心血与经验，展现了深圳律师的专业水平。本套丛书在律师业务的众多领域，汇集了深圳律师的业务成果，总结了深圳律师的执业经验，体现了深圳律师的专业能力，彰显了深圳律师的职业精神。这一本本专著必将成为深圳律师专业化发展史上一颗颗璀璨的明珠，永远镶嵌在深圳律师专业化发展的史册上。

2023年是全面贯彻落实党的二十大精神的开局之年，深圳律师要深学细悟笃行党的二十大精神，让党的二十大精神在深圳律师行业落地生花，要以习近平法治思想为指引，大兴专业研究之风，切实回归专业，潜心研究，深挖专业和实务问题，以高品质的法律服务保障行业的高质量发展。开展业务和实务研究不能脱离实际，必须密切关注经济社会发展和法治建设，聚焦其中的热点、难点、堵点问题，深入开展有针对性的研究，进而提出应用对策与实践指引，也期待深圳律师能输出更多的法律实务研究成果，并能形成专著与同行共享，这本身也是律师业务领域的一种先行示范。

希望本套丛书成为广大实习人员、执业律师期待、必备的好工具，也希望未来能够出版更多、更好的供律师们学习提高、掌握律师实务知识与技能的好专著！

张　斌

深圳市律师协会会长

2023 年 1 月 9 日

本书序

2021年是元宇宙元年，脸书(Facebook)直接更名为Meta，微软花费687亿美元收购美国游戏巨头“动视暴雪”，百度推出元宇宙社交平台“希壤”，网易伏羲发布沉浸式活动系统“瑶台”。“人民日报评论”微信公众号发文称，“元宇宙概念的走红，背后有着相应的技术支撑和社会生活因素”，新华社发文指出，“元宇宙有可能激发数字经济更大的活力。……甚至可能刺激新一轮的科技革命，带动从现实到虚拟多个产业进一步潜力挖掘”。上海、深圳、武汉、合肥、成都、南京、杭州、南昌、海口等多地纷纷将元宇宙写入2022年政府工作报告，全国超过30个省市出台了元宇宙相关的支持性政策，引导元宇宙相关产业健康发展。元宇宙相关产业的发展，离不开对区块链、虚拟现实、数字孪生、算法等元宇宙相关底层技术的准确认知和法律定位，离不开对元宇宙相关应用场景的法律分析和风险规避。本书出版的目的在于为元宇宙相关产业和应用场景进行法律合规分析，进而有效促进元宇宙相关产业的可持续发展。

本书作者包括黄斌、张叶丰、潘良、侯玉洁、康宁、熊聪、蔡诗爽、马楷阳、徐斯敏、王颖和张茵。黄斌撰写了第一章、第二章第一节、第三章第二节、第四章第一节、第五章第一节、第六章、第七章、第九章和第十二章，张叶丰撰写了第八章，潘良撰写了第十一章，侯玉洁撰写了第二章第二节、第三节，康宁撰写了第三章第一节，熊聪撰写了第四章第二节和第三节，蔡诗爽撰写了第五章第二节，马楷阳撰写了第三章第三节，徐斯敏撰写了第十章第二节，张茵撰写了第十章第一节，王颖撰写了第二章第四节。校对组成员有曹海涛(广东华商律师事务所)、杜春龙[北京市盈科(深圳)律师事务所]、黄忆莹[北京金诚同达(深圳)律师事务所]、文湘川[北京大成(深圳)律师事务所]、肖燕(广东卓建律师事务所)、杨秦[北京市盈科(深圳)律师事务所]、尹艳荣(广东宝城律师事务所)、俞菁华(广东卓建律师事务所)、余明枫[北京中银(深圳)律师事务所]。

黄　斌

2023 年 2 月 19 日在深圳

目录

第一章 元宇宙概述

2021年是元宇宙元年,游戏公司罗布乐思(Roblox)在其招股说明书里提出了通向"元宇宙"的八个关键特征,即身份(Identity)、朋友(Friends)、沉浸感(Immersive)、低延迟(Low Friction)、多样性(Variety)、随地(Anywhere)、经济(Economy)、文明(Civility)。[1] 社交媒体巨头"脸书"(Facebook)首席执行官扎克伯格在其公司的活动上,揭晓了外界期待已久的公司新名字——"元宇宙"(Meta)。[2] 笔者以为,元宇宙是继传统互联网、移动互联网之后的第三代互联网(Web 3.0),能够给用户带来从二维的平面视觉、听觉体验进展到包含空间性维度的三维沉浸式、交互式立体体验,包括视觉、听觉、触觉、味觉、嗅觉等多感官维度体验,是人类未来的数字化生存方式。该数字化存在并不是和现实世界分离,也不是和现实世界平行的虚拟世界,而是以虚实融合的方式形成现实世界和虚拟世界的相互映射,形成一种"你中有我,我中有你"的全新生活方式,提升人的体验、效率,展现更多无限可能。

---

〔1〕 参见张爱:《8个特征、8大技术,让你深入了解产业园元宇宙的商业逻辑》,载搜狐网2022年5月25日,https://m.sohu.com/a/550951454_121119000。

〔2〕 参见国际在线:《Facebook更名为Meta:从社交媒体转型为"元宇宙"公司》,载百度网2021年10月29日,https://baijiahao.baidu.com/s?id=1714918955550352448&wfr=spider&for=pc。

◇ 第一节　元宇宙的起源和发展

“元宇宙”(Metaverse)一词来自科幻小说。1992年,美国科幻作家尼尔·斯蒂芬森在其作品《雪崩》中首次提出了这一概念,当时这个词被译为“虚拟实境”。小说中,人们在数字游戏世界中互动。这部作品被许多人视为反乌托邦文学的经典之作。[1] 2020年年底,马化腾在腾讯特刊《三观》上撰文指出,一个令人兴奋的机会正在到来,移动互联网十年发展,即将迎来下一波升级,我们称为全真互联网。[2] 2021年3月,被称为元宇宙第一股的Roblox正式在纽约证券交易所上市;2021年10月,脸书直接更名为Meta,宣传将全力进军元宇宙;2021年12月,百度的首个国产元宇宙产品“希壤”正式发布;2022年5月,韩国政务元宇宙首尔市政厅向公众开放。上海、深圳、武汉、合肥、成都、南京、杭州、南昌、海口等多地纷纷将元宇宙写入2022年政府工作报告。元宇宙概念的走红,背后有着相应的技术支撑和社会生活因素。一方面,经过多年的发展,VR、人工智能、区块链、5G通信、可穿戴设备等底层技术的应用日渐成熟;另一方面,因为新冠肺炎疫情等原因,线上办公、线上课程逐渐普及,人们在虚拟空间的停留时间更长,线上生活所占的比例不断升高。在一些具体的场景中,人们捕捉到元宇宙可能给生活带来的改变。[3] 元宇宙有可能激发数字经济更大的活力。构建元宇宙需要的基础设施、资源、受众等多方面同步到位,建成后对解决空间、时间等稀缺资源的限制或有价值,甚至可能刺激新一轮的科技革命,带动从现实到虚拟的多个产业进一步挖掘潜力。[4] 通常来说,元宇宙是基于互联网而生、与现实世界相互打通、平行存在的虚拟世界,是一个可以映射现实世界又独

---

〔1〕 参见贾晓静:《年轻一代更愿意进入“元宇宙”》,载百度网2021年11月19日,https://baijiahao.baidu.com/s?id=1716844078425243532&wfr=spider&for=pc。

〔2〕 参见科技茶馆:《音乐会结束,不是所有虚拟人都要奔向元宇宙》,载百度网2022年5月16日,https://baijiahao.baidu.com/s?id=1732983127763341111&wfr=spider&for=pc。

〔3〕 参见张近山:《万物皆可“元宇宙”?》,载微信公众号“人民日报评论”2021年11月17日,https://mp.weixin.qq.com/s/HS5NKh30_vTILjyyzdSrSA。

〔4〕 参见韩亚峰、李峥:《元宇宙愿景背后的政府与企业视点》,载百度网2021年11月29日,http://baijiahao.baidu.com/s?id=1717754225270755034&wfr=spider&for=pc。

立于现实世界的虚拟空间。它不是一家独大的封闭宇宙，而是由无数虚拟世界、数字内容组成的不断碰撞、膨胀的数字宇宙。[1] 元宇宙的发展是因为虚拟现实（Virtual Reality，VR）、增强现实（Augmented Reality，AR）、人工智能（Artificial Intelligence，AI）、区块链、数字孪生、云计算、边缘计算、脑机接口等技术发展到一定水平，企业需要寻找新的红利替代早已消失的移动互联网红利，连续三年的疫情使人们开始习惯于长期的线上生活，用户创作内容（User Generated Content，UGC）成为互联网的主流并需要保障用户的收益。

◇ 第二节　元宇宙的相关技术

一、构建虚拟世界之虚拟现实

虚拟现实（含 VR、XR、AR、MR）是新一代信息技术的集合，融合了仿真技术与计算机图形学、人机接口技术、传感技术、人工智能等多种技术。VR 是狭义的虚拟现实，其完全屏蔽、遮挡了用户的眼睛，利用三维建模等技术模拟构建了一个三维动态虚拟世界。使用虚拟现实设备时，在用户眼中呈现三维动态的虚拟世界，且仅有虚拟世界，在完全遮断真实的物理世界之后，再提供视觉、听觉、触觉和嗅觉的感官模拟，给予用户完全沉浸式的体验。AR 并不屏蔽、遮挡用户的眼睛，只是通过计算机技术模拟仿真技术在真实的物理世界上叠加了一些计算机生成的虚拟影像，让用户在看到真实物理场景的同时也看到了虚拟影像，该超越物理现实的感官体验只是增强了用户对真实物理场景的感知，并不像 VR 替代了用户对真实物理场景的感知。MR 呈现在用户眼里的是一种将真实的物理世界和虚拟世界融合后产生的新的可视化情景，该可视化情景能够和真实的物理世界进行实时交互，这是 VR、AR 所不具备的。在虚拟现实中，“设备”和“内容”是相辅相成的两大组成部分，两者相互促进、相互影响。

---

〔1〕 参见管筱璞、李云舒：《深度关注|元宇宙如何改写人类社会生活》，载中央纪委国家监委网，https://www.ccdi.gov.cn/toutiaon/202112/t20211223_160087.html。

二、映射虚拟世界之数字孪生

《数字孪生技术应用白皮书(2021)》认为,“数字孪生是一种数字化理念和技术手段,它以数据与模型的集成融合为基础与核心,通过在数字空间实时构建物理对象的精准数字化映射,基于数据整合与分析预测来模拟、验证、预测、控制物理实体全生命周期过程,最终形成智能决策的优化闭环”[1]。笔者以为,数字孪生,或称数字化双胞胎,是指建立在物理实体上,充分利用传感器更新、运行历史等数据,集成多物理量、多尺度、多概率的仿真过程,通过在虚拟空间中创造一个数字孪生体完成映射,基于数据整合与分析预测对物理实体全生命周期的变化进行记录、分析、预测和控制,最终形成智能决策的优化闭环。数字孪生包括以下五个层级:第一层为基础层。该层由工业设备、交通工具、医疗设备、城建设备等具体的硬件设备组成。第二层为数据层。该层通过传感器感知采集运行环境和物理实体组成部件自身状态数据集成传输,再利用反馈控制完成物理实体的最终执行,是数字孪生闭环优化的起始和终止环节。第三层为映射层。该层通过工业通信实现上行感知数据的采集和下行控制指令的执行,实现物理对象与其数字孪生系统间精准映射与实时交互。第四层为优化层。该层包括数据建模、数据仿真和控制,记录上行感知数据进行分析、诊断和综合决策,并将最终决策指令反馈给物理实体,实现对物理实体全生命周期的闭环优化。第五层为应用层。该层是指军事航空、智能制造、智慧城市等多方面的应用。

三、让元宇宙充满想象力之人工智能(AI)

无论是计算机视觉、机器学习,还是自然语言处理和智能语音,人工智能都是元宇宙重要的组成部分和关键之一,它与元宇宙切口高度重叠,有了这些人工智能技术的持续加持,元宇宙未来才会实现从概念到场景化的落地,两者之间的紧密关系,让市场有了更多想象力和期待。[2] 人工智能需要大量的数据进行机器学习,然后通过算法进行自动化决策,数据的质量和规

---

〔1〕 中移智库:《2021 数字孪生技术应用白皮书(全文)》,载网经社网 2021 年 12 月 7 日,http://www.100ec.cn/detail—6604418.html。

〔2〕 参见书翼:《从 AI 到元宇宙,谁会笑到最后?》,载澎湃新闻网 2021 年 12 月 17 日,https://m.thepaper.cn/baijiahao_15837312。

模决定了机器学习的质量，算法的偏见和歧视会形成算法权力进而影响自动化决策。

四、建立元宇宙经济系统的非同质化通证（NFT）

非同质化通证或非同质化代币（Non – Fungible Token，NFT）是基于区块链技术的一种应用，是用于表示数字资产的唯一加密货币令牌，是标记用户对特定资产（包括存在于数字世界或发源于数字世界的资产）所有权的数字凭证，可以映射现实世界中收藏品、图像、音乐等物品和虚拟世界中数字土地、数字艺术品、游戏道具等虚拟资产，是构建元宇宙经济属性的重要技术。与 NFT 相对应的概念是同质化通证或同质化代币（Fungible Token，FT），如比特币以及基于 ERC – 20〔1〕的以太币、嫩模币（OmiseGo，OMG）、SNC〔2〕、波场币（Tron，TRX）等，两者最大的区别就在于是否唯一且不可分割。与 NF 锚定同质化资产的价值不同，NFT 锚定非同质化资产价值，并且每个 NFT 所对应价值独一无二、不可分割。在 NFT 区块链上签署 NFT 智能合约（smart contract），便可指向特定资产的相关数据，具有可交易、不可更改、可公开访问的特性。

五、赋予元宇宙灵魂之去中心化自治组织

元宇宙作为一个虚实共生的数字世界，人们要在数字世界中生存发展，必然需要运用大量不同于现实世界的治理规则，显然航海时代发明的公司制已经无法适应元宇宙时代的需求。DAO 的出现，有效地促进了人们在元宇宙数字世界中从事生产、投资等活动，赋予了元宇宙经济文化繁荣之灵魂。DAO 作为一种构建在区块链上的元宇宙组织形态，通过自动执行的智能合约实现社区自治，按照预设的治理规则确保自动执行，保障社区成员的利益一致，并能够共同实现组织目标。相比现有组织形态而言，DAO 主要有以下几个特征：所有的决策都是去中心化的，没有董监高等中心化主体；可以事先查阅相关治理规则，主动选择适合自己的组织，使自己的利益最大化；组织呈现扁平化特征，成员之间是一种平等关系；成员进退自如，解决了

---

〔1〕 ERC – 20 是一种加密货币行业中最流行的代币标准。

〔2〕 SNC 是 SunContract 平台的代币。

公司制中小股东退出难的问题;有效、最大限度地利用了组织的资源,解决了公司资源流动和平衡的问题;利润分配短平快且直接由智能合约执行,无须再看公司管理层的眼色;适应了元宇宙时代生产资料的变革要求,有效地促进了数字资产的发展。

六、提供底层技术之区块链

区块链是一种去中心化分布式数据存储账本,区块链中的上万个节点利用哈希算法、非对称算法等保障了账本上数据的不可篡改、可追溯性和保密性。人类正处于一场将人类的财富逐渐从物理世界向虚拟世界迁徙的历史性运动中,区块链以其分布式网络构建了元宇宙的核心基础和技术支撑,可以通过对数字资产所有权进行标记的方法,完成虚拟世界中数据内容的可信及价值交换,将人类的财富逐渐向第三代互联网(Web 3.0)转移。区块链通过公钥、地址来验证交易发起人的私钥签名,以及交易发起人和资产所有人是否一致,并可以为智能合约提供可信的执行环境和系统,进而通过外部账户发起交易、签署合同和完成交易。

第三节 国外的元宇宙相关政策

一、美国

美国政府对于元宇宙仍处于观望状态,尚未提出明确的元宇宙建设纲要性文件,也没有官方表态,其对数据安全的担忧及产业巨头垄断风险的警惕暂时占据上风。[1] 美国企业研究所发布了其高级研究员撰写的文章《元宇宙的黑暗面》,并指出了当前元宇宙空间中的数据安全问题。该文章称,元宇宙与人的身体直接互联,这意味着人们在虚拟空间中遇到的一切风险都很难设防。VR 头盔等可穿戴元宇宙接入设备能轻而易举地收集个人用户的虹膜、瞳孔、指纹、声纹、体态、步态等生物识别数据,进而分析出用户的行为模式、健康状况、消费偏好等信息,用于开展定向商业推广或日常监控。

---

〔1〕 参见联合文学:《泰达视野|"备战"元宇宙(一)》,载搜狐网 2022 年 2 月 23 日,https://www.sohu.com/a/524912535_121124742。

不同于移动互联网具有间隔媒介，元宇宙趋向实现全感官深度沉浸，而这势必意味着全方位的数据交付，由此形成的潜在心智操控风险将更大且更不可控。[1] 随着元宇宙时代的来临，在线社交、游戏、媒体、学习、医疗、教育、工作、生活等诸多元宇宙场景都涉及数据的收集、传输、清洗、处理和共享，从某种程度上说，数据构建了各式元宇宙的血液，各式元宇宙的运行都离不开数据。美国政府对个人信息保护和数据安全的重视程度超过了对新兴产业的扶持，现处于观望态势。

二、欧洲

欧洲对元宇宙持高度谨慎态度。欧盟《人工智能法案》、"平台到业务"监管法规、《数字服务法案》和《数字市场法案》等立法说明了监管机构在处理元宇宙时可能采取的立场和倾向，包括增加透明度、尊重用户选择权、严格保护隐私、限制一些高风险应用等。这些立法预示着欧盟更关注元宇宙的监管和规则问题，试图在治理和规则上占据先发优势，进而保护欧洲内部市场。[2] 欧洲没有自己的互联网大厂，其始终对外部互联网大厂和互联网产业持谨慎态势，并从个人信息保护角度出发对元宇宙加强监管。

三、韩国

在全球范围内，韩国政府率先发起和建立了元宇宙协会。韩国首尔市政府宣布将打造"元宇宙平台"，向市民提供公共服务。届时，首尔市政府将成为韩国首个提供元宇宙服务平台的地方政府。[3] 2022 年 5 月 9 日，"元宇宙首尔市政厅"已向公众开放。韩国科学技术信息通信部长官林惠淑说，"元宇宙作为数字'新世界'，有无限可能"，政府将促进这一行业与相关部门

---

〔1〕 参见证券市场红周刊：《元宇宙热度持续升温　生物识别数据安全引起重视》，载百度网 2022 年 5 月 26 日，https://baijiahao.baidu.com/s?id=1733864657139408764&wfr=spider&for=pc。

〔2〕 参见韩亚峰、李峥：《新华社：元宇宙愿景背后的政府与企业视点》，载百度网 2021 年 11 月 29 日，http://baijiahao.baidu.com/s?id=1717754225707550348&wfr=spider&for=pc。

〔3〕 参见陈小黑：《一文盘点世界各国对元宇宙的政策和态度》，载网易网 2021 年 11 月 18 日，https://www.163.com/dy/article/GP3V0A7Q0511QUF7.html。

密切合作。韩国还打算在元宇宙平台上建立为外国人服务的线上韩语学院,并在旅游、医学和艺术领域启动多个使用元宇宙技术的项目。计划中的"元宇宙学院"将帮助全球元宇宙初创企业进入韩国市场并与本土内容生产企业对接。[1] 韩国充分认识到元宇宙生态在经济发展中的重要作用,希望能够通过元宇宙带动元宇宙上下游产业,进入全球经济前五位。

第四节 国内的元宇宙相关政策

2022 年 1 月,国务院印发《"十四五"数字经济发展规划》,提出增强关键技术创新能力,瞄准传感器、量子信息、网络通信、集成电路、关键软件、大数据、人工智能、区块链、新材料等战略性、前瞻性领域,发挥我国社会主义制度优势、新型举国体制优势、超大规模市场优势,提高数字技术基础研发能力。2021 年 12 月,中央网络安全和信息化委员会印发《"十四五"国家信息化规划》,围绕确定的发展目标部署了十项重大任务:(1)建设泛在智联的数字基础设施体系;(2)建立高效利用的数据要素资源体系;(3)构建释放数字生产力的创新发展体系;(4)培育先进安全的数字产业体系;(5)构建产业数字化转型发展体系;(6)构筑共建共治共享的数字社会治理体系;(7)打造协同高效的数字政府服务体系;(8)构建普惠便捷的数字民生保障体系;(9)拓展互利共赢的数字领域国际合作体系;(10)建立健全规范有序的数字化发展治理体系,并明确了将 5G 创新应用工程等十七项重点工程作为落实任务的重要抓手。

《上海市电子信息产业发展"十四五"规划》指出,加强元宇宙底层核心技术基础能力的前瞻研发,推进深化感知交互的新型终端研制和系统化的虚拟内容建设,探索行业应用。《关于加快北京城市副中心元宇宙创新引领发展若干措施的通知》指出,支持元宇宙初创项目和重大项目,完善服务体系,支撑产业生态建设,支持设立专注于早期和长期投资的元宇宙子基金。在内容设计上,突出元宇宙与文化旅游融合发展的特色。在产业空间上,规

[1] 参见《韩国布局元宇宙 欲 5 年跻身全球五强》,载光明网,http://m.gmw.cn/baijia/2022-01/20/130277/913.html。

划"1 个创新中心 + N 个特色主题园区"的元宇宙产业空间布局。江西《关于深入推进数字经济做优做强"一号发展工程"的意见》指出，密切跟踪"元宇宙"未来趋势，统筹 VR、AR、MR 发展，支持突破近眼显示、感知交互、渲染处理等关键核心技术，支撑相关软硬件设备取得新突破。

《2022 年武汉市政府工作报告》指出，加快壮大数字产业，推动元宇宙、大数据、5G、云计算、区块链、地理空间信息、量子科技等与实体经济融合，建设国家新一代人工智能创新发展试验区，打造小米科技园等 5 个数字经济产业园。《2022 年上海市徐汇区政府工作报告》指出，探索成立元宇宙创新联盟，推动人工智能与文化创意、绿色低碳、智能制造等融合发展。《2022 年合肥市政府工作报告》指出，前瞻布局未来产业，瞄准量子信息、核能技术、元宇宙、超导技术、精准医疗等前沿领域。《2022 年成都市政府工作报告》指出，主动抢占量子通信，元宇宙等未来赛道，打造数字化制造"灯塔工厂"。《2022 年深圳市福田区政府工作报告》指出，推动区块链、量子信息、类脑智能等未来产业的技术转化成果加速落地，多领域拓展数字人民币、元宇宙等技术应用场景，扎实推进深圳数据交易中心建设，打造数字经济发展新高地。《广州市黄埔区、广州开发区促进元宇宙创新发展办法》指出，大力促进数字孪生、人机交互、脑机接口、AR、VR、MR 等元宇宙技术变革与应用创新，推动元宇宙相关技术、管理、商业模式的产业化与规模化应用，培育工业元宇宙、数字虚拟人、数字艺术品交易等新业态和新模式，引领新一轮科技革命和产业变革。

◆ 第五节　元宇宙现行发展态势

游戏的沉浸式应用场景与经济系统是与元宇宙最近的应用，区块链游戏通过社区、创造、玩耍、交易和社交催生虚拟社区的诞生，带来全新的数字生活。元宇宙起源于游戏场景但又远超越于游戏。元宇宙通过游戏场景的各种应用，逐渐拓展到创造、娱乐、展示、社交等应用场景，最终形成丰富多彩的虚拟世界，融合成各式各样的元宇宙。

Roblox 是一个 UGC 游戏平台，为用户提供了封装的游戏模块，用户可以使用模块或编程语言创建自己的游戏，提供给其他用户游玩并获得收入。

Roblox 发行 Robux 代币，用户可以购买 Robux 代币，也可以创建自己的游戏提供给其他用户游玩赚取 Robux 代币，实现了创作者经济，形成自我运行的经济系统。

英佩数码（Epic Games）的“堡垒之夜”已经从流行的多人游戏迅速发展成为大规模的社交空间，用户创建自己的头像，可以聚集在一起观看虚拟音乐会；可以用收集的材料来搭建房屋，创建自己的岛屿和地图等虚拟世界。该游戏还提供游戏的虚幻引擎，吸引用户创建自己的游戏或情节，用户可以创建数字服装、表情等，并可出售赚取代币。“堡垒之夜”还可跨游戏平台运行，用户的数字资产也可跨平台使用。

“阿蟹”（Axie Infinity）是一款基于以太坊的游戏，引领通过游戏赚取收益。用户使用代币购买三个名为 Axie 的奇幻生物，并通过喂养它们来升级它们。Axie 成对交配，可以培育出能产生独特基因的新品种，并出售赚取代币，也可以利用 Axie 进行战斗并获得游戏奖励。

“去中心化乐园”（Decentraland）是一个去中心化的虚拟现实平台，其提供了自带的模型，用户可以通过建模软件和平台提供的模型设计创建 3 维场景，吸引其他玩家参与，并将其 NFT 后出售；支持用户创造数字原生服饰，并将其在上述 3D 场景中 NFT，出售 NFT 赚取代币；用户可以购买土地，建造商场、画廊、游乐场等虚拟建筑；平台采用 DAO 社区治理模式，内容创作者可以通过 DAO 保障自己的创作收益权。

2021 年 11 月，百度发布一款名为“希壤”的社交应用软件（Application，App），被称为国内最具有元宇宙形态的元宇宙应用。用户可以进行捏脸操作完成自己的虚拟分身设置，然后进入到商场、艺术馆等虚拟世界，并与其他用户进行交流，该社交软件给用户提供沉浸式虚拟社交体验。百度 AI 开发者大会也在“希壤”平台举办。

第六节　元宇宙未来发展预测

一、脑机接口

VR、AR、XR 都在争夺元宇宙第一入口的位置，但元宇宙入口将会有很多,包括触觉手套、体感服、机械手臂等,甚至可能包括脑机接口。在 PC 互联网时代,键盘、鼠标是人们通常使用的人机交互方式。在移动互联网时代,触摸屏又成了最重要的人机交互方式。在元宇宙时代,人机交互方式除了语音、手势等,可能还要增加脑机接口这一人机交互方式。脑机接口可以帮助人们通过脑电波,即意念来控制其他设备,在大脑与外部计算机设备之间建立一种双向传递的信息系统。在发展早期,脑机接口的研究多用于帮助治疗多种疾病,如失明、瘫痪等,失明病人可以通过脑机接口实现光阵列,瘫痪病人可以通过意念控制机械手臂实现生活自理。随着脑机接口的深入研究,开始将这一技术应用于正常人的日常生活领域,如记忆的提升、用意念控制物联网等。马斯克甚至和云端的虚拟自己进行了交谈,还表示将在自己的大脑中植入脑机接口设备,使人脑和人工智能实现"共生"。因此,脑机接口的发展将远超乎人类想象,成为元宇宙中最重要的人机交互方式。在未来的元宇宙时代,我们可以想象出这样的场景:枯燥无味的英语单词背诵可以在睡梦中进行,超级大脑芯片植入脑中就可以成为超级英雄,用户可以用意念来控制游戏操作,利用意识控制附着在人体外部的外骨骼。

二、人工智能创作内容

在传统互联网时代,用户只能登录雅虎、新浪等门户网站查看新闻,所有内容均为平台创作,平台创作内容(Professional Generated Content,PGC)是主要方式。进入移动互联网时代后,微博、抖音等社交平台的出现让 UGC 大量出现,但用户不能直接决定其创作内容的分成及收益,而只能依赖于平台,大部分用户的创作收益被平台侵占,只有少数顶部用户的创作内容得到了其应有的创作收益。元宇宙时代的来临,使用户可以通过智能合约获得其应有的收益,极大地激发了用户创作的积极性,UGC 成为主流。元宇宙应当是一个拥有海量用户创作内容、物理世界和社交关系数字化呈现、原生于数字世界的虚拟资产价值显现、三维沉浸式体验、现实世界与虚拟世界相互映射的经济系统,在该经济系统中人们可以通过劳动、创作获得回报,可以通过投资、交易获得利润,形成与现实世界类似甚至一样的经济文化繁荣。在元宇宙中,用户不仅是内容的消费者,同时也是内容的创作者;但由于元宇宙所需的内容量极大,现在还出现了人工智能创作内容(AI - Generated Contern,AIGC),AIGC 可以满足大量实时交互时对内容的需求,极大地提高了内容生产质量与效率。

三、创意驱动

元宇宙的特征包括临境感、沉浸感，这就需要在元宇宙中有大量内容能够革新用户与内容的交互形式，给用户提供视觉、听觉、触觉、味觉、嗅觉等多感官维度体验，譬如在虚拟课堂中可以感知实验的每一个步骤，在虚拟花园中可以闻到花香触碰到蝴蝶等。未来元宇宙不再像以前互联网那样只依赖流量入口，而应当为以创意为导向的创意驱动。未来元宇宙将是各式各样的元宇宙，包括教育元宇宙、旅游元宇宙等，比如旅游元宇宙可以通过VR、AR及MR相关技术虚拟重构旅游空间场景，解决某些历史场景不能复现还原的问题，同时通过注入内容、创意方式，让游客以虚拟分身方式深度沉浸于历史故事和角色扮演；教育元宇宙创建的三维VR、AR等学习情境，可以让学生通过视觉、听觉、触觉、嗅觉、味觉等综合感官体验进行沉浸式学习，可以让学生行走在清明上河图的街头，近距离走向历史，还可以让学生近距离靠近各大星球并实地勘察，最终实现师生共同协作开发，实时优化学习内容，促进学习资源的持续丰富。相比移动互联网时代而言，元宇宙时代的内容从二维升级为三维立体，内容制作面临更大的技术难题。元宇宙时代，由于DAO的出现，可以保障用户的创作收益，因此元宇宙的起点是内容，即给予用户各种三维体验的内容。

第二章

开启元宇宙的虚拟人

第一节 元宇宙虚拟人的概述

2020 年的新冠肺炎疫情让人们开始习惯于更长时间的“线上化工作和学习”,同时推动了虚拟人大规模、集中出现,以满足人们的“线上化娱乐”需求。2021 年 6 月 26 日哔哩哔哩网站(以下简称 B 站)12 周年庆时,董事长陈睿表示过去一年共有 32,412 名虚拟主播在 B 站开播。[1] 2021 年,虚拟人市场规模已超 2000 亿元。虚拟人现在已经进入游戏、传媒、文旅、金融等众多领域,以虚拟角色、虚拟歌星、虚拟主播、虚拟记者、虚拟讲解员等多种形式来到我们身边,并强势进入我们的生活,悄然地改变着我们的生活方式。虚拟人已经成为连接现实、开启元宇宙的重要角色,是元宇宙中一条重要的交互赛道。虚拟人可以和真人自然交互,能够为用户提供丰富的创作内容,并带来极致的沉浸式体验,甚至可能摆脱虚拟形象限制,呈现出虚拟世界与现实世界相互映射的一种可能性和必然性。

一、虚拟人的发展历程

虚拟人起源于 20 世纪 80 年代,近年来随着建模、人工智能、动捕、渲染

---

〔1〕 参见齐鑫:《已超 3 万名! B 站力推虚拟主播,抢走传统 UP 主饭碗了吗?》,载时代周报网 2022 年 2 月 20 日,https://www.time-weekly.com/post/289599。

技术的发展进入快速成长期。2007 年 8 月 31 日,克里普敦未来媒体(Crypton Future Media)打造了世界上第一个使用全息投影技术举办演唱会的虚拟偶像"初音未来",此外"初音未来"还担任日本音乐团体幻想乐团(Sound Horizon)的演唱与合唱[1]。2012 年 7 月 12 日,上海禾念信息科技有限公司推出女虚拟歌手"洛天依",2016 年参加"湖南卫视小年夜春晚"并与杨钰莹共同演唱歌曲《花儿纳吉》,2021 年参加中央广播电视总台春节联欢晚会。2017 年,B 站推出"虚拟次元的小希"和"虚拟次元的小桃"两位虚拟主播。2018 年 4 月,迪丽热巴形成自己的虚拟人形象"迪丽冷巴"。2018 年 11 月 7 日,搜狗和新华社携手发布全球首个"AI 合成主播"。2019 年,撒贝宁与自己的虚拟人形象 AI 虚拟主持人"小小撒"在央视网络春晚同台秀技。2019 年 7 月 3 日,百度智能云和浦发银行共同打造了金融"数字人"——首个国内银行虚拟员工"小浦"[2]。2020 年两会期间,百度智能云和央视网在两会期间联合打造了 AI 主播"小智","小智"可以解答关于两会的问题。2020 年 5 月 1 日,国内知名虚拟歌手"洛天依"和"乐正绫"等来到淘宝,首次跨界试水直播带货。2020 年 8 月 13 日,虚谷未来科技打造的国内首位少儿阅读虚拟推广人"班长小艾"为第一位深入少儿教育圈层的虚拟偶像。2021 年,腾讯游戏旗下 NExT Studios 和新华社联合打造的数字记者"小净",面向载人航天工程、探月工程、深空探测工程等中国航天重大项目开展新闻报道[3]。2021 年 1 月,前微软小冰团队一项名为"AI 聊天机器人"专利申请获得通过,该专利可利用逝者的个人信息来实现逝者的数字"复活",并与亲人进行实时互动和聊天[4]。2021 年 2 月,虚拟员工"崔筱盼"入职万科集团财务部,并拿下当年最佳新人奖。2021 年 6 月,清华大学基于超大规模智能模型"悟道 2.0"推出人工智能虚拟学生"华智冰"。2021 年 9 月 22 日,芒果

---

[1] 参见阿正说动漫:《虚拟偶像崛起背后,竟有这么多不为人知的秘密》,载搜狐网 2018 年 7 月 7 日,https://www.sohu.com/a/239871070_565158。

[2] 参见张兴旺:《首个国内金融"数字人"亮相 2019 百度 AI 开发者大会》,载中证网,https://www.cs.com.cn/cj2020/201907/t20190703_5964618.html。

[3] 参见鞭牛士:《新华社联合腾讯共同打造的数字记者亮相,将承担载人航天工程等"现场报道"任务》,载搜狐网 2021 年 6 月 21 日,https://sohu.com/a/473094206_115060。

[4] 参见 Emma Chou:《数字永生?微软申请 AI 聊天机器人专利收集生前发帖等数据"复活"逝者》,载前瞻网 2021 年 1 月 22 日,https://t.qianzhan.com/caijing/detail/210122-c51c9686.html。

TV 推出了首个虚拟主持人“YAOYAO”，先后参与《马栏山算法大赛》《潮音实验室》等栏目。2021 年 10 月 2 日，湖南卫视也正式推出了首位数字主持人“小漾”，并登陆湖南卫视新节目《你好星期六》。2021 年 10 月 31 日，特效公司“创壹视频”开设了“柳夜熙”虚拟人物账号，以“捉妖”和“美妆”为关键词，实现了虚拟人与真人的自然交互，呈现元宇宙的一种可能性。2021 年 11 月 9 日，在 GTC 2021 大会上英伟达推出了 3 个虚拟人，第一个虚拟人是“迷你玩具版黄仁勋”Toy－Me，第二个虚拟人是一个可爱的“蛋壳人”，并使用面部跟踪技术与顾客保持目光接触并回应他们的面部表情[1]。2021 年 12 月 20 日，小冰公司推出数字孪生虚拟主播“N 小黑”并与“每经 AI 电视”一同正式上线。2021 年 12 月，江南农商银行推出“VTM 数字员工”，百信银行推出首位虚拟数字员工“AIYA 艾雅”。2021 年 12 月 31 日晚，数字王国集团打造的“邓丽君”出现在江苏卫视 2022 跨年演唱会。2022 年冬奥会“AI 手语主播”正式亮相，为听力障碍群体进行赛事手语直播。2022 年春节，蓝色光标旗下首个虚拟人“苏小妹”登上北京卫视春晚。2020 年 10 月 17 日，爱奇艺推出虚拟人物才艺竞演节目《跨次元新星》。2021 年 10 月 22 日，江苏卫视推出的动漫形象舞台竞演节目《2060》，节目中看到的都是虚拟动漫人物的表演，是目前国内的首个全虚拟场景综艺。2021 年 8 月 24 日，网易伏羲推出沉浸式活动系统“瑶台”，先后举办了第二国际分布式人工智能学术会议和第十六届国际生物矿化研讨会，参会者化身“虚拟人”参会[2]。2021 年 7 月，东京新宿车站东口广场前的大型广告牌上惊现过一只巨型 3D 三花猫，名字叫“新宿東口の猫”，还能够发出逼真的叫声。三花猫消失后出现的则是虚拟模特 imma 代言的全新广告，依旧是 3D 裸眼风格，惟妙惟肖[3]。

2021 年 10 月 20 日，广电总局发布的《广播电视和网络视听“十四五”科

---

[1] 参见燕磊：《英伟达布局“元宇宙”：发布阿凡达平台，同时亮相 3 个虚拟人》，载百度新闻 2021 年 11 月 10 日，https://baijiahao.baidu.com/s?id=1716009910389214741&wfr=spider&for=pc。

[2] 参见《“AI＋会议”爆发！网易伏羲发布沉浸式活动系统“瑶台”》，载百度网 2021 年 8 月 24 日，https://baijiahao.baidu.com/s?id=1708956272778383680&wfr=spider&for=pc。

[3] 参见《东京那只住在广告牌里的 3D 猫，如何放大“打卡”价值》，载百度网 2022 年 2 月 22 日，https://baijiahao.baidu.com/s?id=1725343473994209940&wfr=spider&for=pc。

技发展规划》，首次明确地鼓励和支持虚拟人的发展，文中提出“推动虚拟主播、动画手语广泛应用于新闻播报、天气预报、综艺科教等节目生产，创新节目形态，提高制播效率和智能化水平”，并在虚拟主播方面指出“面向新闻、综艺、体育、财经、气象等电视节目研究虚拟形象合成技术，包括2D虚拟形象的合成、3D虚拟形象的驱动、虚拟引擎构建、语音驱动、动作捕捉、面部表情捕捉等技术，提升节目制作效率及质量”，“同时探索短视频主播、数字网红、直播带货等虚拟形象在节目互动环节中的应用，增加个性化和趣味性”。该规划首次明确地鼓励和支持虚拟人的发展。

虚拟人正以看得见的生命形式出现在我们的现实世界里，逼真的建模技术可以制作高度逼真的人脸并支持人体动作和面部动画，通过语义记忆、情景记忆和情感记忆实现双向交互并与现实世界建立真实的联系，全息影像技术打造的3D裸眼风格让虚拟人直接出现在现实世界。

二、虚拟人的特征与分类

2021年3月，中国人工智能产业发展联盟总体组和中关村数智人工智能产业联盟数字人工作委员会首次发布《2020年虚拟数字人发展白皮书》，白皮书指出，虚拟数字人宜“具备以下三方面特征：一是拥有人的外观，具有特定的相貌、性别和性格等人物特征；二是拥有人的行为，具有用语言、面部表情和肢体动作表达的能力；三是拥有人的思想，具有识别外界环境、并能与人交流互动的能力”[1]。虚拟人指利用计算机图形技术（Computer Graphics，CG）、人工智能、动作捕捉、图形渲染、语音图像识别等技术构建，以代码与数据的形式运行，存在于虚拟世界并具有人类外貌特征、交互能力的拟人化形象。虚拟人可能是元宇宙一条重要的超预期赛道，可以和真人自然交互，能够为用户提供丰富的创作内容，并带来极致的沉浸式体验，甚至可能摆脱虚拟形象限制，呈现虚拟世界与现实世界相互映射的可能性。

从具体应用方面可以将虚拟人大致分为四类：第一种是功能型虚拟人，如AI合成主播、AI主播“小智”、AI手语主播等。第二种是身份型虚拟人，如“虚拟次元的小希”主播、“虚拟次元的小桃”主播、虚拟学生“华智冰”、虚

---

〔1〕《解读人口普查14亿人口背后，虚拟数字人赛道的发展如何?》，载腾讯网，https://new.qq.com/rain/a/20210517A09EM200。

拟员工“小浦”、虚拟推广人“班长小艾”、虚拟主持人“YAOYAO”、数字主持人“小漾”和“蛋壳人”、虚拟员工“崔筱盼”、数字记者“小净”、AI虚拟主持人“小小撒”、数字孪生虚拟主播“N小黑”、“VTM数字员工”、虚拟数字员工“AIYA艾雅”等。第三种偶像型虚拟人，如“初音未来”“洛天依”“柳夜熙”“苏小妹”等。第四种是分身型虚拟人，如“迷你玩具版黄仁勋”Toy－Me、“邓丽君”、迪丽热巴的虚拟人形象“迪丽冷巴”、网易伏羲沉浸式活动系统“瑶台”给参会者生成的分身、讯飞虚拟人交互平台给用户构建的虚拟人形象等。

从驱动方式方面虚拟人又可分为非交互型、人工智能驱动型和真人驱动型。其中，非交互型是指按照预先设置的内容进行回应，多应用于服务领域，如虚拟客服、虚拟医生。人工智能驱动型是指通过多模态技术和深度学习模型的运算结果实时或离线驱动虚拟人的语音表达、面部表情、具体动作，如虚拟歌手，虚拟主持人。真人驱动型是指基于真人的动作、表情等通过动捕设备驱动虚拟人，多应用于泛娱乐领域，如虚拟主播。

虚拟人按商业模式的不同又可以分为关键意见领袖（Keg Opinion Leader，KOL）型、偶像型、品牌虚拟代言人、明星分身型等。

虚拟人按观看方式不同又可以分为数字型和全息型，用户可以在线上观看数字型，而用户在现场则可以裸眼观看全息型。

三、虚拟人的发展现状

虚拟人产业链分为基础层、平台层、应用层。基础层包括建模软件、渲染引擎、芯片、传感器、光学器件、显示设备等软硬件，通过三维建模、数据预处理、渲染模型等操作为虚拟人的制作提供软硬件基础，制作静态虚拟人。平台层包括AI能力平台、建模系统、动捕系统、渲染系统等，从基础层获取数据信息后通过软件算法提供交互技术能力，可以让虚拟人活过来。应用层打造及运营虚拟人人设、塑造人格，使用全息影像技术、VR、AR、MR、XR等技术应用在游戏、影视、传媒、文旅、金融教育、医疗、零售等各种领域，让用户获得更强的沉浸感和交互感[1]。虚拟世界和现实世界的大门已经互

---

〔1〕 参见《趋势|一文了解虚拟人的“前世今生”》，载搜狐网2022年5月8日，https://www.sohu.com/a/545035404_121124350。

联互通，虚实之间连接的不仅是技术还有精神。虚拟人的内容是虚拟人的灵魂所在，他插上虚拟技术的翅膀并映射在现实世界中，虚中带实，实中带虚。

在未来的虚拟世界中，每个用户可能都有自己的虚拟分身，该虚拟分身可以是“超写实”的，也可能是“次元风”的，还有可能是“卡哇伊”的。在各类游戏的虚拟世界中，大量的非玩家角色（Non – Player Character，NPC）也需要做到千人千面。UGC已经成为用户使用互联网的一种新方式，DAO、Web 3.0及大量开源软件的使用开启了虚拟人的社区创作模式。元宇宙中海量虚拟人的制作及其相关的艺术创作，如果依赖传统计算机图形技术的制作流程与效率则无法满足用户需求，需要更加智能的创作平台以满足普通用户的需求。随着视觉捕捉技术的发展，仅通过手机自带摄像头就可完成基础的面部与肢体捕捉，UGC越来越成为现实。2021年2月11日，英佩数码（Epic Games）宣布推出建模“捏脸”工具Meta Human Creator，用户可以直接使用素材库里的发型和面部素材，不用经过数据采集即可创建自己想要的高品质数字人类。2021年4月，爱奇艺在叭嗒App上正式上线虚拟偶像UGC工具“V豆”，人们通过上传本人视频再简单选择人物、场景，即可自创虚拟偶像并达到神奇的跨次元互动。2021年8月，网易伏羲首个沉浸式活动系统“瑶台”，其首创的人工智能“捏脸”技术可根据用户上传照片快速生成游戏捏脸参数，高度还原用户面部特征并制作成虚拟人。2021年10月25日，科大讯飞发布讯飞虚拟人交互平台，用户可以对虚拟人姓名、脸型、性格、爱好、衣品等进行人设设定，在1分钟内构建自己的虚拟人形象。虚拟人作为现实人的虚拟分身，以后有望在各宇宙相互认证和使用，或者以NFT形式通过相互认证和使用。

◇ 第二节　虚拟人八大法律问题

一、伦理问题

随着虚拟人在现实生活中的广泛使用，人们与虚拟人之间的情感连接越来越紧密，该种情感连接可能会影响到人们的真实社交，甚至有可能对虚拟人产生感情，这就有可能产生一系列伦理风险。另外，虚拟人带来的沉浸式体验可能会对人们的精神、心理状态带来影响，改变人们在现实世界的日常行为和方式，甚至可能会产生暴力倾向，亦存在一定伦理风险。脑机接口虽然现在只应用在医学领域，但随着技术发展，如用于自然人的学习、工作和生活，可能使自然人与虚拟人之间学习与思维互连互通，将混淆伦理的边界。虚拟人与自然人同台竞技，例如，万科把优秀新人奖颁给了一个虚拟员工“崔筱盼”，导致自然人与虚拟人之间的界限越来越模糊，也存在一定伦理风险〔1〕。目前在虚拟人伦理方面，相关法律法规和伦理规范尚待完善，存在潜在风险。2020 年 8 月，从微软拆分出来的小冰公司正式推出了虚拟人类产品线，并复活了此前被用户定制的 118 万个虚拟男友。小冰公司为了降低伦理风险，首先就是将面向用户的虚拟人类产品与小冰的商业化进行分割，其次就是“稳扎稳打”，在开放虚拟恋人产品时始终对增长数量保持着一定的控制〔2〕。可见，也应当保持对虚拟人伦理风险的关注和控制。

二、刑事犯罪问题

自 20 世纪 80 年代虚拟人开始出现，有些国家发生了一些虚拟人犯罪事件。2005 年，有人利用软件在虚拟生命游戏内殴打虚拟人并掠夺他们的财物，然后变卖成为现实世界中的金钱，被日本警方拘留和逮捕〔3〕。2007 年，网络游戏“第二人生”发生“虚拟强奸案”，一虚拟色魔利用一组程序编码控制了一虚拟女子在游戏中角色的身体并实施了“强奸”，比利时警方对此展开调查但最终未起诉〔4〕。2008 年，日本一名女子在网上与一名男子“相爱”并结为“夫妻”，因遭“丈夫”抛弃，该女子用黑客手段入侵“虚拟丈夫”个人电脑，将“虚拟丈夫”的“虚拟分身”杀死，日本警方以涉嫌非法侵入计算机

〔1〕 参见葡萄 er 的生活记录：《震惊打工人！万科年度最佳新员工，竟然不是“人”！》，载搜狐网 2022 年 1 月 3 日，https://www.sohu.com/a/514033538_121123852。

〔2〕 参见李子慧：《对话小冰公司 CEO 李笛：“未来，虚拟人类将无处不在”》，载百度网 2021 年 2 月 4 日，https://baijiahao.baidu.com/s?id=1690745500454100895&wfr=spider&for=pc。

〔3〕 参见童佳郁：《〈第二人生〉曝强奸案 美警方已调查》，载新浪网，http://games.sina.com.cn/o/n/2007-06-14/1340201754.shtml。

〔4〕 参见《虚拟的她告虚拟的他强奸》，载新浪网，https://news.sina.com.cn/w/2007-06-19/084012049054s.shtml。

和制造虚假电子数据对该妇女拘留和逮捕。[1] 2016 年,一名女性玩家乔丹·贝拉米尔声称在"城堡保卫战"(QuiVR)中被性骚扰,2021 年 12 月,Meta 公司元宇宙平台"地平线世界"(Horizon Worlds)测试期间,一名女性测试者称她在虚拟世界里遭到了性骚扰。[2] 为减少虚拟世界的上述相关犯罪行为,2022 年 2 月 6 日,Meta 公司宣布将推出名为"个人边界"(Personal Boundary)的功能,此功能将建立一个环绕在虚拟人物身边的圆圈范围,对他人保持安全距离,以避免不必要的触碰与互动。[3]

由于用户在虚拟世界中具有极强的真实性和沉浸感,人们在虚拟空间中的情绪反应会比较激烈,并有可能在人们的心理和生理方面造成极强的不安感和不适感。然而,故意杀人罪、故意伤害罪、强奸罪、强制猥亵罪等犯罪要求犯罪对象必须是现实中有生命的自然人,虚拟人虽然从理论上是可永生的,但其并不具有现实中的生命,故虚拟杀人、虚拟强奸、虚拟猥亵行为按现有法律规定不可能构成上述罪名。《民法典》第 127 条规定:"法律对数据、网络虚拟财产的保护有规定的,依照其规定。"该法条确认了网络虚拟财产的财产属性。因此,虚拟杀人、虚拟强奸、虚拟猥亵因实施侵入计算机信息系统获取计算机信息系统相关数据等行为,有可能构成非法侵入计算机信息系统罪、非法获取计算机信息系统数据罪等计算机相关犯罪。虚拟强奸、虚拟猥亵可能因利用程序控制虚拟人或传播电子淫秽书刊、影片、音像、图片行为,进而构成非法侵入计算机信息系统罪、非法获取计算机信息系统数据罪、传播淫秽物品罪等。虚拟抢劫可能因利用程序控制虚拟人并劫取财物而构成非法侵入计算机信息系统罪、非法获取计算机信息系统数据罪、抢劫罪等。虚拟盗窃可能因实施侵入计算机信息系统、获取计算机信息系统相关数据等行为而构成非法侵入计算机信息系统罪、非法获取计算机信息系统数据罪、盗窃罪等。

---

[1] 参见张云圣:《日妇女"杀死"虚拟世界丈夫将被判刑》,载新浪网,https://news.sina.com.cn/o/2008-10-24/144914624999s.shtml。

[2] 参见潘莉:《脸书元宇宙爆出首例性骚扰虚拟世界里,谁来保护"我们"?》,载百度新闻网 2021 年 12 月 21 日,https://baijiahao.baidu.com/s?id=1719746950569261431&wfr=spider&for=pc。

[3] 参见《Meta 推出"个人结界"功能,防止元宇宙性骚扰》,载网易网 2022 年 2 月 7 日,https://www.163.com/dy/article/GVJK4T770519U3I5.html。

三、名誉权问题

虚拟人是开启元宇宙的先锋，是通往元宇宙的船票。在元宇宙中，人们可以自由设定虚拟分身的名称和社会形象，通过虚拟分身进行生产、消费和投资，与元宇宙中其他的人和物进行交互，这必然涉及真人与虚拟分身之间的法律关系，而该虚拟分身同样具备名称、肖像、荣誉和隐私等人格属性，该人格属性应当是依附于自然人的，且呈现出与现实世界中自然人人格权部分相同但不等同的人格形态。法院在“熊某某与杨某某案”[1]中认为，“步光步光媛媛”、“清辉阁媛媛”和“上莹大小姐”虽属于网络世界的虚拟人，但该虚拟人系现实世界的民事主体在网络世界的映射。法院在“马某与孔某案”[2]中认为，网络虚拟主体是具有虚拟人格的。虚拟人格单独是没有名誉权的，因其所产生的名誉权纠纷是由于侵害虚拟人格的名誉会导致其背后现实主体所获得和维持的社会评价降低。

网络用户通常采用注册虚拟网名的方式，以虚拟人格依法参与网络空间活动，可以为现实中的网络用户本人带来精神层面的愉悦感，有时也可以为其创造实实在在的物质财富。因此，在网络空间对网络用户虚拟人格的侵害亦能转化为对网络用户本人在现实中人身权利、财产权利等合法权益的侵害。在网络环境中虚拟的名称必然与现实生活中的自然人相对应，故网络侵权责任的权利和义务主体均应由虚拟名称所代表的自然人承担。同时，根据“人格权延伸保护理论”，[3]虚拟分身的人格性权利是现实世界人们人格性权利在时间上和空间上的延伸，也就是在元宇宙这一虚拟空间的延伸。另外，虚拟分身享有的是不完整的自然人的人格性权益，不包括与生命体有关的人格性权利，如生命权、身体权和健康权。虚拟分身享有的人格权应当类同于法人的人格权，是一种“准人格权”，该人格权的权利需要借助现实世界的人们代为行使。因此，对于人们以虚拟分身进入元宇宙进行数

---

[1] 参见杨某某诉熊某某名誉权纠纷案，江苏省南京市中级人民法院(2015)宁民终字第322号民事判决书。

[2] 参见马某诉孔某名誉权纠纷案，陕西省西安市碑林区人民法院(2015)碑民初字第05065号民事判决书。

[3] 参见李桂兰:《人格权的延伸保护——以胎儿人格利益保护为视角》，载《湖北函授大学学报》2013年第9期。

字化生活，可以为现实世界中的人们带来精神层面的愉悦感，也可以为其创造数字财富。在元宇宙中对虚拟分身人格的侵害，亦可对现实世界中所对应的人们所获得和维持的社会评价降低。

四、名称权问题

《民法典》第1012条规定自然人享有姓名权，第1013条规定法人和非法人组织享有名称权。元宇宙中的虚拟人并非享有生命的自然人，只能参照法人和非法人组织享有名称权。虚拟人名称有可能侵害自然人姓名权，而虚拟人名称如被他人冒用、抄袭则可能因为导致混淆误认、淡化而构成不正当竞争。虚拟人名称如被他人冒用、抄袭要构成不正当竞争行为，首先该虚拟人名称应当符合“有一定影响的”这一前置条件，而要认定“有一定影响的虚拟人名称”，应当考虑该虚拟人名称的主体部分，虚拟人名称的成立及使用时间、访问量、市场知名度、为相关公众所知悉程度，此外还应当考虑该名称进行任何宣传的持续时间、程度和地域范围，曾经受保护的情况等因素，进行综合判断。法院在“何某诉上海某人工智能科技有限公司案”[1]中认为，通过创设虚拟的AI角色，将自然人的姓名、肖像、人格特点等综合而成的整体形象投射到AI角色上，并且让用户可以与AI角色设置一定的虚拟身份关系，这是对原告（何某）整体形象和人格表征的利用，属于原告（何某）人格自由利益的范畴，构成对原告（何某）人格权的侵犯。

五、肖像权问题

《民法典》第1018条第1款规定：“自然人享有肖像权，有权依法制作、使用、公开或者许可他人使用自己的肖像。”一般而言，肖像是指通过影像、雕塑、绘画等方式在一定载体上所反映的特定自然人可以被识别的外部形象。肖像权是一项人身权利，只有现实中的自然人才拥有该项人格权，而虚拟人本身并不享有肖像权。虚拟人使用他人肖像作为图像不符合《民法典》第1020条“合理使用”之规定，虚拟人使用他人肖像应当得到权利人许可，否则有可能侵害自然人的肖像权。早在1993年，三星广告中的机器人与

〔1〕 参见何某诉上海某人工智能科技有限公司网络侵权责任纠纷案，北京互联网法院（2020）京0491民初9526号民事判决书。

《幸运之轮》女星凡娜·怀特(Vanna White)长相相似,因此凡娜·怀特(Vanna White)起诉三星广告中的机器人侵犯了她的肖像权,并最终胜诉[1]。法院在"上海某城市信息技术有限公司等与迭戈·阿曼多·马拉多纳案"[2]中认为,在未得到马拉多纳合法授权的情况下,即在其公司开发、运营的"热血球球"游戏主界面中使用了马拉多纳的肖像及签名字样,侵害了马拉多纳的肖像权。现如今,捏脸系统已经成为游戏的标配,并随着黑科技的加入以及玩家"捏脸"技术水平的提升,人们纷纷想要捏出自己喜爱的真人明星。该种未经同意将他人肖像用在虚拟人上属于制作、使用、公开他人的肖像,涉嫌侵犯他人肖像权。

六、声音权问题

《民法典》第 1023 条第 2 款规定:"对自然人声音的保护,参照适用肖像权保护的有关规定。"该条明确对自然人声音进行保护,虽然并没有明确自然人享有声音权这一独立、具体人格权,但明确了自然人享有声音权益,并参照适用肖像权保护。虚拟人因不是有生命的自然人,故不享有声音权或声音权益,但其有可能因为模仿明星声音或丑化、污损他人声音构成侵害声音权或声音权益。在世的或者已故的明星声音都受到法律保护,此处的明星声音可以是有内容的语言表达也可以仅仅是一段笑声。丑化、污损他人声音是指采用不恰当的借用、处理等手段、导致该声音的使用违背或玷污了他人声音原有的使用意图和效果,比如一些平台用户擅自将小米公司董事长雷军在印度小米新品发布会中的英文发言制作成鬼畜视频《你好吗?》(Are you OK?)以作戏谑玩笑,如果这种行为不构成侵害声音权或声音权益,也有可能因为混淆误认而构成不正当竞争。此外,一些公司或自然人格外重视声音的知识产权,会积极注册声音商标权。声音商标是指由能够区别商品或服务来源的声音要素构成的商标,该声音要素可以由音乐性质的声音构成,也可以由非音乐性质的声音构成,还可以由音乐性质与非音乐性质兼有的声音构成。因此,虚拟人模仿他人声音还可能侵害声音商标权。

---

〔1〕 参见李丹阳:《香港设计师自造仿生机器人外貌酷似女星被指侵权》,载搜狐网 2016 年 4 月 7 日,https://www.sohu.com/a/68021638_162522。

〔2〕 参见迭某诉上海某城市信息技术有限公司等肖像权纠纷案,北京市高级人民法院(2013)高民终字第 3129 号民事判决书。

七、著作权问题

美术作品，是指绘画、书法、雕塑等以线条、色彩或者其他方式构成的有审美意义的平面或者立体的造型艺术作品，虚拟人物的形象通常可以作为美术作品获得保护。《著作权法》中的“作品”要求具有独创性，独创性是指作者在独立创作作品过程中创造出的具有独特个性的外在表达形式，其包含“独”和“创”两层含义，“独”是指“独立完成”，即“原创非抄袭，不排除作者的技艺、才智等”。“创”是指“具有创造性”，即“具有独特个性的外在表达形式而非思想，该独特个性是表达作者的思想、情感等”，“独”与“创”两者缺一不可。因此，如果虚拟人的人物形象具备了“独”和“创”两个要素，即属于《著作权法》中的“作品”，依法应当受到保护。虚拟人创作的作品，同样属于“作品”的范畴，和公司或自然人所创造的“作品”具有等同法律地位，应当由创造虚拟人的自然人、法人或非法人组织享有著作权。另外，关于虚拟人的名称，由于其只是文字的简单构成，通常不具有独创性，不属于“作品”。但如果虚拟人名称与其他显著名称构成混淆误认，则可能受《反不正当竞争法》规制。

八、继承权问题

元宇宙内，虚拟身份成为人们在虚拟世界的身份标识，当虚拟身份所对应的现实世界中的自然人死亡，这就涉及虚拟财产的继承等相关法律问题。《民法典》第127条确认了对于数据、网络虚拟财产的保护，第1122条第1款规定“遗产是自然人死亡时遗留的个人合法财产”。山东省威海市中级人民法院在“殷某某、李某某案”[1]中认为，网络货币是以人民币等额投资转换而来的，可以作为网络虚拟财产予以保护。因此，元宇宙中虚拟人身份所对应的虚拟财产，可以参照《民法典》继承编处理。

---

〔1〕 参见殷某某、李某某等诉常某某等民间借贷纠纷案，山东省威海市中级人民法院(2021)鲁10民终848号民事判决书。

第三节　虚拟人商用相关法律问题

虚拟人作为元宇宙的入口和主要赛道之一，近年来获得了广泛的商业应用，目前虚拟人商用最广泛的主要有虚拟人直播带货与虚拟人表演两个元宇宙应用场景。虚拟人主要有人工智能驱动和真人驱动两种驱动方式，人工智能驱动方式主要用于虚拟人直播带货应用场景，而真人驱动方式多用于要求较高的虚拟人表演应用场景。

虚拟人直播带货，是指由虚拟人替代真人作为主播，通过网络以视频直播、音频直播、图文直播或多种直播相结合等形式开展营销的商业活动，观众可以在直播间随看随买。直播带货的虚拟人大多使用人工智能驱动技术，不需要真人驱动，加上语音等技术的发展提高了虚拟人的交互能力，因此，使用虚拟人进行直播带货作为真人主播的补充，能节省人力成本，在真人主播休息时继续直播，使观众任何时间进入直播间均可观看和购买商品〔1〕。随着国内虚拟人使用得越来越广泛和直播需求的上升，各大互联网平台、虚拟人研发商、运营商以及有网络销售需求的生产商、销售商，均陆续推出虚拟主播直播带货活动，例如京东的美妆虚拟主播“小美”、快手的虚拟主播“关小芳”、中科智深联合大禹文化推出的“一禅小和尚”、重力聿画的“我是不白吃”，等等。虚拟人直播带货以虚拟人栩栩如生的表现已逐渐获得市场认可。据国海证券 2022 年 3 月的一份研报，重力聿画的“我是不白吃”自 2020 年 3 月起开启直播带货，2021 年销售额过亿元，2022 年 1 月销售额 1500 万元〔2〕。

虚拟人表演包括虚拟人直播表演和录制后传播虚拟人表演视频两种业态，虚拟人表演的商业使用时间早于虚拟人直播带货。早在 2007 年 8 月，克里普敦未来媒体（Crypton Future Media）就使用全息投影技术创造了虚拟偶

---

〔1〕　参见陈龙强、张丽锦：《虚拟数字人 3.0：人“人”共生的元宇宙大时代》，中译出版社 2022 年版，第 95 页。

〔2〕　参见姚蕾、方博云：《元宇宙之数字虚拟人专题研究：数字虚拟人——科技人文的交点，赋能产业的起点》，载东方财富网 2022 年 3 月 11 日，https://caifuhao.eastmoney.com/news/20220311143105148432230。

像“初音未来”。2012 年 7 月，上海禾念信息科技有限公司推出女虚拟歌手“洛天依”。到 2016 年互联网直播业务兴起时，虚拟人在直播间表演应运而生。虚拟人表演重在以多种方式的运营打造虚拟偶像，从而通过直播打赏、发行歌曲、商业代言、商业表演等方式获得收入。可见，对虚拟人表演的要求比对仅直播带货的虚拟主播的要求较高，受限于目前的技术水平，因此，虚拟人表演的驱动技术以真人驱动为主。真人驱动，顾名思义，是指在驱动虚拟人的直播活动时需要真人通过动作捕捉等设备来进行操纵。这名真人被称为“中之人”。随着“90 后”“00”后逐渐拥有自主消费能力，虚拟人表演的变现获得更好的支撑。据艾媒咨询 2021 年的一份调查研究报告，2020 年虚拟偶像的核心产业规模为 34.6 亿元，带动周边市场规模为 645.6 亿元，预计 2021 年将达到 62.2 亿元，带动周边市场规模为 1074.9 亿元〔1〕。

一、虚拟人直播带货相关法律问题

虚拟人直播带货涵盖了虚拟人这一主体与直播带货这一行为两个层面。虚拟人是指存在于虚拟世界并具有人类的外貌特征、交互能力的拟人化形象，可以和真人自然交互。直播带货是日常用语，在相关法规中一般使用“网络直播营销”这一概念。国家互联网信息办公室等七部门联合颁布的《网络直播营销管理办法（试行）》第 2 条把“网络直播营销”定义为“通过互联网站、应用程序、小程序等，以视频直播、音频直播、图文直播或多种直播相结合等形式开展营销的商业活动”。直播带货与网络直播营销是同等概念。

（一）虚拟人直播带货与真人直播带货的法律事实区别

采用虚拟人直播带货的商业目的与真人直播带货的商业目的趋于相同，都是为了售货盈利与品牌推广。但在商业活动具体开展的过程中，虚拟人直播带货与真人直播带货存在一些法律事实区别：

首先，虚拟主播研发商参与虚拟人直播带货的产业链。在真人直播带货的场景下，市场参与方有直播平台、直播间运营者、商品或服务的生产者

---

〔1〕 参见《虚拟偶像报告：2021 年核心产业规模将达 62.2 亿元，近 3 成网民月花费 500 - 1000 元》，载微信公众号“艾媒咨询”2021 年 7 月 11 日，https://mp.weixin.qq.com/s/0grkamENb8unO2DN4H2H-Q。

或销售者、消费者、真人主播。其中真人主播和直播间运营者可能同时是商品或服务的生产者、销售者，也可能是交易双方以外的第三方营销者（例如没有与直播服务机构签约的个人主播，或与直播服务机构签约并受直播服务机构指派到直播间服务的个人主播）。

在虚拟人直播带货的场景下，由于虚拟人担任主播，市场参与方除了直播平台、直播间运营者、商品或服务的生产者或销售者、消费者以外，还有研发、制造虚拟主播并为其直播带货提供持续技术服务的研发商（以下简称虚拟主播研发商）。目前多数情况下，虚拟主播研发商通过与买受方（该买受方可能同时是直播间运营者、商品或服务的生产者或销售者、直播平台）之间签署的协议销售其软件产品和技术服务，使买受方可以使用虚拟人进行直播带货。该等协议中通常约定：

（1）虚拟主播研发商将可以创建、驱动虚拟人并且可以提供虚拟直播服务的软件、应用服务及其知识产权库（知识产权库的内容包括虚拟人形象、服装、背景图、颜色、库存词条等内容）授权许可（通常是非独家不可转授权的使用权）给买受方在授权期限内使用，并向买受方提供产品培训、升级与维护等售后服务；买受方向虚拟主播研发商支付固定金额的许可使用费。

（2）虚拟主播研发商通常以给买受方开通账号的方式交付软件。

（3）双方约定软件及应用服务、知识产权库中的作品或物料、非知识产权库中的作品或物料的知识产权归属、侵权责任等内容。虚拟人播报的介绍，商品链接的文字、图片、视频由买受方提供，相关知识产权责任由买受方承担。

（4）双方就买受方使用软件及应用服务所产生的数据的归属、数据安全保护义务、保密义务、使用权限与范围等进行约定。

其次，虚拟人直播带货场景下，商品的展示方式以虚拟人播报的介绍和商品链接的文字、图片或视频为主，消费者仅能通过该等方式了解商品，没有真人直播带货场景下的真人主播试用、现场解说等内容。

最后，虚拟人直播带货场景下，虚拟主播播报及展示的内容均由直播间运营者安排，直播间运营者可能会要求商品或服务的生产者或销售者提供相关内容。但虚拟主播研发商不参与播报及展示内容的选择、确定等商业流程。

（二）虚拟人直播带货的各市场参与方的法律责任

鉴于虚拟人直播带货的上述法律事实区别，各市场参与方的法律责任试分析如下：

1. 虚拟主播研发商的法律责任

（1）虚拟主播研发商依法负有保护数据安全和网络安全的义务。根据现行的《数据安全法》与《网络安全法》，虚拟主播研发商作为数据收集者和处理者，对于买受方使用其软件及应用服务产生并留存的数据，依法负有数据安全和网络安全保护义务。根据《数据安全法》第 3 条第 2 款规定，数据处理包括数据的收集、存储、使用、加工、传输、提供、公开等。虚拟主播研发商收集和存储买受方使用其软件及应用服务产生并留存的数据，部分虚拟主播研发商还可能使用、加工该等数据，因此，虚拟主播研发商属于数据收集者和处理者。根据《数据安全法》和《网络安全法》的相关规定，虚拟主播研发商应建立健全数据安全管理制度、开展数据安全教育培训、采取技术和其他措施保障数据安全；应加强风险监测，发现数据安全缺陷、漏洞等风险时应当立即采取补救措施；发生数据安全事件时，应当立即处置，依法告知用户并报告主管部门；对用户信息严格保密并建立健全用户信息保护制度；建立网络信息安全投诉、举报制度，公布投诉、举报方式等信息，及时受理并处理有关网络信息安全的投诉和举报；配合网信部门和有关部门依法实施的监督检查。上述数据安全和网络安全保护义务系法定义务，不因合同约定将该等义务转由买受方承担而转移。无论合同如何约定，虚拟主播研发商仍负有该义务。此外，目前大部分直播平台不与虚拟主播研发商共享交易数据，因此，虚拟主播研发商暂不涉及交易数据的保护义务。

（2）虚拟主播研发商作为软件的知识产权库的网络服务提供者，负有“通知—删除”义务，在侵犯他人著作权时还负有赔偿责任。根据《信息网络传播权保护条例》第 14 条、第 15 条的规定，若有权利人发现知识产权库中由第三方上传的作品或录音录像制品侵犯其信息网络传播权或被删除、改变了其权利管理电子信息的，可以通知虚拟主播研发商予以删除或断开链接，虚拟主播研发商应立即删除或断开链接，并通知上传的第三方。若虚拟主播研发商存在侵犯他人著作权的情形，还应当向权利人赔偿。

（3）根据《网络直播营销管理办法（试行）》第 2 条第 5 款规定，在真人直播带货的场景中，有一类参与方称为直播营销人员服务机构，是指为直播营销人员从事网络直播营销活动提供策划、运营、经纪、培训等的专门机构。根据该办法的相关规定，直播营销人员服务机构应当与直播营销平台签订协议，规范直播营销人员招募、培训、管理流程，履行对直播营销内容、商品和服务的真实性、合法性的审核义务；直播营销人员服务机构还应当与直播间运营者签订书面协议，明确信息安全管理、商品质量审核、消费者权益保护等义务并督促履行；直播营销人员服务机构还依法负有对直播间运营者代扣代缴的义务。

虚拟主播研发商为创设虚拟主播提供技术支持，使其具有视觉形象并能与人互动、进行直播带货活动，看似与真人主播场景下的直播营销人员服务机构一样为主播提供了支持，但这种支持有明显的不同。虚拟主播研发商仅提供软件和智能驱动技术支持及 IP 库支持，并未提供策划、运营、经纪、培训等支持。在目前商业活动的开展过程中，虚拟主播研发商不会与直播平台直接签订协议，在与买受方签署的协议中，营销内容、商品和服务的真实性、合法性审核义务和商品质量审核与消费者权益保护的义务，约定均由买受方承担，整个销售过程中虚拟主播研发商无权对营销内容、商品和服务的选择、定价等事项施加任何影响，让其承担商品质量审核与消费者权益保护的义务与其权利不对等。虚拟主播研发商向买受方收取固定金额的费用，并不分成，也难以实际履行对直播间运营者的代扣代缴义务。因此，虚拟主播研发商无法完全代入真人主播中的直播营销人员服务机构、难以完全履行其义务和职责。

（4）虚拟主播研发商作为新的市场参与方，目前尚未有法律法规要求其对买受方负有资质审查义务。但考虑到买受方多数为直播间运营者，而直播间运营者是直播带货活动的关键角色，为分清责任，多数虚拟主播研发商会在与买受方的协议中保留请求买受方提供主体资格证明文件的权利。

2. 虚拟人是否承担法律责任的探讨

虚拟人是否承担类似于真人主播的法律责任，这个问题的基础是虚拟人具有法律主体资格，而虚拟人是否具有法律主体资格，目前的法律法规没有明确规定，是一个更为前沿的问题。

（1）虚拟人是否具有法律主体资格的法理学说。目前关于虚拟人是否具有法律主体资格，有学者总结客体说的三种观点与主体说的四种观点。[1]

客体说认为，虚拟人不具有法律主体资格，仅能作为法律关系的客体。根据其理由又分为三种观点：一为工具说，认为人工智能体（虚拟人也属于人工智能体中的一种）归根结底还是人类创造的服务于人类的工具[2]，尚不能成为权利主体；二为软件代理说，认为人工智能是算法等软件的代理，其传递的是用户要求的信息，并无法律主体地位[3]；三为道德能力缺乏说，认为法律上的人必须是具有道德能力的人，人工智能不具备道德认知与施行能力，所以无法享有法律人格[4]。

主体说认为可以赋予虚拟人法律人格，使其享有法律主体的资格。根据其理由又分为四种观点：一为代理人说，人工智能体是一个具有目的性的系统，其与操作者的关系被认定为法律代理关系中的代理人与本人的关系；二为电子人格说，认为可以赋予人工智能体一种电子人格；三为有限人格说，认为人工智能的法律人格并不具有承担完全责任的能力与地位[5]；四为人格拟制说，认为人工智能体如同法律对胎儿的人格赋予一样，可通过"视为"途径赋予人工智能体法律人格[6]。

（2）在虚拟人直播带货场景下，虚拟人是否承担法律责任的探讨。从商业实践的角度看，在虚拟人直播带货的整个商业流程中，没有任何一个市场参与方将虚拟人作为商业活动中的一个主体。从前述虚拟人研发商与买受方签署的协议内容来看，虚拟人研发商将虚拟人更多地看成是其软件技术的最终呈现成果，买受方更多地将虚拟人看成一套节省人力的自动化设备。在直播平台方面，除了个别强调主播创造性的直播平台限制虚拟人在其平台上直播带货以外，大部分直播平台要求直播间运营者依法以及按照其平

---

〔1〕 参见彭诚信、陈吉栋：《论人工智能体法律人格的考量要素》，载《当代法学》2019年第2期。

〔2〕 参见郝铁川：《不可幻想和高估人工智能对法治的影响》，载《法制日报》2018年1月3日，第10版。

〔3〕 See Susanne Beck, *The Problem of Ascribing Legal Responsibility in the Case of Robotics*, 31 AI & Soc 473 (2016).

〔4〕 参见赵万一：《机器人的法律主体地位辨析——兼谈对机器人进行法律规制的基本要求》，载《贵州民族大学学报（哲学社会科学版）》2018年第3期。

〔5〕 参见袁曾：《人工智能有限法律人格审视》，载《东方法学》2017年第5期。

〔6〕 参见陈吉栋：《论机器人的法律人格——基于法释义学的讨论》，载《上海大学学报（社会科学版）》2018年第3期。

台规则管理直播间,没有要求虚拟人承担责任。因此,虚拟人直播带货的市场参与方从商业实践角度更多地将虚拟人看作一个商业活动的工具,而非商业活动的主体。这反映到法律关系中,则体现在虚拟人直播带货的市场参与方并未将虚拟人视为法律主体。

从承担法律责任的角度来看,直播虚拟人没有财产,仅具有在直播间出镜并有相应的面部表情和肢体活动、播报直播间运营者上传的内容、捕捉消费者的互动内容中的关键词并予以回应等有限的功能,实际上难以承担核验供应商信息等责任、无法承担广告法主体的责任和义务,即使直播虚拟人依法发布商品或服务信息和依法实时管理互动内容,也需要依靠虚拟人研发商和直播间运营者来实现。因此,虚拟人在虚拟人直播带货的相关法律关系中不具有法律主体资格。

3. 其他市场参与方的法律责任

除上述分析和探讨的虚拟主播研发商与虚拟人的法律责任外,其他市场参与方诸如直播平台、直播间运营者、商品或服务的生产者或销售者等,在虚拟人直播带货场景下的商业活动内容与真人直播带货的商业活动内容在法律事实上没有本质区别,因此,应当按照《网络直播营销管理办法(试行)》等相关法律法规的规定,承担相应的法律责任。

(三)对消费者知情权的挑战

如前所述,虚拟人直播带货场景下,商品的展示以播报、图片和视频为主,与真人直播带货相比,消费者切身观察、感受、了解商品的难度有所加大,消费者的知情权进一步受到挑战。目前关于消费者知情权的保护,主要的法律规定有《消费者权益保护法》第 20 条、第 28 条规定的经营者事前告知义务,第 19 条规定的经营者发现商品或服务缺陷的告知义务,第 25 条规定的 7 日无理由退货,《电子商务法》第 17 条的经营者披露义务。这些规定在一定程度上保障了直播带货场景下的消费者的知情权。但在虚拟人直播带货进一步加剧消费者知情权挑战的情形下,以上法律制度的保护可能并不足够。在虚拟主播直播带货应用场景下完成的交易,可以采用下述两种方式进一步保护消费者的知情权:

(1)适度放宽目前 7 日无理由退货制度中对退货商品应当完好的限制。对消费者在合理试用商品的范围内导致不完好的退货商品,也可以退货。当然,经营者也可以采用附赠同款试用品的方式供消费者切身了解商品(若适宜采用试用品）而使退货商品仍完好。

（2）要求消费者在虚拟主播的直播间提供的交易链接上浏览包含《消费者权益保护法》第20条、第28条规定的内容达到足够了解的时间后，方可点击购买按钮，以保证消费者在购买前了解商品的相关内容。

二、虚拟人表演相关法律问题

虚拟人表演包括虚拟人直播表演和录制后传播虚拟人表演的视频两种业态，以打造虚拟偶像并通过直播打赏、发行歌曲、商业代言、商业表演等方式变现。虚拟人表演的商业活动与真人表演、前述的虚拟人直播带货在法律事实层面存在一些差异，产生的法律问题也不尽相同。

（一）虚拟人表演的法律事实的特点

1. 交易方式定制化

区别于虚拟人直播带货场景下的平台化，在虚拟人表演场景下，虚拟人研发商与买受方的交易方式更多的是定制化内容。从虚拟人研发商与买受方这一环节来看，由于买受方的商业目的是通过虚拟人表演服务盈利，对虚拟人的形象、表演水平、智能化程度等要求较高，因此，虚拟人研发商与买受方的交易方式主要表现为定制化，即虚拟人研发商按照买受方的需求研发、制造虚拟人，精细化程度更高，后期持续研发的期间较长，而非虚拟人直播带货场景下的平台化。通常在定制化的合同条款中，买受方在虚拟人相关知识产权及数据权益方面享有更多的权利。

2. 由真人驱动

虚拟人表演大多有中之人参与，且中之人隐名、隐去自身形象参与表演。如前所述，区别于虚拟人直播带货使用人工智能驱动技术（无须真人参与），虚拟人表演时使用的驱动技术目前多数为真人驱动，真人驱动中使用的中之人将参与商业流程。商业实践中也将为虚拟人提供声音样本的真人称为“中之人”，这是泛指的“中之人”。区别于真人表演，通常中之人不会表明其真人身份，也不展示其自身形象。

3. 市场参与方较多

虚拟人表演产业的市场参与方包括虚拟人研发商、中之人、运营方（若直播表演则一般同时是直播间运营者）、视频或直播平台。

(二)虚拟人表演相关法律问题探讨

1. 中之人的权利和义务

中之人作为虚拟人表演场景下特有的市场参与方,其权利和义务是一个新的法律问题,以下试以厘清。

(1)中之人是否享有表演者权利。我国《著作权法》第39条规定了表演者的六项权利,第40条约定了职务表演情形下演员与演出单位的表演者权利归属。中之人使用自身的肢体表演、歌唱等表演行为驱动虚拟人进行表演,创作而成的直播或视频等作品在网络上传播,是否属于《著作权法》中的表演者有待商榷。

有学者认为,这体现了著作权法规制主体"错位"困境,可以借鉴人工智能生成内容著作权法保护理论探索,进行制度创新,将虚拟偶像与中之人视为完成表演行为的整体,以"特殊职务表演"来确定权利归属及其限制。中之人享有表明表演者身份的人身权利,运营者享有保护表演形象不受歪曲的人身权利和其他财产权利,当事人可以在合同中对中之人表明表演者身份权利的行使作出限制性约定。[1]

但是,虚拟人表演重在虚拟形象,运营方通常会与中之人签署保密协议,约定中之人不得透露姓名、长相、身份等真人信息,而且中之人信息一旦泄露,虚拟人很可能要塌房,整个虚拟人表演的商业模式都可能被颠覆。如果说中之人享有表演者权,实际上也无法行使。另外,仅仅提供声音样本供虚拟人研发商或运营方形成声音库的泛指意义上的中之人,不属于《著作权法》上的表演者,不享有表演者权利。但根据《民法典》第1023条第2款的规定,提供声音样本的自然人,其声音受到法律的保护。

(2)中之人依据其与受雇方签署的合同性质享有劳动者权利或其他权利。若中之人与演出单位(通常是运营方)签订了劳动合同,依法享有劳动者的权利。若签订的是劳务合同、雇佣合同等其他合同,也依法依约享有相关的权利。

(3)中之人依法负有与真人表演相同的规范行为义务。根据《网络主播行为规范》第1条规定,中之人属于"利用人工智能技术合成的虚拟主播",因此,中之人也应当参照该规定,规范其行为,不得提供违法违规内容的

---

[1] 参见孙山:《虚拟偶像"表演"著作权法规制的困境及其破解》,载《知识产权》2022年第6期。

表演。

2. 虚拟人是否享有表演者权利的探讨

类似于虚拟人直播带货场景下的“虚拟人是否承担的法律责任”问题，虚拟人是否享有表演者权利，也是虚拟人是否具有法律主体资格的问题的延伸。从目前的商业实践来看，各市场参与方均未将虚拟人看作市场主体，均将其作为表演工具。虚拟人研发商将表演的虚拟人看作工作成果，买受方将虚拟人看作一项相对于真人偶像更能稳定营利的资产，中之人更是将虚拟人看作提线木偶，若没有中之人的驱动，虚拟人只是一个摆设。关于虚拟是否享有表演者权利主要有以下三种学说。

(1)代理人说，依据代理人说，虚拟人具有法律主体资格，将虚拟人与操作者(中之人、虚拟人研发商或运营方)之间的关系认定为法律代理关系。在这种情况下，首先存在的难题是，无论是中之人还是运营方抑或虚拟人研发商均没有授予虚拟人代理权的意思表示。若归为法定代理，虚拟人的行为能力如何又成为一个新的法律问题。尤其是在有中之人驱动的情形下，虚拟人所谓的代理和表演，离开中之人根本不可能实现。即便是通过法定代理强行赋予虚拟人主体资格，也难以解释虚拟人因代理了操作者就享有了表演者权利。

(2)电子人格说和有限人格说。电子人格说认为可以赋予虚拟人一种电子人格，有限人格说认为虚拟人的法律人格并不具有承担完全责任的能力与地位，或许可以由此推论出虚拟人享有电子表演者权利或有限的表演者权利。这两种学说都面临需要进一步明确其内涵、行使规则、限制的对象和程度等问题。

(3)人格拟制说。该学说认为可以通过“视为”途径赋予虚拟人法律人格。这是通过立法来赋予虚拟人法律主体资格，需要考虑赋予虚拟人法律主体资格的实际意义。在虚拟人表演的场景下，赋予虚拟人主体资格进而使其享有权利没有法律意义。在虚拟人表演的场景下，虚拟人并没有为表演作出贡献，其形象、角色设定、表演行为、视频作品均是由市场参与者完成的，虚拟人本身是市场参与者创造的成果。虚拟人自身没有物质需求，赋予其主体资格，使其享有权利，并不会促使其有更多的创作。因此，在目前的虚拟人表演场景下，没有必要赋予虚拟人法律主体资格，因而虚拟人也不享有表演者权利。

3. 相关著作权问题的探讨

（1）虚拟人形象的著作权归属问题。虚拟人的形象可以由软件程序生成，也可以由美术工作人员画成，通常由虚拟人研发商根据运营方的需求创作出来。在虚拟人表演的场景下，为了突出虚拟人的特点，虚拟人研发商和运营方通常对虚拟人的形象突出其特点，包括面部五官、身体特征、衣着饰品等。这使虚拟人的形象有一定的独创性，符合美术作品的定义。因此，虚拟人的形象可以作为美术作品受到《著作权法》的保护。《著作权法》第 14 条规定了合作作品的著作权归属，第 19 条规定了受托作品的著作权的归属。因此，虚拟人研发商与运营方视其创作虚拟人形象的具体方式依法或依合同约定享有著作权。

（2）视听作品的著作权归属问题。根据《著作权法》第 9 条的规定，对虚拟人表演进行录制后形成的视听作品的著作权，属于作者。参与虚拟人表演创作的有虚拟人研发商、运营方和中之人。中之人一般作为运营方的雇员，其表演属于职务表演，不享有著作权。在虚拟人研发商与运营方之间，根据《著作权法》第 14 条合作作品的著作权归属的规定、第 19 条受托作品的著作权的归属的规定，虚拟人研发商与运营方视其创作视听作品的具体方式依法或依合同约定享有著作权。但是，对虚拟人表演进行录制或直播形成的视听作品势必使用虚拟人形象。实践中，虚拟人形象的著作权人与其形成的视听作品的著作权人通常是相同的主体，但若发生虚拟人视听作品的作者不是虚拟人形象的著作权人的情况，则视听作品的作者需要获得虚拟人形象著作权人的授权。

第四节 虚拟人之虚拟财产

随着互联网、数字技术的发展，人类拥有了全新的生活、工作、娱乐、交易的方式，人类已经在以科技为基础建立的虚拟世界中度过生命中或多或少的时间，并在虚拟世界中通过自身活动获得物品或者权利，因此，虚拟财产的概念随之产生，并不断得以强化并引起广泛讨论。虚拟人作为元宇宙中最重要的现实与虚拟交互的赛道之一，其在虚拟世界中广泛的应用必然会产生虚拟财产，也就同时带来了虚拟人之虚拟财产的法律问题。

一、虚拟财产的概念及发展历程

在现实世界,关于财产及财产权利的思考和讨论自古以来就存在,人们从哲学、政治、经济、法律、社会等多个学科及角度充分探讨了财产的概念、权属、制度。伴随着这些讨论及时间的演变,到了现代社会,财产权是一项个人基本权利的观念已深入人心,包括我国宪法在内的各国法律亦明文保护公民正当的财产权利。在现实世界,财产的定义非常广泛,各国对于现实财产的定义虽有不同,但已无太大的实质争议。然而,随着互联网时代的发展,出现了各式各样的虚拟财产。1990 年美国发生了第一起因网络游戏而引发的虚拟财产纠纷,我国在 2003 年时也发生了首例虚拟财产争议案件(李某某红月游戏案)。随着元宇宙时代的来临,人们在虚拟世界中工作、学习和生活的时间会越来越长,必然会产生更多的各式各样的虚拟财产。

虚拟财产,顾名思义就是存在于虚拟世界之中的财产。在前些年,人们认为"URL、E-mail、QQ 号、网络游戏账号等账号类,网络游戏装备道具、虚拟货币、网络游戏角色/化身的装饰品、虚拟土地、网络游戏化身自创虚拟物品等等都成为虚拟财产"〔1〕。由于元宇宙中虚拟世界与现实世界共存度不断提升,商业模式虚拟化、虚拟物 NFT 化,数字货币成为主流支付手段,必然会不断扩大元宇宙虚拟财产的范围,并具象化虚拟财产的认知。

二、虚拟人之虚拟财产

从虚拟人获得虚拟财产的来源而言,可能是现实世界投入财产资源从而形成虚拟世界的财产,也可能是虚拟人在元宇宙中活动、创造、交易从而实现虚拟财产的产生和流转。例如,现实中的个人或企业、团体在线下开发数字产品、作品并上传至网络,使用现实货币购买虚拟货币,并将该等数字资产放置于虚拟人名下。目前已有场景包括现实生活中的人们为个人 QQ 账号、游戏账号充值 Q 币、游戏币,将现实生活中的音乐、美术作品传输至网络之上形成数字作品。在虚拟世界中,虚拟人可能提供各类服务,通过服务交换的方式获得虚拟货币或其他虚拟物品作为对价,虚拟人也可以通过自身的智力、劳力,在元宇宙中直接创造富有价值的虚拟物品。此外,虚拟人

〔1〕 江波:《虚拟财产司法保护研究》,北京大学出版社 2015 年版,第 31 页。

也可能因为各种原因获得其他虚拟人赠与、平台随机分配的虚拟财产,或通过已有的财产和其他虚拟人进行交易,甚至可能在元宇宙中拾得无主的虚拟财产。目前已有的场景包括虚拟人在网络上在线进行演艺、创作,也有虚拟人通过虚拟世界中的物品交易平台及服务平台实现虚拟物品的流转,还有虚拟人在网络游戏中通过完成任务获得虚拟物品等。随着元宇宙的发展,虚拟人在虚拟世界中能够从事的活动越来越多。伴随虚拟人的活动,虚拟财产形成和变化的场景必然将超出甚至颠覆人们现有认知。

三、虚拟人的类型对虚拟财产的影响

《2020年虚拟数字人发展白皮书》提出:"虚拟数字人宜具备三方面特征:一是拥有人的外观,具有特定的相貌、性别和性格等人物特征;二是拥有人的行为,具有用语言、面部表情和肢体动作表达的能力;三是拥有人的思想,具有识别外界环境、并能与人交流互动的能力。"[1]按虚拟人和真人的关联程度,虚拟人可以简要区分为真人型虚拟人和非真人型虚拟人。真人型虚拟人,就是现实自然人在虚拟世界中的身份延伸(通常亦称为虚拟分身);非真人型虚拟人,更多是通过AI由公司/团队工作制作而来。

在元宇宙时代,虚拟世界也有可能作为独立次元进行运转,并形成虚拟世界中一套独立的财产和权利的体系与制度。但是,由于虚拟世界与现实世界必然存在融合,如虚拟人本身多数源于现实世界中的现实人类或者公司、团队,难免就财产问题产生与现实世界的交叉。此时,对于虚拟财产在现实世界的法律适用和权利认定,就需要考虑虚拟人的类别。由于虚拟世界通常建设在互联互通的网络世界之中,不具有现实世界一样强的地域属性,虚拟财产的形成或变化而涉及的虚拟人的行为地、虚拟人所在地、服务器所在地、虚拟世界平台的登记注册地等都可能存在不一致的情形,如基于现实世界现有的地域、政治、法律形态,一旦发生虚拟财产的争议,则相应法律适用可能会成为非常复杂的国际私法问题。

而对于虚拟人享有的虚拟财产的所有权问题,按照现有的社会观念或法学理论,应当穿透虚拟人的类型,以界定虚拟财产在现实世界中的权属。

---

〔1〕《2020年虚拟数字人发展白皮书》,中国人工智能产业发展联盟总体组、中关村数智人工智能产业联盟数字人工作委员会2020年12月公布。

如为真人型虚拟人,则该等虚拟财产应当归属于虚拟分身对应之现实真人;对于非真人型虚拟人,则该虚拟人本身则是一种虚拟财产,则该等虚拟财产和虚拟人本身都归属于享有该虚拟人权益的现实主体。当然,结合现有的网络平台运维实践,虚拟人所在的元宇宙平台的平台服务商、运营商也可能通过平台协议约定排除虚拟人对其在平台虚拟财产的所有权,但这种约定本身并不合理,无论在市场还是法律领域均有一定争议。此外,随着人工智能发展,未来甚至可能会有独立于任何真实个人、公司、社会团体的 AI 型虚拟人出现在元宇宙中,届时,AI 型虚拟人拥有的虚拟财产究竟归属于谁,亦将成为新社会的新议题。

四、我国法律关于虚拟财产的民事保护现状

我国在 2003 年时产生首例虚拟财产争议案件,即北京市朝阳区人民法院审理了“李某某红月游戏案”。在该案中,网游客户因保存在网站的武器被盗而向法院起诉该游戏网站,请求游戏网站对其财产损失承担赔偿责任,法院判决支持了原告的诉讼请求。自该案产生以来,我国司法实践及学界均对虚拟财产展开了大量的研究及讨论,主要议题还是虚拟财产的法律属性究竟是什么,是一种物权、债权、知识产权还是一种新的权利或物品〔1〕。由于众说纷纭,我国直至 2017 年 3 月 15 日才由第十二届全国人大五次会议审议通过了《民法总则》(已失效),并在第 127 条规定:“法律对数据、网络虚拟财产的保护有规定的,依照其规定。”至此,网络虚拟财产正式在国家民事法律层面得到确认。随后于 2021 年 1 月 1 日施行的《民法典》亦沿袭了《民法总则》(已失效)上述规定。

学者杨立新认为,《民法典》吸纳了数据和网络虚拟财产这一概念,将其规定为民事权利客体且由特别法调整,使我国立法跟上了时代,并为今后的立法、司法和理论研究提供了法律基础〔2〕。目前,我国《民法典》认可网络虚拟财产为一种财产,一方面从民事基本法方面构建了虚拟财产与现实的桥梁,另一方面也夯实了现实中的自然人可以依据《民法典》第 124 条第 2

---

〔1〕 参见杨立新:《民法总则规定网络虚拟财产的含义及重要价值》,载《东方法学》2017 年第 3 期。

〔2〕 参见杨立新:《民事权利客体:民法典规定的时隐时现与理论完善》,载《清华法学》2022 年第 3 期。

款“自然人合法的私有财产,可以依法继承”的规定继承网络虚拟财产的基础。

虚拟财产的保护,除在立法层面已经取得实质性进展外,在民事司法实践方面也得到了相对较为明确的支持。例如,在周某、黄某买卖合同纠纷一案[1]、王某某与孙某某返还原物纠纷一案[2]中,法院均通过甄别虚拟物品具备财产的经济性和价值性、财产的稀缺性、可支配和排他性,从而判断该类虚拟物品是否应当界定为受法律保护的虚拟财产,如为虚拟财产,法院依法保护当事人的财产权益。

此外,部分法院更是依据其对虚拟财产的商业价值判断及使用的理解,在商事法律领域作出关于虚拟财产具有进步意义的裁判。例如,按照《公司法》规定,公司股东以非货币财产出资需满足可用货币估价、可依法转让、且不违反法律法规强制性规定的条件,在数字经济发展过程中,公司股东很可能使用大量虚拟财产对公司进行出资。而在卢某某诉宋某网络侵权责任纠纷一案[3]中,法院认为微信账号经运营产生商业价值,其账号注册人依法享有使用权,且在使用权可依法转让的情况下,可以作为公司出资的有效形式。

五、我国法律关于虚拟财产的刑事保护现状

鉴于虚拟财产具有经济价值,而且随着网络游戏等数字经济发展,虚拟财产的整体价值规模十分庞大,故有不法之徒通过非法手段牟取虚拟财产的利益。根据网络游戏方面的调查,61%的玩家的虚拟财产曾被盗[4]。因此,基于侵犯虚拟财产的犯罪现象的发生和常态化,探讨和研究虚拟财产在刑事领域的保护,是数字经济发展的题中之义。在司法实践中,由于虚拟财产的天然特征——依托于网络技术、数字数据而存在,导致不同法院对虚拟财产性质认定存在差异,即虚拟财产应当被认定为一种刑法上的“财物”,还是仅认定为一种“计算机数据”? 如认定为后者,则完全没有兼顾虚拟财产本身具有经济价值,没有考虑应当将虚拟财产作为一种特定的财产予以刑

---

〔1〕 参见湖南省长沙市中级人民法院民事判决书,(2019)湘01民终6246号。

〔2〕 参见吉林省白城市中级人民法院民事判决书,(2021)吉08民终1014号。

〔3〕 参见重庆市第一中级人民法院民事判决书,(2019)渝01民终8536号。

〔4〕 参见欧阳本祺:《论虚拟财产的刑法保护》,载《政治与法律》2019年第9期。

事保护，与现在社会大众对虚拟财产的认知、《民法典》中对虚拟财产的认可均有较大的冲突，因此我国刑法学界的泰斗学者都在提倡将侵犯虚拟财产的刑事案件作为财产犯罪予以定性。

对于即将来临的元宇宙时代，界定虚拟人的刑事犯罪问题可能存在一定难度，但清晰界定虚拟财产的刑事犯罪问题已经具备法律条件和现实条件。另外，若虚拟财产被认定为刑法上的“财物”之观点能够彻底落地，则可以从刑事层面更切实地保障虚拟财产拥有者的权益，更符合互联网时代甚至元宇宙时代对虚拟财产“财物”性质的认知。

六、虚拟财产合法性认定问题

我国法律保护的是合法财产，故如果财产本身存在合法性问题时，则很可能不受我国法律保护。

以虚拟货币为例，广东省高级人民法院曾发布2021年度全省法院涉互联网十大案例之十“韦某等与章某等网络侵害虚拟财产纠纷案”，该案中广州互联网法院认为在境外募集发行的加密虚拟币不具备法定货币合法性，该等募集和发行行为危害公众安全、扰乱社会经济秩序，因此法律不保护本案当事人对该加密虚拟币的交易行为，故判定本案当事人之间进行的虚拟货币投资交易活动因不符合相关规定而无效，由此引发的损失自行承担。

以取得方式为例，《〈关于办理网络赌博犯罪案件适用法律若干问题的意见〉的理解与适用》提出，“在网络游戏中，游戏参与者和游戏中的虚拟人物对赌，或者基于游戏规则而进行的虚拟赌博，均与网络赌博不同。但是，也存在一些以‘网络游戏’为幌子的网络赌博活动。在此类活动中，参赌人通常将资金兑换成‘虚拟物品’并用其作为筹码投注，这和将赌资兑换成‘点数’进行投注并没有本质区别”[1]。基于上述逻辑及观点，同时考虑到未来虚拟财产和现实财产之间的联系只会更加密切的发展趋势，因此在考虑虚拟财产合法性问题时，需要对虚拟财产的取得方式按照或参考普通的现实财产取得方式进行合法性界定，如果取得方式不合法，比如相关取得行为被认定为赌博，则我国法律不会保护通过赌博等非法方式获取的虚拟财产。

---

〔1〕 高贵君、张明、吴光侠、邓克珠：《〈关于办理网络赌博犯罪案件适用法律若干问题的意见〉的理解与适用》，载《人民司法》2010年第21期。

七、虚拟财产的执行

在司法实践中，执行向来是与审判同等重要，但又具有极大实操难度的一个环节，我国素来有“执行难”之传统。关于执行，广东高院曾发布加强产权司法保护十大典型案例之十“深圳市玩家文化传播有限公司与广州畅悦网络科技有限公司侵害作品信息网络传播权纠纷执行案”，该案中被执行人并无可执行的实体财产及资金，但法院发现了被执行人有三个网站在正常运营且其中一个网站有投放广告及收费，法院认为该网址具有财产性质故依法作出执行裁定及协执文书，通知运营商阿里云公司协助查封网址，促使被执行人自觉履行付款义务，该案顺利执行完毕。

该案法院将网址认定为虚拟财产并纳入执行范围，是法院对于执行的创新。而且在当前互联网经济高度活跃、虚拟财产经济价值突出的情况下，如果法院拘泥于传统的实体财产、股权、货币等财产，不注意被执行人的虚拟货币、NFT、网络账号、网址等虚拟财产，很可能导致被执行人通过虚拟财产来转移财产，从而逃避责任。有两个举措可以加强虚拟财产的执行，一方面我国司法系统应当加强对于虚拟财产执行的强调及探索，创新执行方式；另一方面，我国的互联网管理部门、各大网络平台及司法部门应当探索建设个人、企业虚拟资产的上报系统，实现虚拟财产的可查询、可执行。

第三章 NFT 或数字藏品

◇ 第一节 建立元宇宙经济系统的 NFT 相关法律问题

随着元宇宙时代的来临，人们在虚拟世界中停留的时间越来越长，人们开始关注特定资产（包括存在于数字世界或发源于数字世界的资产）所有权。此时 NFT 的出现有效标记了对特定资产的所有权，并可以映射现实世界中收藏品、图像、音乐等物品和虚拟世界中数字土地、数字艺术品、游戏道具等虚拟资产，能够给元宇宙中的资产提供流动性，建立元宇宙的经济系统。

一、NFT 的发展历程

NFT 的最初构想起源于密码学专家哈尔·芬尼，其在 1993 年分享了一个"加密交易卡"的概念，依托密码学、数学以及随机盲法的呈现形式。2012 年第一个类似 NFT 的 Colored Coin（彩色币）诞生，其可以将现实世界中的资产上链。2017 年 6 月，世界上真正意义上第一个 NFT 项目 CryptoKitties（加密猫）诞生了，生成了一系列像素风的朋克角色头像，头像总数为一万个，它开创性地将图像作为加密资产带入到了加密货币领域里。2017 年 9 月，第一个完全去中心化、由用户所拥有的虚拟世界 Decentraland 成立；2017 年 12 月，它进行了第一批"数字土地"的拍卖。出售了 34,356 块"数字土地"，约为 1663 万美元；2018 年 12 月，第二批 9331 块"数字土地"被成功拍卖，约为 299 万美元。2022 年 1 月，三星在 Decentraland 开设了其 837 旗舰实体店的虚拟版本，名为“三星 837X”的虚拟商店将在 Decentraland 限时开放。2018 年 2 月，百度模仿 CryptoKitties 的“莱茨狗”悄然上线。2019 年 5 月，荷兰数字设计公司 Fabricant 拍卖的第一件 NFT 数字高级定制服装“Iridescence 彩虹连衣裙”，只存在于区块链上的服装，成交价为 9500 美元。2021 年 2 月，NFT 彩虹猫以 58 万美元高价成交。2021 年 2 月，美国流行音乐巨匠 3LAU 发布了 33 张 NFT 版的专辑《紫外线》（*Ultraviolet*），作为有史以来的第一张音乐 NFT 专辑，开创了业界先河。2021 年 3 月，电子音乐人高嘉丰在 NFT 交易平台“OpenSea”上架了一个 7 秒的音频，打响了国内音乐 NFT 的第一枪。2021 年 3 月 11 日，艺术家迈克·温科尔曼创作的马赛克集合作品《每一天：最初的 5000 天》（*Everydays：The First* 5000 *Days*）在拍卖行巨头佳士得纽约最终以 6934 万美元的成交价刷新了 NFT 艺术品的价格纪录。2021 年 4 月推出的无聊猿头像，已经创造了超过 10 亿美元的销售收入，并在 2021 年 9 月，一组无聊猿的卡通 NFT 在苏富比拍卖行以 2440 万美元的天价拍出。

2021 年 5 月 20 日，阿里推出 NFT 数字艺术专场，拍卖艺术家万文广的作品《U107—无废星球系—柜族之梵高》、海参雨海的作品《魔鬼猫—多彩流浪体绿》等多件数字艺术品。2021 年 7 月欧洲杯期间，阿里将罗纳尔多等球星的进球瞬间生成 NFT 数字藏品。2021 年 6 月 23 日，支付宝推出基于蚂蚁链发行的 NFT 版付款码皮肤。2021 年 6 月，网易发行首个 NFT 作品“小羊驼三三”纪念金币。2021 年 7 月，网易旗下游戏《永劫间》NFT 盲盒上线并于 15 分钟内售罄。2021 年 7 月 14 日，英国艺术家达明·赫斯特在 HENI 官方网站上推出了其首个 NFT 项目“货币”。这套“货币”共由一万个 NFT 组成，每幅定价 2000 美金，最终被 6 倍超额认购。2021 年 8 月 2 日，腾讯发布国内首个 NFT 交易 App“幻核”。2021 年 8 月 4 日，路易·威登通过上线一款手机游戏 *Louis：The Game*，推出了一个 NFT 抽奖活动。2021 年 8 月 6 日，迪士尼推出蜘蛛侠版本的 NFT。2021 年 8 月 10 日，奥迪将豪华车与 NFT 梦幻联动，试图使用 NFT 概念为其汽车产品造势。2021 年 10 月 1 日，字节跳动旗下海外短视频社交平台 TikTok 宣布推出首个 NFT 系列《TikTok 的高光时刻》（*TikTok Top Moments*）。2021 年 10 月，哈希键（HashKey）虚拟总部正式在 Decentraland 上线。2021 年 11 月 18 日，耐克在 Roblox 游戏平台上建立其总部耐克乐园(Nikeland),Roblox 平台上的用户可以免费访问并在建筑物中行走。2021 年 12 月,育碧游戏公司正式官宣推出了 NFT 项目“育碧石英”(Ubisoft Quartz),游戏中的限量皮肤及装备以 NFT 形式发放,还可以在授权的第三方市场上以加密货币的方式进行交易。2021 年 12 月,耐克收购 NFT 时装和收藏品初创公司 RTFKT。2021 年 12 月 17 日,阿迪达斯发售“进入元宇宙”(Into the Metaverse)系列 NFT。2021 年 12 月 17 日京东旗下 NFT 发行平台“灵稀”已上线京东 App 小程序。2021 年 12 月 22 日,沙盒游戏(The Sandbox)与 NBA 球星斯蒂芬·库里、运动服装品牌安德玛(Under Armour)联合发布 NFT,在 Sandbox 中每一块地对应一个 NFT,NFT 赋予了用户自由创作内容的权力。2021 年 12 月 24 日,新华社发行中国首套“新闻数字藏品”NFT。2022 年 1 月,美联社(AP)与一家名为 Xooa 的公司合作进军 NFT 市场,收藏家能够获得“独家、历史性、和令人惊叹的视觉内容”。2022 年 1 月,世界首家 NFT 美术馆“西雅图 NFT 美术馆”(Seattle NFT Museum)在美国西雅图诞生,集中展示了来自艺术作品、收藏及教育三大领域的精美 NFT 艺术作品,堪称 NFT 收藏界的宝库。2022 年 1 月 18 日,中国数字应用企业“风语筑”在百度希壤元宇宙平台打造的“风语筑数字艺术馆”,开展了国内元宇宙虚拟建筑设计的首次招标活动。2022 年 1 月 23 日,荣威汽车首幅 NFT 数字艺术藏品《荣威元宇宙》NFT 以 100 万元拍卖成交。2022 年 1 月 24 日,联合国儿童基金会推出了 1000 个由数据驱动的 NFT 藏品。2022 年 1 月 25 日,蔚来汽车发布了数字版年度胸针 NFT。2022 年 1 月 25 日,人民网推出人民艺术馆“灵境”。2022 年 1 月 27 日,表情包服务头部平台“闪萌”和数字应用企业“风语筑”共同拍卖国内首个 NFT 加密表情包系列作品《梦里啥都有》。2022 年 2 月 1 日,中国首个城市 NFT“衢州城市经典”在趣链科技旗下的区块链数字化衍生品发行服务平台“红洞数藏”发布。2022 年 2 月 3 日,“红洞数藏”平台举办《喜迎冬奥——和红洞数藏一起感受 4 位冰雪世界冠军的巅峰时刻》线上数字艺术藏品专题活动。

二、NFT 的经济属性

现在,有很多区块链都支持 NFT,不同的区块链有不同的 NFT 标准。在以太坊区块链上,经常使用的 NFT 标准有 ERC721 协议、ERC1155 协议和

ERC998 协议;在 WAX 区块链[1]上,常见的 NFT 标准有 SimpleAssets 协议和 AtomicAssets 协议;另外,在 FLOW[2]、EOS[3]、波场(TRON[4])、NEO[5]、COSMOS[6]和币安(Binance[7])区块链上也有不同的 NFT 标准。现在以太坊使用的主要有四个以太坊协议标准,ERC20 协议代表的 FT 同质化代币,ERC721 协议、ERC1155 协议和 ERC998 协议代表的 NFT 是非同质化通证。ERC721 协议是最常见的底层协议,也是传统意义上的 NFT,每次交易只包含一个物品,购买两个商品需要 2 次交易;ERC998 协议是可组合非同质化通证 CNFT,可包含多个 ERC721 协议和 ERC20 协议形式的物品并按一定层级结构存在;ERC1155 协议兼具 NFT 和 FT 的特点,是协议可容纳管理各种类型通证、代币的合集。以太坊区块链是最好的货币区块链系统,而 WAX 区块链是专为 NFT 交易量身打造的,是 NFT 空间中性能最高的区块链。FLOW 是为支持 NFT 收藏品和大型加密游戏等事物而设计的区块链,FLOW 逐渐形成了大量的创作者群体。人们在支持 NFT 的区块链上部署 NFT 智能合约,通过外部链接指向特定资产的相关数据内容。

三、NFT 的概念与特征

NFT 是区块链上的一组加盖时间戳、无法篡改的数据编码,是用于标记数字资产所有权的唯一数字标识符。NFT 与数字资产之间具有唯一指向性,该数据编码显示为存储特定数字内容的具体网址链接或一组哈希值。[8] NFT 的非同质化是相对于同质化而言的。同质化,是指所有资产之间遵循共同的规则,可以自由分割和交易,如法币、同样建立在区块链上的比特币

---

〔1〕 WAX 区块链是一个为交易数字资产而制作的区块链,专注于视频游戏和虚拟收藏品。

〔2〕 FLOW 是为下一代应用程序、游戏及其数字货币而构建的新区块链,主要应用于 NFT 及 NFT 所衍生的游戏、艺术等商业领域。

〔3〕 EOS 是一个基于区块链的中心化平台,旨在开发和支持工业规模的应用程序。

〔4〕 TRON 是孙宇晨创立的区块链去中心化应用操作系统。

〔5〕 NEO 是一个区块链项目,主要运用区块链发展智能经济。

〔6〕 Cosmos 是一个加密货币项目,旨在创造一个快速、负担得起、用户友好且真正可互操作的多链未来。

〔7〕 Binance 是一个区块链生态品牌,集合区块链研究、教育学习、项目孵化、慈善、交易等功能为一体的平台。

〔8〕 参见杭州互联网法院民事判决书,(2022)浙 0192 民初 1008 号。

等。非同质化则是完全独特且唯一的,无法进行分割,彼此不能自由交换。[1] 基于NFT底层技术区块链的分布式记账和不易篡改的属性,NFT最大的特点即具有唯一性和不可替代性,所有者能够证明其是唯一真正的数字藏品的拥有者,并且相关交易记录包括初始发行者、发行日期以及每一次流转信息等,均可追溯,可证明权益的流通及归属。[2] 这也是NFT核心价值所在,即利用区块链技术去中心化储存,实现数字资产上链,保证相关数字资产的唯一性,其不存在一般虚拟资产比较容易篡改、难以特定化等问题,为虚拟世界的财产确权提供保障,有利于增强网络虚拟财产的流动性。

NFT是基于区块链技术的一种应用,是用于表示数字资产的唯一加密货币令牌,是标记用户对特定资产(包括存在于数字世界或发源于数字世界的资产)所有权的数字凭证,可以映射现实世界中收藏品、图像、音乐等物品和虚拟世界中数字土地、数字艺术品、游戏道具等虚拟资产,是构建元宇宙经济属性的重要技术。与NFT相对应的概念是FT,如比特币、基于ERC20协议的以太币、OMG、SNC、TRX等,两者最大的区别就在于是否唯一且不可分割。NFT锚定的是非同质化资产的价值,FT锚定的是同质化资产的价值,同种FT单位价值相等可以互换且可分割,但每一枚NFT所对应的价值都是独一无二且不可分割的。NFT的特征主要有:可交易性、不可更改性、可公开访问性。NFT主要有以下几种类型:藏品类NFT、音乐类NFT、头像类NFT、土地类NFT、游戏类NFT、实物所有权类NFT。

四、NFT的发展现状

CryptoPunks(加密朋克)是2017年在以太坊发布的世界上第一个NFT项目,是10,000个独一无二的不规则像素组成的艺术图像,CryptoPunks按类别和特征数量搭建起稀缺性层级体系,奠定其收藏价值。BYAC(Bored Ape Yacht Club)是架构在以太坊区块链上的一组猿猴NFT收藏品,创作者通过半随机的方式生成了总计10,000只无聊猿,每只BAYC无聊猿都是由眼睛、嘴巴、毛皮、背景等170多种可能的特征行随机组合而成。Axie Infini-

---

[1] 参见郭全中:《NFT及其未来》,载《新闻爱好者》2021年第11期。

[2] 参见史欣悦、杨琦:《NFT的法律属性与合规分析》,载微信公众号"君合法律评论"2022年1月25日,https://mp.weixin.qq.com/s/LefAQ8_La2wT_oeeMCZAoQ。

ty 是一款以太坊链上的宠物养成游戏，Axie（宠物）本身便具有 NFT 属性，可以用来培养、战斗、繁殖、交易和收藏，战斗可以赢取 SLP 代币，繁殖可以获取 SLP 代币，社区治理可以获取 AXS 代币。Sandbox 也是一款架构在以太坊上的社区驱动的游戏生态系统，玩家可以使用平台代币 SAND 创建 NFT，可以创建、拥有自己的游戏体验并从中获利。2017 年成立的 OpenSea，是目前世界上最大的 NFT 综合交易市场，为用户提供铸造、展示、交易 NFT 服务，包括艺术、音乐、游戏等各种类型 NFT。Rarible 是一个运行在以太坊上的 NFT 铸造和交易平台，发布治理代币 RARI 用来奖励 Rarible 的创作者和交易用户，并可为平台的交易费用、产品升级及改进提案等投票并参与管理和审核，同时实行跨链兼容至 Flow 和 Tezos 公链上。像素蜜蜂是国内最早支持 NFT 铸造功能的 App，可将自己的数字内容作品铸造成 NFT。NFT 中国是国内规模最大、交易最活跃的数字艺术品交易平台，兼容 ETH、BSC、HECO 等公链，已签约数千位艺术家并与超过 100 所海内外画廊机构达成战略合作，用户可在 NFT 中国上铸造和交易 NFT 数字作品。

国外 NFT 项目及交易平台均是铸造在以太坊等去中心化的国际公链上，而国内的 NFT 项目及交易平台则主要铸造在联盟链上，联盟链是私链且并不是去中心化的区块链，除了 NFT 中国是建立在以太坊公链上之外，还兼容 ETH、BSC、HECO 等公链。国内的 NFT 项目及交易平台使用的联盟链，主要有国家队的长安链、阿里巴巴的蚂蚁链、腾讯的至信链、百度的超级链、京东的至臻链、天舟文化的天河链等。国内现有的 NFT 项目主要集中于数字藏品，包括付款码皮肤、黑胶唱片、数字民族图鉴、纪念金币等类型。

国内现有的 NFT 项目并不是标准地建立在公链上的 NFT，而仅仅是数字藏品的一级交易市场，限制二手交易和场外交易，是一种无币化的 NFT。国内外 NFT 应用主要有以下区别：（1）国外 NFT 平台发行代币并采用代币交易模式，国内不允许发行代币，国内 NFT 平台采用的是法定货币结算方式；（2）国外 NFT 平台允许普通自然人铸造、交易 NFT，而国内大多数 NFT 平台只是和普通自然人合作，并不允许普通自然人自行铸造 NFT，除了“像素蜜蜂”和“NFT 中国”；（3）国内大多数 NFT 平台像现有互联网一样采取实名认证方式，但腾讯至信链正在推出合规的区块链钱包，而国外 NFT 平台需要一个加密货币钱包，比如以太坊钱包；（4）国外 NFT 平台使用的是去中心化的公链，数据的真实性和安全性更高，而联盟链本质上属于私链，并非真正去中心化,数字资产权证的真实性和安全性只有依赖联盟方的权威度和信誉度;(5)国外NFT平台可以对NFT商品二次交易,而国内NFT平台通常不允许二次交易;(6)国外NFT平台上的NFT商品是唯一的,且无人能够篡改,国内NFT平台上现在大多使用“数字藏品”概念,回避“NFT”字样,通常采用限量发行多少份的形式,非唯一性且无人能够篡改;(7)国外NFT平台使用的公链不尽相同,很多公链之间可以互联互通,而国内NFT平台也正在推进数字资产的跨平台流动;(8)用户对国外NFT商品享有所有权,而用户对国内NFT收藏品只有使用权而非所有权,元宇宙的经济系统可能无法成功构建。

五、NFT法律问题探析

(一)代币发行

元宇宙是一个现实世界与虚拟世界相互映射的经济系统,在该经济系统中,人们可以通过劳动、创作获得回报,可以投资、交易获得利润,形成与现实世界类似甚至一样的经济文化繁荣。NFT天然适配于元宇宙,NFT的出现有效标记了对特定资产的所有权,并可以映射现实世界中收藏品、图像、音乐等物品和虚拟世界中数字土地、数字艺术品、游戏道具等虚拟资产,能够给元宇宙中的资产提供流动性,建立元宇宙的经济系统。经济系统的建立就完全依赖于代币的发行,代币包括公链代币和项目代币。公链是一个完全去中心化管理的自组织,没有公链代币这一层激励机制,记账根本无法进行。项目代币是区块链项目开发方发行的,其目的在于融资。2013年中国人民银行等五部门印发了《关于防范比特币风险的通知》,2021年中国人民银行等部门印发了《关于进一步防范和处置虚拟货币交易炒作风险的通知》,均明确虚拟货币不具有与法定货币等同的法律地位,虚拟货币相关业务活动属于非法金融活动。根据上述通知,发行虚拟货币、代币发行融资等属于非法金融活动,主要涉嫌集资诈骗罪,组织、领导传销活动罪和非法吸收公众存款罪;利用虚拟货币洗钱等行为则涉嫌洗钱罪、掩饰隐瞒犯罪所得罪和帮助信息网络犯罪活动罪。

(二)财产权

NFT是标记用户对特定资产(包括存在于数字世界或发源于数字世界的资产)所有权的数字凭证,锚定的是非同质化资产的价值,是独一无二且不可篡改的，可以映射现实世界中收藏品、图像、音乐等物品和虚拟世界中数字土地、数字艺术品、游戏道具等虚拟资产。国内现有的 NFT 项目并不是标准地建立在公链上的 NFT，而仅仅是建立在联盟链（私链）上的数字藏品，其没有真正去中心化，而且通常是限量发行，并不具有独一无二性。国外 NFT 平台上每一枚 NFT 所对应的价值都是独一无二且不可分割的，用户享有的是所有权，而国内 NFT 平台上的数字藏品在限量范围内其实单位价值相等且可以互换，用户对该数字藏品只有使用权而非所有权。另外，由于监管政策等，国内很多 NFT 平台并没有对数字藏品开放二级市场交易，仅对符合持有一定时间的用户开放转赠功能，因此用户对该数字藏品享有的使用权是不完整的，可能只有收藏权、转赠权，一些小平台开放了二次交易也就享有了二次交易权。

（三）铸造时的著作权问题

《著作权法》所称的作品，是指文学、艺术和科学领域内具有独创性并能以一定形式表现的智力成果。[1] 只有用于铸造 NFT 或数字藏品、符合《著作权法》中作品的概念，才享有《著作权法》上复制权、发行权、信息网络传播权等权利。现在很多公有领域的艺术品、古书籍被用于铸造 NFT 或数字藏品，比如古董、《本草纲目》等，这些公有领域的艺术品、藏品等在铸造时是不享有著作权的。而将他人作品用于铸造 NFT 或数字藏品，则可能侵害复制权、发行权、信息网络传播权等著作权法上的权利。

1. 复制权

以有形物质载体呈现的作品进行 NFT 前，应进行数字化。NFT 或数字藏品的铸造，需要将数字作品上传至网络服务器。另外，同一数字作品存在铸造多个 NFT 数字藏品的情形。以上均会涉及对数字作品的复制。《著作权法》规定："复制权，即以印刷、复印、拓印、录音、录像、翻录、翻拍、数字化等方式将作品制作一份或者多份的权利。"因此，将有形作品数字化、将数字作品上传至网络服务器、将数字作品复制成多份数字作品，这些行为受复制权控制，进行铸造前，应取得著作权人的许可。

2. 信息网络传播权

《著作权法》规定："信息网络传播权，即以有线或者无线方式向公众提

---

〔1〕 参见杭州互联网法院民事判决书，(2022)浙 0192 民初 1008 号。

供,使公众可以在其选定的时间和地点获得作品的权利。"发行方将数字作品上架到交易平台,涉及著作权人的信息网络传播权,须取得著作权人的许可。由于数字作品上传至网络服务器的复制行为是一种一次性的、不可持续的行为,其目的在于向公众提供作品,使公众可以持续性地获得该数字作品。因此,一般认为信息网络传播行为吸收了之前一次性的复制行为。[1]因此,未取得原作著作权人的许可的情况下,发行方擅自使用原作铸造 NFT 数字藏品,并在交易平台出售的,涉及侵犯原作作者的信息网络传播权,对复制行为则不再予以评价。

例如,国内著名的 NFT 第一案"胖虎打疫苗案"中,被告被认定侵害的就是著作权中的作品信息网络传播权。近日,由著名运动品牌李宁与无聊猿 NFT 合作开发的线下服装产品引起了广泛关注。李宁对无聊猿 NFT 的商业化使用,将至少涉及无聊猿著作权中的三项权利:改编权、复制权、信息网络传播权。理论上讲,尽管李宁作为 NFT 产品的购买者,在没有额外获得著作权的相关权利的情况下,无权对无聊猿的 NFT 进行任何商业化使用,否则可能涉及著作权侵权问题。然而无聊猿属于国外开发的 NFT 项目,为了促进产品的进一步流通和发展,国外的 NFT 交易通常在 NFT 产品上捆绑相关的知识产权,在购买 NFT 产品时,买家通常会获得艺术品部分的知识产权,这与国内的 NFT 交易模式截然不同。

3. 发表权

《著作权法》规定:"发表权,即决定作品是否公之于众的权利。"发行方将 NFT 数字藏品上架到交易平台,数字作品便处于公开的互联网环境中。在上架之前,如果作品尚未发表,作品上架受发表权控制,因此需取得著作权人的许可。由于发表权是一次性的权利,对于已发表的作品,则无须取得著作权人的许可。

4. 发行权

《著作权法》规定:"发行权,即以出售或者赠与方式向公众提供作品的原件或者复制件的权利。"虽然该条款并未明确出售或赠与是限于作品的"有形"原件或复制件;但在目前的司法实践中,一般认为,发行权的实质在于作品有形物质载体所有权的转移,适用于有形载体作品。NFT 数字藏品

---

〔1〕 参见浙江省高级人民法院民事裁定书,(2020)浙民申 4390 号。

的交易对象一般为数字作品,数字作品的出售属于数字网络传输行为,是一种信息流动,不受发行权的控制,但构成侵害信息网络传播权的行为时,应承担侵权责任。

(四)交易过程中的法律问题

NFT 的卖家,可以是直接上传其所创作的艺术品至 NFT 平台进行交易的个人,也可以是获得授权将艺术品上传至 NFT 平台进行交易的运营公司。NFT 产品的卖家并不当然享有该艺术品的知识产权,若无特殊约定,艺术品进行 NFT 化的过程并不会改变艺术品的知识产权归属。在 NFT 交易未包括知识产权相关授权的情形下,NFT 艺术品的买家不能因购买 NFT 产品而取得相关艺术品的知识产权或任何知识产权授权,买方购买 NFT 本身的行为也并不构成知识产权侵权,但买方使用 NFT 产品的行为不当可能构成知识产权侵权,买家对 NFT 产品使用得是否合理亦影响着知识产权原始权利人和其他被授权方的合法权利。此外,如果 NFT 对应的数字资产侵犯他人知识产权,则买方公开出售、转赠 NFT 的行为可能构成知识产权侵权。当然,前述情况也存在例外,如果 NFT 卖家在出售 NFT 产品时获得知识产权相关授权,则买家根据卖家的具体授权内容享有对应权利。买家在购买 NFT 产品时需要关注卖家有无相关知识产权授权,同时要厘清授权的具体内容和限制等问题。无论是 NFT 产品的卖家还是买家,若无视 NFT 背后的知识产权问题进行交易,则可能涉及对知识产权的侵犯,知识产权权利人有权要求侵权方承担相应的侵权责任。此外,卖方侵权与买方侵权也可能同时构成各个交易环节中的违约问题。

在平台政策没有明确约定的情况下,如果购买者购买 NFT 或数字藏品并在互联网上进行第二次交易,这一行为是否会侵犯平台政策中未明确约定的著作权人的信息网络传播权?与一般商品一样,购买者获得商品所有权后,有权自由处置 NFT 或数字藏品等网络虚拟商品。NFT 或数字藏品通过网络的第二次交易涉及物权人的所有权和著作权人的信息网络传播权之间的冲突。

在李某某与某美公司侵害作品信息网络传播权纠纷案中,法院认为:“李某某在其网店中展示包含有涉案美术作品的商品及其外包装,其是用于标示商品的来源,公众虽能从李某某所经营网店中获取相关商品、商品外包装及商品图片宣传栏的图样,却非直接获得图样上的涉案美术作品,不属于将涉案美术作品进行网络传播的行为，故不构成对某美公司美术作品信息网络传播权的侵害。"[1]在杨某与舒某某、浙江某宝网络有限公司著作权权属、侵权纠纷案中，法院认为："舒某某在闲鱼展示售卖杨某为作者的图书，销售页面仅展示了涉案图书的封面照片，公众并不能通过有线或无线的方式直接获取涉案作品，舒某某未侵犯杨某某的涉案图书信息网络传播权。"[2]然而，上述司法判例对"获得作品"的限制性解释并不能完全解决作品所有权人的处分权与著作权人的信息网络传播权之间的冲突问题。关于信息网络传播权中"获得作品"的认定，主流观点是公众不必直接"获得"作品载体，只要公众能够欣赏到数字作品，就被认为是"获得作品"。对"获得作品"进行限制解释似乎有些牵强。因此，在互联网时代，有必要进一步探索如何在网络销售中更好地解决著作权人和物权人之间的矛盾。

第二节 NFT 或数字藏品平台的七大合规要点

2021 年是元宇宙元年，NFT 能够有效标记对特定资产的所有权，并可以映射现实世界中收藏品、图像、音乐等物品和虚拟世界中数字土地、数字艺术品、游戏道具等虚拟资产，能够给元宇宙中的资产提供流动性并建立元宇宙的经济系统。NFT 是基于区块链技术的一种应用，是用于表示数字资产的唯一加密货币令牌，是标记用户对特定资产(包括存在于数字世界或发源于数字世界的资产)所有权的数字凭证。国外 NFT 项目及交易平台均是铸造在以太坊等去中心化的国际公链上，其依赖发行代币给元宇宙中的资产提供流动性，代币包括公链代币和项目代币。公链是一个完全去中心化管理的自组织，没有公链代币这一层激励机制，记账根本无法进行。项目代币是区块链项目开发方发行的，其目的在于融资。而国内的 NFT 项目及交易平台并不是标准地建立在公链上的 NFT，而是一种无代币化的 NFT，且绝大多数是铸造在联盟链上的数字藏品平台，联盟链是私链且并不是去中心化的区块链，主要有国家队的长安链、阿里巴巴的蚂蚁链、腾讯的至信链、百度

[1] 广州知识产权法院民事判决书，(2017)粤 73 民终 1816 号。
[2] 浙江省杭州市余杭区人民法院民事判决书，(2018)浙 0110 民初 13883 号。

的超级链、京东的至臻链、天舟文化的天河链等。国内现有的 NFT 项目主要集中于数字藏品，包括付款码皮肤、黑胶唱片、数字民族图鉴、纪念金币等类型。

一、数字藏品或 NFT 平台资质合规

数字藏品或 NFT 平台是建立在区块链上的具体应用，从事经营性互联网信息服务，通过信息网络向公众提供具有编辑、制作、加工等出版特征的数字化作品，故应当具有下列资质。

（一）进行区块链安全评估和备案

《区块链信息服务管理规定》第 9 条规定，区块链信息服务提供者开发上线新产品、新应用、新功能的，应当按照有关规定报国家和省、自治区、直辖市互联网信息办公室进行安全评估。第 11 条第 1 款规定，区块链信息服务提供者应当在提供服务之日起 10 个工作日内通过国家互联网信息办公室区块链信息服务备案管理系统填报服务提供者的名称、服务类别、服务形式、应用领域、服务器地址等信息，履行备案手续。平台可自行或委托具有相应资质的测评机构开展评估，并通过全国互联网安全管理服务平台提交安全自评估报告。

（二）办理互联网信息服务增值电信业务经营许可证，并持经营许可证向企业登记机关办理登记手续

《互联网信息服务管理办法》第 7 条规定，从事经营性互联网信息服务，应当向省、自治区、直辖市电信管理机构或者国务院信息产业主管部门（现为国务院工业和信息化主管部门）申请办理互联网信息服务增值电信业务经营许可证（以下简称经营许可证）。省、自治区、直辖市电信管理机构或者国务院信息产业主管部门（现为国务院工业和信息化主管部门）应当自收到申请之日起 60 日内审查完毕，作出批准或者不予批准的决定。予以批准的，颁发经营许可证；不予批准的，应当书面通知申请人并说明理由。申请人取得经营许可证后，应当持经营许可证向企业登记机关办理登记手续。

（三）取得《网络出版服务许可证》

《网络出版服务管理规定》第 2 条第 3 款规定，本规定所称网络出版物，是指通过信息网络向公众提供的，具有编辑、制作、加工等出版特征的数字化作品，范围主要包括：(1) 文学、艺术、科学等领域内具有知识性、思想性的

文字、图片、地图、游戏、动漫、音视频读物等原创数字化作品;(2)与已出版的图书、报纸、期刊、音像制品、电子出版物等内容相一致的数字化作品;(3)将上述作品通过选择、编排、汇集等方式形成的网络文献数据库等数字化作品;(4)国家新闻出版广电总局[1]认定的其他类型的数字化作品。第7条规定,从事网络出版服务,必须依法经过出版行政主管部门批准,取得《网络出版服务许可证》。

(四)取得《信息网络传播视听节目许可证》或履行备案手续

《互联网视听节目服务管理规定》第2条第2款规定,本规定所称互联网视听节目服务,是指制作、编辑、集成并通过互联网向公众提供视音频节目,以及为他人提供上载传播视听节目服务的活动。第7条第1款规定,从事互联网视听节目服务,应当依照本规定取得广播电影电视主管部门(现为广播电视主管部门)颁发的《信息网络传播视听节目许可证》(以下简称《许可证》)或履行备案手续。

(五)取得《网络文化经营许可证》

原文化部[2]发布的《互联网文化管理暂行规定》第8条规定,申请从事经营性互联网文化活动,应当向所在地省、自治区、直辖市人民政府文化行政部门提出申请,由省、自治区、直辖市人民政府文化行政部门审核批准。

(六)办理网络安全等级保护备案

《网络安全法》第21条规定,国家实行网络安全等级保护制度。网络运营者应当按照网络安全等级保护制度的要求,履行下列安全保护义务,保障网络免受干扰、破坏或者未经授权的访问,防止网络数据泄露或者被窃取、篡改。第31条规定,国家对公共通信和信息服务、能源、交通、水利、金融、公共服务、电子政务等重要行业和领域,以及其他一旦遭到破坏、丧失功能或者数据泄露,可能严重危害国家安全、国计民生、公共利益的关键信息基础设施,在网络安全等级保护制度的基础上,实行重点保护。第59条规定,网络运营者不履行本法第21条、第25条规定的网络安全保护义务的,由有关主管部门责令改正,给予警告;拒不改正或者导致危害网络安全等后果的,

---

〔1〕 根据2018年通过的《国务院机构改革方案》,组建国家广播电视总局。不再保留国家新闻出版广电总局。

〔2〕 2018年3月,根据第十三届全国人民代表大会第一次会议审议通过的《国务院机构改革方案》,组建文化和旅游部,不再保留文化部。

处 1 万元以上 10 万元以下罚款,对直接负责的主管人员处 5000 元以上 5 万元以下罚款。因此,应当由其运营或使用单位到当地公安机关网监部门办理备案手续。

(七)取得拍卖经营许可证或与拍卖公司合作

若平台以竞价拍卖的形式发售,应当到商务部门取得拍卖经营许可证或与取得拍卖经营许可证的拍卖公司合作。

二、运行模式合规

2017 年 9 月 4 日,中国人民银行等七部门发布了《关于防范代币发行融资风险的公告》。该公告中指出,首次代币发行(Initial Coin Offering,ICO)为非法金融活动,严重扰乱金融秩序,该公告叫停了国内所有代币融资项目,明确自公告发布之日起,任何所谓的代币融资交易平台不得从事法定货币与代币、“虚拟货币”相互之间的兑换业务,不得买卖或作为中央对手方买卖代币或“虚拟货币”,不得为代币或“虚拟货币”提供定价、信息中介等服务。各金融机构和非银行支付机构不得开展与代币发行融资交易相关的业务,各金融机构和非银行支付机构不得直接或间接为代币发行融资和“虚拟货币”提供账户开立、登记、交易、清算、结算等产品或服务,不得承保与代币和“虚拟货币”相关的保险业务或将代币和“虚拟货币”纳入保险责任范围。2021 年,中国人民银行等十部门发布了《关于进一步防范和处置虚拟货币交易炒作风险的通知》,明确虚拟货币不具有与法定货币等同的法律地位,虚拟货币相关业务活动属于非法金融活动。同时,根据《国务院关于清理整顿各类交易场所切实防范金融风险的决定》,数字藏品或 NFT 交易场所的设立必须经国务院相关金融管理部门批准。根据《国务院办公厅关于清理整顿各类交易场所的实施意见》[1],凡使用“交易所”字样的交易场所,除经国务院或国务院金融管理部门批准的外,必须报省级人民政府批准。因此,国内 NFT 平台没有一家使用“交易所”字样。根据上述相关监管政策,数字藏品或 NFT 平台不能使用“交易所”字样,不得发行代币,应当采用实名认证方

〔1〕《关于贯彻落实〈国务院办公厅关于清理整顿各类交易场所的实施意见〉的通知》(国资发产权〔2012〕140 号)在 2015 年 12 月 10 日国务院国有资产监督管理委员会公告 2015 年第 1 号中被宣布失效。

式，采用人民币和数字人民币结算方式。

三、发行模式合规

NFT或数字藏品平台应当与发行者之间签订好《数字藏品代发行协议》，发行者版权权利链条应当清晰可查，明确是否有版权的转授权，转授权范围应当明确到具体的权利，如有侵权行为发生，发行者应当承担兜底责任，包括但不限于承担赔偿费用、律师费用、销毁NFT或数字藏品的合约地址到区块链地址黑洞的费用。

（一）权益类NFT或数字藏品

权益类NFT或数字藏品是指享有某项权益的NFT或数字藏品，如美国大学生男篮顶级运动员Garza推出的一个NFT，可以与Garza进行私人冥想、共进晚餐、看电影和玩游戏等权益。故该权益应当是具体清晰且能够实际实现的，但对商业化收益和分享权益不得夸大宣传，否则可能涉嫌欺诈。另外应公示实现权益的时间、途径等信息，并公开如权益不能实现的处理流程、退换货标准等信息，不得有介入二级市场的做市行为，不得开展天价炒作，不得使用"发行方享有最终解释权"的违法方式进行兜底。

（二）实物类NFT或数字藏品

实物类NFT或数字藏品是指可以在线下领取实物的一类NFT或数字藏品，通常具有以下价值：可在区块链上永久存证带来的收藏价值、可领取实物带来的商品价值、转赠或二次交易带来的价值。例如，阿迪达斯原创NFT可以将之兑换成独一无二的对应实体产品，张弓酒业数字藏品可随时提取实物白酒。实物类NFT或数字藏品对应的实物价值应与其售卖价格基本相当，应公示该实物品牌、型号、具体价值等详细信息，不得开展涉金融类营销，不得有介入二级市场的做市行为，不得开展天价炒作、过度营销、饥饿营销。

（三）盲盒类NFT或数字藏品

盲盒类NFT或数字藏品是一种带有娱乐化特质的NFT或数字藏品，该种新奇的营销模式可以迎合用户猎奇的心理特征。盲盒类NFT或数字藏品内的惊喜可以吸引用户购买，可能有惊喜感。区块链不可篡改的特性，可以避免实物盲盒的作弊行为。区块链可追溯的特性，可以保证盲盒类NFT或数字藏品内的数字公开透明。盲盒内商品实际价值应与其售卖价格基本相当。应公示商品种类、抽盒规则、商品投放数量、隐藏款抽取概率等信息，并保留完整的概率设定、抽取结果、发放情况记录以备查。要建立便捷、有效的投诉处理机制，公开投诉方式、处理流程、退换货标准等信息，不得推诿、拖延、拒绝处理消费者投诉。不得开展涉金融类营销，不得有介入二级市场的做市行为，不得开展天价炒作、过度营销、饥饿营销，避免出现涉赌风险。

（四）普通类及绑定类 NFT 或数字藏品

普通类 NFT 或数字藏品大致可分为艺术、音乐、游戏道具、付款码皮肤、黑胶唱片、数字民族图鉴、纪念金币等，现如今大多数平台发行的都属于该类数字藏品。普通类 NFT 或数字藏品购买者或拥有者是不享有版权的，仅仅只享有该普通类 NFT 或数字藏品的所有权。现在，出现了一种将版权和 NFT、数字藏品绑定一并发行给用户的新型 NFT 或数字藏品，购买者或拥有者可以行使该版权的后续开发、转授权等权益，实现了从“作品”到“藏品”再到“衍生品”的“由实到虚再到实”的新数字经济模式。平台应当具有版权检测等功能，查明发行者的版权来源，确定好发行者享有的为非瑕疵版权，确定好权利链条清晰可查，并在智能合约或售卖合约中明确转售的是具体版权中哪一项明确的具体权利，如复制权、发行权、改编权等，并明确权利行使的时间范围。同时，智能合约可以约定版税相关问题，在 NFT 或数字藏品售出后可自动执行完成，版权方无须花费任何成本监督和跟踪。

四、区块链技术合规

2021 年 10 月 31 日，《数字文创行业自律公约》在京发布，《数字文创行业自律公约》共包括 11 项共识，分别为：赋能实体经济、弘扬民族文化、促进行业发展、坚持原创正版、保证价值支撑、保护消费者权益、联盟链技术可控、维护网络信息安全、杜绝虚拟货币、防范投机炒作和金融化风险、防范洗钱风险。《数字文创行业自律公约》提出，要坚守区块链技术服务数字文创产业发展初心，为数字文创作品确权及流转提供创新解决方案，让创作者的作品能更好触达市场，促进原创文化行业繁荣发展。充分运用区块链、技术保护链上数字文创作品版权，保护创作者合理权益。公链及公链上发行的代币很有可能会影响国家主权。因此，根据上述公约，数字藏品或 NFT 平台应当建立在联盟链上，且该联盟链必须做到技术可控。

五、智能合约合规

区块链是一种具有去中心化、不可篡改、可追溯等特性的分布式账本，其依赖智能合约实现社区自治。智能合约是一种计算机程序，可按照预设的条件自动化执行电子合同，一旦相应的条件产生则自动触发完成合约。在智能合约中，可以设置发行方获得的版税、发行方转售的具体版权、平台的佣金等条款，发行方不需要花费任何成本监督和跟踪，也可以充分保障发行方的权益。智能合约同样具有不可篡改性，撤销权和解除权都不好行使。因此，智能合约条款的设置应当设置合理的交易费，交易费的多少和平台方的注意义务有一定关联性；应当设置二级市场交易的熔断、控价条款，防止过度炒作；应当具有"数字藏品公开信息为智能合约组成部分"的条款，防止虚假宣传；应当具有"数字藏品发行者及转让者发布信息限制"的条款，防止诈骗等行为；应当具有"数字藏品购买者不得众筹购买"的条款，防止数字藏品分拆及非法集资等行为；应当具有"数字藏品发行者及转让者不得在一定条件下回购"的条款，防止过度炒作；不得具有"平台在一定条件下回购、奖励"的条款，防止自我炒作。

六、数据合规

2021 年 9 月 1 日，《数据安全法》施行。这部法律是数据领域的基础性法律，明确了相关主体依法依规开展数据活动，建立健全数据安全管理制度，加强风险监测和及时处置数据安全事件等义务和责任，通过严格规范数据处理活动，切实加强数据安全保护。由于国外 NFT 平台使用的是去中心化的公链，数据的真实性和安全性更高，而国内 NFT 平台使用的是并非完整去中心化的联盟链，联盟链本质上属于私链，数字资产权证的真实性和安全性只有依赖联盟方的权威度和信誉度。因此，联盟链应当严格按照《数据安全法》要求，进行自身平台数字资产权证的数据安全保护；另外，在与其他联盟链互联互通时也要注重数据共享时的数据安全保护。

七、监管合规

银保监会 2022 年发布《关于防范以"元宇宙"名义进行非法集资的风险提示》，中国互联网金融协会、中国银行业协会、中国证券业协会于 2022 年 4

月 13 日联合呼吁会员单位共同发起倡议，根据上述及相关监管提示，数字藏品或 NFT 平台应当做到以下事项：不得公开虚假宣传高额收益，借机吸收公众资金，不得实施具有非法集资、诈骗等违法特征的行为；不得宣称“投资周期短、收益高”诱导用户购买 NFT 或数字藏品进行投资；不得人为营造抢购假象，引诱进场囤积买卖；不得通过操纵价格等幕后手段非法获利。

◆ 第三节　NFT 或数字藏品判例解读

目前，NFT 正处于“总需求和总供给都在爆发性增长的阶段”[1]。NFT、数字藏品以其稀缺性、不可分割性等特性受到了市场的狂热追捧。全球各类 NFT、数字藏品平台层出不穷，仅国内数字藏品平台已达近千家。成千上万的平台发行了海量 NFT、数字藏品，随之而来的是数不胜数的各类纠纷。在此背景下，国内外关于 NFT 的全新判例不断浮出水面。

一、中国 NFT 侵权第一案——胖虎案

2022 年 4 月 22 日，杭州互联网法院对“NFT 第一案”作出民事判决书[2]。该民事判决书对 NFT 及 NFT 数字藏品的性质、NFT 数字藏品平台的属性及责任认定等方面进行了积极探索，被称为国内“NFT 侵权第一案”。

（一）简要案情

原告深圳奇策某文化创意有限公司（以下简称奇策公司）诉称：漫画家马千里所创造的“我不是胖虎”动漫形象广受欢迎，已成为爆款 IP，并发展出一系列衍生作品。奇策公司经授权享有“我不是胖虎”系列作品在全球范围内独占的著作权财产性权利及维权权利。奇策公司在被告公司经营的平台发现有用户铸造并发布了“胖虎打疫苗”NFT，售价为 899 元。该 NFT 作品与马千里在微博发布的插图作品完全一致，且作品右下角仍带有马千里的水印。

杭州互联网法院认为，“被告作为新型网络服务提供者未能尽到审查义

---

〔1〕 朱嘉明：《元宇宙与数字经济》，中译出版社 2022 年版，第 268 页。

〔2〕 参见杭州互联网法院民事判决书，（2022）浙 0192 民初 1008 号。

务，且知道也应当知道网络用户侵害信息网络传播权却未能及时采取有效制止侵权的必要措施，存在主观过错，故应当承担相应的帮助侵权责任”[1]。据此，杭州互联网法院判令被告将案涉侵权 NFT 在区块链上断开并打入地址黑洞以达到停止侵权的法律效果，并判令被告向奇策公司赔偿经济损失及合理支出 4000 元。

（二）对维权的启示

1. NFT 交易平台负有事前审查注意义务

根据《信息网络传播权保护条例》及相关规定，杭州互联网法院认定被告未与他人以分工合作等方式参与 NFT 交易，仅系专门提供 NFT 交易服务平台，因此被告属于网络服务提供者。

杭州互联网法院从 NFT 数字交易的模式、所采用的技术、被告平台控制能力、平台盈利模式等方面认定被告在 NFT 中直接获得经济利益，因此援引《最高人民法院关于审理侵害信息网络传播权民事纠纷案件适用法律若干问题的规定》第 11 条之规定，认定被告应当对网络用户侵害信息网络传播权的行为负有较高的注意义务，NFT 交易平台应当建立有效的知识产权审查机制及侵权预防机制。

对维权者而言，本案第一个启示就是首先应穷尽平台建立的侵权预防机制中所设定的步骤及其他所有可能的补救措施，如向平台发函要求停止侵权、通知平台采取停止侵权的措施、要求平台转通知实施侵权行为的网络用户等。

2. 停止侵权方式创新

基于 NFT 本身去中心化的技术特性，一旦 NFT 及交易的相关数据上链，即便作品形成了侵权，也不存在具有删除该 NFT 及交易数据能力的中心化机构。因此，直接删除 NFT 及交易数据不具备可操作性，停止侵权行为的目标根本无法实现。为了制裁侵权行为，杭州互联网法院判令平台公司将侵权 NFT“在区块链上予以断开并打入地址黑洞以达到停止侵权的法律效果”[2]（“所谓地址黑洞，是指私钥丢失的持有人地址，NFT 一旦被打入地址

---

[1] 深圳奇策某文化创意有限公司诉杭州某科技有限公司侵害作品信息网络传播权纠纷案，杭州互联网法院（2022）浙 0192 民初 1008 号民事判决书。

[2] 深圳奇策某文化创意有限公司诉杭州某科技有限公司侵害作品信息网络传播权纠纷案，杭州互联网法院（2022）浙 0192 民初 1008 号民事判决书。

黑洞,便无人再可支配和交易”[1])。

杭州互联网法院的这一决定是具有开创性的,在现行法律未能对 NFT 完成调整以全面回应的情况下,杭州互联网法院此举似乎已是制止侵权行为的最佳选择。当然,这一决定也引起了巨大的争议,有不少批评意见指出:(1)杭州互联网法院此举于法无据[2];(2)杭州互联网法院此举属类推适用《著作权法》第 54 条第 5 款之规定,但无法达到制止侵权的效果且超出版权人的权利基础范围[3]。

NFT 侵权第一案判决书仅是 NFT 赛道司法实践的一个起点,在现行法律法规尚未能对 NFT 这一新鲜事物作出有力回应的当下,杭州互联网法院遵循立法精神将侵权的 NFT 排除出商业渠道确实具有一定合理性,有效避免维权者陷入取得空头胜诉判决、无法落地执行的尴尬境地。但在 NFT 技术的开源化趋势下,公众使用 NFT 的技术门槛将被不断降低,针对 NFT 的侵权问题将大规模爆发,未来的司法实践仍需要积极探索其他救济措施,切实销毁侵权复制件或屏蔽侵权作品传播源。

二、国外 NFT 侵权案例

(一)侵犯商标权案例:时尚界首个从商标侵权及商标淡化视角出发起诉侵权人的案件[4]——纽约南区联邦地方法院

2021 年 12 月前后,本案被告梅森·罗斯柴尔德(Mason Rothschild)根据爱马仕国际(Hermes International)和巴黎爱马仕公司(Hermes of Paris)(以下简称爱马仕公司)的 Birkin 系列手包创作了一系列电子图像,并将该系列电子图像命名为 MetaBirkins 且作为 NFT 进行出售,彼时售价与 Birkin 系列手包实物的售价不相上下。

---

[1] 钟炜健、崔军:《科技向善与法律中立:NFT 的法律性质与知识产权合规应用(下)——元宇宙与 NFT 境内合规指南系列》,载微信公众号“德恒深圳”2022 年 5 月 30 日,https://mp.weixin.qq.com/s/Kict3xjuL7uSfjkaUjCW3Q。

[2] 参见齐爱民:《中国 NFT 侵权第一案涉及法律问题的深度分析》,载微信公众号“知识产权家”2022 年 4 月 26 日,https://mp.weixin.qq.com/s/MYDzUMmo-Y47vS0v0GfFDQ。

[3] 参见钟炜健、崔军:《科技向善与法律中立:NFT 的法律性质与知识产权合规应用(下)——元宇宙与 NFT 境内合规指南系列》,载微信公众号“德恒深圳”2022 年 5 月 30 日,https://mp.weixin.qq.com/s/Kict3xjuL7uSfjkaUjCW3Q。

[4] Hermes Int'l v. Rothschild, 22-Civ.-00384 (AJN) (GWG) (S.D.N.Y. Apr. 8, 2022).

爱马仕公司将梅森·罗斯柴尔德诉至纽约南区联邦地方法院,指控其行为已构成商标侵权、商标淡化、商标抢注、影响商誉及错误的原产地标注。爱马仕公司提出以下主要诉讼请求:(1)要求梅森·罗斯柴尔德根据已获取的利润进行金钱赔偿;(2)要求法院颁布禁令,禁止梅森·罗斯柴尔德继续使用 MetaBirkins 商标;(3)要求梅森·罗斯柴尔德将 MetaBirkins. com 这一域名转让予爱马仕公司,并将其所拥有或控制的所有未经授权的商品和广告交付爱马仕公司进行销毁。

针对爱马仕公司的指控,梅森·罗斯柴尔德首先在程序上进行回应,以爱马仕公司未能提出可给予救济的主张为由向法院申请驳回爱马仕公司的诉讼请求。在实体层面,梅森·罗斯柴尔德的主要论点在于:(1)MetaBirkin 一词的使用属于应当受到美国宪法第一修正案的保护的表达[1],属合理使用;(2)他所制造的 MetaBirkins 系列产品是为了对爱马仕公司通过虐待动物来制造超级昂贵皮袋的行为进行讽刺[2]。2022 年 5 月 18 日,纽约联邦法院驳回了梅森·罗斯柴尔德的申请。目前,案件的实体审理仍在进行中。

梅森·罗斯柴尔德的抗辩提出了一个值得思考的问题,即具有高度商业化的 NFT 究竟更接近艺术品或言论,还是更接近商品,这一问题的答案将影响 NFT 受保护的范围。

从维权角度出发,本案更值得关注的一点在于这是时尚界首个从商标侵权及商标淡化视角出发起诉侵权人的案件。可预见的是,在商标权维权场景中,大品牌方将成为维权者的主力军。

这个案件给予维权者几个启示:(1)维权者一旦发现与本案类似的情况,应当首先积极取证,留存消费者对商品来源产生混淆的证据并同时向侵权者及交易平台进行沟通,并要求将数字作品下架以避免损失扩大;(2)维权者可考虑从商标侵权及商标淡化视角出发,积极起诉侵权人,要求赔偿损失。根据《商标法》第 63 条之规定,维权者可根据被侵权的实际损失、侵权人因侵权所获得的利益、商标许可使用费的倍数的顺序具体确定赔偿数额;

---

〔1〕 梅森·罗斯柴尔德所援引的是著名的 Rogers v. Grimaldi 案。该案设定了避免消费者对商标来源混淆的公共利益与言论自由利益之间的权衡模式。

〔2〕 See Arian F. Jabbary, Robert S. Weisbein, *NFTs and Trademark Matters in the Metaverse*, THE NATIONAL LAW REVIEW (March. 31, 2022), https://www.natlawreview.com/article/nfts-and-trademark-matters-metaverse.

(3)品牌方应积极进驻元宇宙、推出 NFT 数字藏品。在国家知识产权局商标局尚未增加元宇宙相关的商标门类的情况下,如果品牌方不积极推出 NFT,导致他人进行抢注或制造"在先使用"的假象,品牌方的维权难度将大大增加。

除本案外,频频见诸报端的商标权维权案例还有耐克公司与 STOCK X 公司之间的纠纷、创作无聊猿作品的 Yuga Labs 公司与艺术家雷德·里普斯(Ryder Ripps)之间的纠纷等。前者属铸造虚拟的 NFT 的行为与实物商品的商标权间发生冲突的案件;后者属虚拟的 NFT 数字藏品之间商标权发生冲突的案件。因两案件与爱马仕公司的案件启示相似,且篇幅有限,此处不再赘述。

(二)NFT 数字藏品被盗案例:全球第一份认定 NFT 为合法财产的裁判文书——英国高等法院

2022 年 3 月 10 日,英国高等法院英格兰和威尔士商事法庭就"拉维尼亚诉未知人士和 Ozone Networks 公司案"(以下简称拉维尼亚案)作出裁决[1],该裁决是全球第一份认定 NFT 为合法财产的裁判文书。

该案件中,原告拉维尼亚·狄波拉·奥斯本(Lavinia Deborah Osbourne,以下简称拉维尼亚)称两个 NFT 系获赠取得。2022 年 2 月 27 日,原告发现被告一在未经过原告同意的情况下将两个 NFT 从她的数字钱包中盗走。原告可以追踪到两个 NFT 所转移到的 OpenSea 数字钱包,但无法获取这两个数字钱包的主人的身份信息。为了维护自身合法权益,原告遂将两被告诉至英国高等法院。

法庭认为在英国法下,NFT 应当被认定为合法财产。依据这一认定,法庭又颁布了两项禁令:一项临时所有权禁令,将案涉 NFT 冻结直到该案诉讼程序结束;一项 Bankers Trust 命令,指令被告二 Ozone Networks Inc(OpenSea 平台的运营商)提供根据该 NFT 可追踪到的钱包的个人的联系信息。

从英国法下对 NFT 的法律实务处理的角度出发,该案件被称为具有里程碑意义的案件,因为该案首次将 NFT 与加密货币进行联系,并将 NFT 认

---

〔1〕 Lavinia Deborah Osbourne v (1) Persons Unknown (2) Ozone Networks Inc [2022] EWHC 1021 (Comm) (QBD).

定为合法财产。基于这一认定,法院又颁布了上述两项禁令,这与下文我们将提到的新加坡高等法院所签发的禁止令遥相呼应。

对 NFT 买家而言,该案无疑是一项重大利好。当面对自己所购买的 NFT 被盗时,买家们应当积极起诉,并以 NFT 为财产这一点向法院申请各项命令,如禁止令、调查令等,首先寻求保证 NFT 暂时不被转移,以期最终通过法院获得赔偿甚至重新取得该 NFT。

(三)NFT 数字藏品作为担保物被处置案例:全球第一份纯商业纠纷中对 NFT 的禁止令——新加坡高等法院

根据新加坡媒体《海峡时报》(Straight Times)的报道[1],5 月 13 日,新加坡高等法院签发了亚洲乃至全世界的第一份在纯商业纠纷中保护一个 NFT 的禁止令。

该案件中,申请人申请禁止令的标的为一个"无聊猿"(Bored Ape Yacht Club)NFT,名为 BAYC No. 2162。在申请人贾内什·拉吉库马尔(Janesh Rajkumar)与网名为 chefpierre 的被申请人进行交易以前,申请人曾多次以标的 NFT 为担保物在 NFTfi 等社区平台上向他人贷入加密货币,且在过往的借款协议中均特别注明他绝不让渡该 NFT 的所有权并一定会足额偿还贷款,赎回该 NFT。因此,在过往不能及时还款的情况下,他会要求出借人依照约定对偿还期限进行适当延长。此外,他还会在协议中特别注明,出借人无权对该担保物进行没收,因此任何出借人都无权取得该 NFT 的所有权。

自 2022 年 1 月 6 日起,申请人开始以 BAYC No. 2162 为担保物向被申请人借款。在成功交易一次后,被申请人向申请人提出在 NFTfi 的系统以外进行交易,被申请人愿意提供更加优惠的协议条款。看在被申请人有不少 NFT 及加密货币,申请人答应了被申请人的这一要求。

然而就在申请人与被申请人私下进行的第一次交易里,正当申请人无法在期限内还款时,双方开始了延长期限的磋商。直到 2022 年 4 月 20 日,被申请人拒绝了向申请人再次提供资金以还清前一笔借款的请求,要求申请人在翌日还清所有借款,申请人未能还清。

---

[1] See Dominic Low, *Singapore High Court blocks potential sale and transfer of rare NFT*, The Straits Times (May. 20, 2022), https://www.straitstimes.com/tech/tech-news/singapore-high-court-blocks-potential-sale-and-transfer-of-rare-nft.

此后,申请人再向被申请人偿还借款,被申请人将款项全额退还并屏蔽了申请人的还款请求。自那时起,被申请人就将 BAYC No. 2162 NFT 放在 OpenSea 平台上进行售卖。此后,新加坡法院在其他人的电子钱包中追查到了标的 NFT。

为取回对 BAYC No. 2162 NFT 的所有权,申请人入禀新加坡高等法院并请求签发禁令。2022 年 5 月 13 日,新加坡高等法院签发禁令,冻结了 BAYC No. 2162 NFT。

新加坡高等法院所作出的这项禁令,正式宣示了 NFT 具有财产属性。当 NFT 持有人遭遇侵权行为时,在满足审查要件的情况下,法院有权针对 NFT 签发禁令进行冻结,以防止 NFT 持有人的权利遭受更严重的侵犯。

此案也与新加坡高等法院过往针对加密财产的态度保持了一致。2022 年 3 月 4 日,新加坡高等法院就 CLM 诉 CLN 等一案作出[2022]SGHC 46 号判决书,就价值约 960 万新币的加密财产针对"未知人士"颁布了冻结的禁令。

与此同时,该案也提醒了各位 NFT 买家,以 NFT 作为担保物进行相关交易时,应当选择在平台中进行,巧妙运用平台、区块链及智能合约的力量为自己设置安全屏障。

(四)智能合约管辖问题相关案例:全球第一份认定买家不应受到卖家官方网站的强制仲裁协议约束的司法文书[1]——佛罗里达南区联邦地方法院

NFT 交易中,基于区块链的智能合约扮演着不可或缺的角色。"智能合约"这一名字翻译自其英文名 Smart Contract,其实质与"合约"二字相去甚远。根据维基百科的定义,智能合约是一种计算机程序或交易协议,旨在根据合同或协议的条款自动执行、控制或记录法律相关的事件和行为[2]。根据这一定义,智能合约难以被认定为传统意义上的合同,它所强调的是条件满足时自动触发执行的后果,有观点认为它更应当被归类为"合同履行工具"[3]。

---

[1] Rensel v. Centra Tech, Inc., Civil Action No. 17 – 24500 – Civ – Scola (S. D. Fla. Dec. 13, 2019).

[2] See *Smart Contract*, Wikipedia, https://en.wikipedia.org/wiki/Smart_contract.

[3] 司晓:《区块链非同质化通证(NFT)的财产法律问题探析》,载《版权理论与实务》2021 年第 7 期。

当然，当买卖双方通过智能合约这一“合同履行工具”完成交易时，买卖合同事实上已经成立并已履行完毕。若智能合约技术在执行中出现问题，争议解决机制仍不明朗。

在美国佛罗里达南区联邦地方法院就“伦塞尔等诉加密货币公司等案”所作出的判决中，主审法官对以下问题发表了意见：通过智能合约购买加密货币的买家是否受到卖家官方网站的强制仲裁协议约束。而在该案件中，买家通过智能合约购买加密货币只需要直接向特定的线上地址发送以太币即可完成交易，完全无须点击卖家的官方网站〔1〕。因此，主审法官认定买家不应受到卖家官方网站的强制仲裁协议约束。

尽管该案例的交易标的为加密货币而非 NFT，但我们仍然能从中获得维权相关启示：我们应当结合交易的细节来争取对维权方有利的管辖。当下的 NFT 交易大多需在交易平台上完成，交易平台的用户须知均已载有管辖条款〔2〕，约定某仲裁机构或某地法院进行管辖，则维权者与平台间纠纷管辖应根据该条款确定。如果在个别交易模式中，NFT 交易完全无须经过交易平台而直接使用智能合约技术完成交易，而维权者发现管辖条款较为不利，在这种情况下，维权者可在交易习惯、合同签署细节、双方权利义务是否对等等方面考虑是否提出管辖权异议。

（五）通过 NFT Airdrop 送达的创新方式：全球第一个根据 NFT 特点创新送达方式的案例〔3〕——纽约州最高法院〔4〕

通过第二、三个案例不难发现，基于区块链的特点，NFT 相关案件中被告的身份往往难以确定。在身份都无法确定的情况下，对被告的送达工作

---

〔1〕 See Andrew Foreman, *Avoiding smart contract conflicts despite ambiguity*, *Porter Wright*, (Oct. 26, 2020), https://www.porterwright.com/media/avoiding-smart-contract-conflicts-despite-ambiguity-2/#_edn52.

〔2〕 如“NFT 中国”交易平台服务协议最后一条约定：“在履行本协议的过程中，如发生争议，应协商解决。协商不成的，均提请杭州仲裁委员会按照该会仲裁规则进行仲裁。仲裁裁决是终局的，对双方均有约束力。”参见《NFTCN 平台服务协议》，载 WFT 中国网 2022 年 4 月 2 日，https://www.nftcn.com.cn/pc/#/Notice_deta_user_f。

〔3〕 See Bryan M. Westhoff, Daniel L. McAvoy & Jonathan E. Schmalfeld, *Are You Being Served? Court Authorizes Service of Process Via Airdrop* (July. 11, 2022), https://www.natlawreview.com/article/are-you-being-served-court-authorizes-service-process-airdrop.

〔4〕 The Supreme Court of New York，尽管名为 Supreme Court，该法院在纽约州各级法院中属于最低级别。纽约州最高级别的法院名为 the Court of Appeals。

及后续诉讼程序的推进成为一大难题。

2022 年 6 月 1 日，原告 LCX AG 向纽约州最高法院起诉被告 John Does 1－25。原告指控被告在 2022 年 1 月 8 日非法取得了原告加密货币钱包的访问路径并将原告价值 794 万美元的加密货币资产转移。然而，电子钱包常常不具有注册地址或其他个人信息，这就让该案件自起诉时起即遭遇了难题。

在审理该案件时，纽约州最高法院创造性地开创了新的送达模式——NFT Airdrop，即通过在被告的电子钱包中放置一枚代币，该代币中包含指向案件文件的超链接且该代币的机制允许其追踪任何点击了该超链接的人的地址。而此前，NFT airdrop 常被用于与匿名的加密货币钱包主人进行沟通，其沟通功能已经被充分验证。

时隔一个半月，英国英格兰与威尔士高等法院也跟进采用了相同的送达方式。在"达洛亚诉未知人士币安控股有限公司等案"[1]中，高等法院法官威廉·特罗尔(William Trower)批准使用 NFT 向案件被告进行送达。

当然，这一送达方式也并非完美。首先，区块链的交易处于公开状态，因此任何拥有数字钱包的人都可以看到该诉讼通知的送达。其次，基于谨慎考虑，许多用户均拒绝点击未知的链接，因此通过该代币中的超链接进行送达工作的目的有可能落空。

尽管如此，当维权者在海外起诉时，仍可考虑采用这一创新送达方式以完成送达工作。

三、NFT 维权启示

（一）第一时间通知侵权人及平台

在完成存证工作后，为了尽快制止侵权行为、避免损失扩大，维权者应首先向平台及侵权人发出通知。

当下，不同交易平台针对可能发生的侵权争议所采取的处理方式不同。部分平台针对可能的侵权争议，事先作出免责声明；部分平台会事先核验创

---

[1] Fabrizion D'Aloia v. Persons Unknown, Binance Holdings Limited. See TFL, *UK Court Joins New York State Court, Service of Court Docs Via NFT*, The Fashion Law (July. 13, 2022), https://www.thefashionlaw.com/uk－court－joins－new－york－state－court－oks－service－of－court－docs－via－nft/.

作者身份信息,主动承担一定的降低著作权侵权风险的责任;部分平台则采取"通知—删除"方式,在服务协议中注明将根据正式的侵权通知要求撤回NFT相关内容。

有观点认为,NFT平台责任的划分问题可以与微信小程序平台责任的划分问题类比[1]。在杭州某科技有限公司诉长沙某网络科技有限公司等侵害作品信息网络传播权纠纷案件[2]中,杭州市中级人民法院认为被告公司提供的微信小程序服务不属于《信息网络传播权保护条例》规定的四种服务类型,该案不应适用《信息网络传播权保护条例》相关规定。当然,腾讯公司在收到权利人的有效通知后,即使在技术上无法删除被诉侵权作品,但仍应综合考量相关网络服务的性质、形式、种类等具体因素来采取必要措施,以实现权利人、网络服务提供者、网络用户之间的利益平衡。

同时,NFT交易平台与微信小程序的服务提供商仍有区别。微信小程序的服务提供商并无责任对小程序的内容进行识别、删除甚至采取切断措施。如仅因小程序的个别内容侵权就对小程序作下架、删除处理,则该措施的严厉程度明显超出了弥补被诉侵权行为所造成损害的必要限度。而交易平台则不同,参照"胖虎案"中杭州互联网法院的意见,交易平台应当对网络用户侵害信息网络传播权的行为负有较高的注意义务,NFT交易平台应当建立有效的知识产权审查机制及侵权预防机制。

2021年1月1日,《民法典》正式生效。《民法典》第1194条至第1197条对网络侵权责任进行了具体规定。该部分规定完善了"通知—删除"规则,细化了对通知的要求,明确了网络服务提供者采取"必要措施"的条件。

前文对"胖虎案"的讨论中,我们已经知道NFT交易平台因为在铸造及交易成功后收取一定的gas费及佣金而被认定属于网络服务提供者。因此,遭遇侵权时,维权者可在第一时间依据《民法典》第1195条第1款[3]之规

---

〔1〕 参见司晓:《区块链非同质化通证(NFT)的财产法律问题探析》,载《版权理论与实务》2021年第7期。

〔2〕 参见杭州市中级人民法院民事判决书,(2019)浙01民终4268号。

〔3〕 《民法典》第1195条第1款规定:"网络用户利用网络服务实施侵权行为的,权利人有权通知网络服务提供者采取删除、屏蔽、断开链接等必要措施。通知应当包括构成侵权的初步证据及权利人的真实身份信息。"

定首先向交易平台发送通知,要求其采取必要措施。根据"胖虎案"的启示,打入地址黑洞也应当属于制止对 NFT 侵权的必要措施之一。

如果交易平台在接到通知后未转通知侵权人并采取必要措施的,维权者可考虑依据《民法典》第 1195 条第 2 款之规定起诉交易平台,要求交易平台对损害的扩大部分与侵权人承担连带责任。

实践中,因为对通知形式及内容无从把握,对相关规定不了解,因为维权者所发出的通知不符合法律规定或双方所约定的要求,导致"通知无效"或"删除失败"的情形屡见不鲜。那么,什么样的通知才是正确的通知呢?

首先,《民法典》第 1195 条第 1 款仅对通知内容作了简要规定。通知内容首先应包含构成侵权的初步证据及权利人的真实身份信息。结合目前在司法实践中已逐渐普及的区块链存证工具,固定侵权证据并上链并非难事。

结合过往实践经验,权利人除注明个人身份信息外,还应当在通知中留下本人或代理人的联系方式,便于交易平台进行沟通,对侵权人进行转通知工作。至于侵权的初步证据,至少应包含侵权内容的名称、指向链接以及包括权属文件在内的初步证明材料,以方便对侵权内容进行定位。

其次,维权者还应查看相关交易平台是否进行了具体规定。目前,在中国(不含港澳台地区)领先的 NFT 交易平台中,笔者仍未看到对通知内容进行了具体规定的交易平台。但参照其他网络平台的实践经验,各 NFT 交易平台仍可能对通知提出更为严格的要求,维权者应当予以留意。当然,如果交易平台所提出的要求过分严苛以致实质上导致维权者难以主张权利、纵容侵权,维权者仍可依据《民法典》第 497 条之规定[1]主张格式条款无效。

目前率先在服务协议中加入了"通知—删除"规则条款的是海外领先的 NFT 交易平台 OpenSea。该平台发布的文件第 7 条第 5 段明确约定:"OpenSea 将根据《数字千年版权法案》(Digital Millennium Copyright Act,

---

〔1〕《民法典》第 497 条规定:"有下列情形之一的,该格式条款无效:(一)具有本法第一编第六章第三节和本法第五百零六条规定的无效情形;(二)提供格式条款一方不合理地免除或者减轻其责任、加重对方责任、限制对方主要权利;(三)提供格式条款一方排除对方主要权利。"

DMCA）删除通知和/或其他知识产权侵权申索删除作品。如果用户被确定为重复侵权者，该用户对服务的访问将被终止。如果您认为您的内容以构成版权或商标侵权的方式被复制，或者侵犯了您的发表权或其他知识产权，请在此处填写我们的表格，或者您可以通过以下地址向我们指定的版权代理提交书面通知：……"[1]因此，在 OpenSea 平台上遭遇侵权时，维权者要特别留意第 7 条之规定以及根据美国的《数字千年版权法案》起草并寄送通知。

（二）积极起诉，维护自身权益

在对侵权人及平台进行通知的工作中，权利人仍可能遭遇两方面的难题：一是侵权人常常利用匿名身份企图逃脱法律制裁，对权利人的沟通或通知内容完全不作响应；二是交易平台处于强势地位，对权利人的沟通或通知内容不置可否，甚至可能利用自身强势地位，在权利人登录平台之初即已与权利人签订并不对等的协议，导致权利人的沟通、维权落入尴尬境地。

谈判的结果往往取决于谈判双方的地位，谈判双方的地位往往取决于双方的实力、心态等因素。在对方企图利用现有的优势拖延或终止谈判的情况下，想让对方回到谈判桌重启谈判，最好的办法是"以打促谈"。在平台及侵权人使出"拖字诀"或"隐身术"的情况下，积极起诉也许是迫使平台及侵权人回到谈判桌的最佳方案。

1. 案件管辖问题

上文中，已经介绍了关于智能合约管辖的相关案例，即佛罗里达南区联邦地方法院所审理的"伦塞尔等诉 Centra Tech 公司等"案件。该案所确立的处理规则是：如果买家通过智能合约购买加密货币，只需要直接向特定的线上地址发送以太币即可完成交易，而完全无须点击卖家的官方网站，买家不应受到卖家官方网站的强制仲裁协议约束。

2. 积极探索新的送达方式

确定管辖、向法院递交立案材料后，摆在法院面前的一大难题就是对侵

---

[1] 原文如下：OpenSea will take down works in response to Digital Millennium Copyright Act（"DMCA"）takedown notices and/or other intellectual property infringement claims and will terminate a user's access to the Service if the user is determined to be a repeat infringer. If you believe that your content has been copied in a way that constitutes copyright or trademark infringement, or violates your publicity or other intellectual property rights, please fill out our form here or you may submit written notice to our designated copyright agent at：……

权人进行送达。上文中，纽约最高法院大胆地采取了 NFT Airdrop 方式进行了送达。此后，英国英格兰及威尔士高等法院亦跟进采用了这一送达方式。因此，如果维权者在海外提起 NFT 维权的诉讼，可以大胆申请采用 NFT Airdrop 或类似方式对被告进行送达，以破除送达难题。

但如果维权者在中国（不含港澳台地区）起诉，且进行交易的平台属海外 NFT 数字藏品交易平台，是否可能采用类似的方式对被告进行送达呢？

关于通过电子方式送达诉讼文书，《民事诉讼法》第 90 条作出了具体规定："经受送达人同意，人民法院可以采用能够确认其收悉的电子方式送达诉讼文书。通过电子方式送达的判决书、裁定书、调解书，受送达人提出需要纸质文书的，人民法院应当提供。用前款方式送达的，以送达信息到达受送达人特定系统的日期为送达日期。"

首先，电子送达方式是否包括纽约最高法院所采用的带链接的 NFT Airdrop 送达方式，司法实践中尚未有实例。但在 NFT 及加密货币相关案件的被告通常处于国籍不明、身份不明的情况下，NFT Airdrop 送达方式似乎成为了唯一可能的送达方式。如果不允许采用这一送达方式，即便维权者取得了对方的身份信息完成了立案，法院拒绝这一送达方式无疑等于直接放弃了对大部分公链 NFT 相关案件的管辖，维权者所能采取的唯一送达方式即为依《海牙送达公约》进行纸质送达等传统送达方式，即便胜诉也可能仅取得一纸空文，及时止损、挽回损失遥不可及。

其次，应用 NFT Airdrop 送达方式最大的障碍仍在于采用电子送达方式必须经受送达人同意。在此限制下，如未事先签订协议，NFT Airdrop 送达方式根本不存在应用的可能。因此，如各位 NFT 数字藏品玩家与他人进行交易时，可在合同中明确约定管辖及约定使用包括 NFT Airdrop 送达方式在内的电子送达方式，并尝试向法院申请采用该方式进行送达。

针对中国（不含港澳台地区）境内的 NFT 交易，在相关法规、政策限制下，目前中国（不含港澳台地区）境内的交易平台均未上公链，而采用了联盟链或企业链，实际上未完全具备"去中心化"的特征。因此，在此情况下，维权者可向法院申请调查令要求交易平台公司披露对方的详细身份信息并进行送达。

3. 巧用程序武器，紧抓"看得见"的交易平台

遭遇侵权时，立即制止侵权、防止损失扩大是维权的第一要务。在侵权

人身份不明的情况下,维权者可巧用各项诉讼程序武器,紧抓平台制止侵权行为。英国高等法院拉维尼亚案及新加坡高等法院的贾内什案中,两位原告均入禀法院申请冻结案涉 NFT 并最终获法院支持,防止了 NFT 被侵权人转移、变卖从而导致损失无法弥补。

除此以外,在侵权人身份不明、难以落实法律制裁的情况下,维权者亦可着眼于起诉平台公司,从平台公司的各项义务入手,取得胜诉判决以弥补自己的部分损失。

例如,在“胖虎案”中,原告仅起诉了案涉交易的平台公司,紧抓平台公司的审查义务。杭州互联网法院最终判令平台公司向原告赔偿损失[1],并通过打入地址黑洞的方式停止侵害原告信息网络传播权的行为[2]。

在英国高等法院的拉维尼亚案中,原告更成功地向法院申请到了 Bankers Trust 命令,指令被告 OpenSea 平台的运营公司提供根据该 NFT 可追踪到的钱包的个人的联系信息。

因此,在神秘的侵权人与抓得住的交易平台之间,维权者可巧用各项程序武器从平台公司方面切入,以达到取得侵权人身份信息、制止侵权、防止损失扩大的良好效果。

4. 维权者如何将平台“请”回谈判桌

谈判双方的地位往往取决于双方的实力、心态等因素。如果交易平台对于维权者的谈判要求不置可否或采用“拖字诀”,维权者只有找到交易平台的痛点方能使交易平台对谈判产生急迫性,将交易平台“请”回谈判桌。

首先,维权者可从平台合规方面入手。简单来说,维权者可从平台资质合规、运行模式合规、发行模式合规、区块链技术合规等方面[3]对平台进行“检查”。例如,通过对“胖虎案”的解读,维权者可以检查交易平台是否建立了相关机制以履行事前审查的注意义务。

其次,维权者可审视交易平台是否具有帮助侵权的情形。在前文商标

---

〔1〕 尽管赔偿金额仅为4000元,但赔偿金额如何确定是实践中的老大难问题,此处因篇幅有限不作讨论。

〔2〕 关于该停止侵权的方式所引起的争议详见前文。

〔3〕 NFT 数字藏品交易平台合规内容详见本书第三章第二节。参见黄斌:《数字藏品或 NFT 平台的七大合规要点》,载百度网 2022 年 4 月 28 日,https://baidjiahao. baidu. com/s? id = 1731343290872056843&wfr = spider&for = pc。

权纠纷的维权场景中,NFT 交易平台的责任可参照传统的行业市场进行确定。如商标权人在发现了侵权行为后第一时间通知了 NFT 交易平台,但交涉无果且平台仍对侵权行为视而不见,则平台的行为属于前述规定所明确的侵权行为。维权者可起诉平台公司后,在诉讼中与平台公司进行谈判。

在消费者权益维权的场景下,维权者还应当审视平台就 NFT 告知的内容。一个交易平台中,NFT 成千上万,平台常常对 NFT 采用模板式的信息披露。一旦信息披露有瑕疵或残缺,则可能该平台上该类型的 NFT 的信息披露均存在同样的问题,可能引发消费者权益集体诉讼。

第四章

映射虚拟世界之数字孪生

第一节　映射元宇宙之数字孪生

数字孪生在军工航天、智慧城市、健康医疗等工业仿真领域的应用已非常广泛,但是在上述领域中数字孪生只是作为单独的技术使用。元宇宙时代的到来,数字孪生技术可以与区块链、VR、AR、人工智能等技术结合使用,数字孪生技术可以映射元宇宙中的虚拟世界,发挥着极其重要的作用。

一、数字孪生发展历程

数字孪生的发展源于感知、广域网、大数据、建模、人工智能、控制等技术的集中爆发,其将感知的物理世界及物理实体的动态数据精准、实时地映射到虚拟世界中,虚拟世界通过建模、人工智能等技术及时将动态数据和历史数据进行分析,并通过算法将优化控制指令反馈到物理世界及物理实体上,最终实现对物理世界及物理实体全生命周期的闭环优化控制。数字孪生将物理世界中的人、物、事件等所有要素数字化,并映射到虚拟世界形成1:1的数字孪生体,而元宇宙是利用数字孪生技术建立1:N的多元宇宙,实现虚拟世界的各种体验和交互。

数字孪生,或称数字化双胞胎,是物理实体与其在虚拟世界中的数字孪生体的相互映射,其通过传感器感知采集运行环境和物理实体组成部件自身状态数据,再利用反馈控制完成物理实体的最终执行,实现数字孪生的最终闭环优化。数字孪生是推动产品创新、性能提升的底层逻辑和强大支撑，能够实现工业领域内资源调配、智能化生产，显著提高工业领域的生产效率。数字孪生的发展大致经历了三个阶段：第一个阶段是概念创设期。20世纪60年代，数字孪生技术最早应用于阿波罗13号上，由登月飞船、各类模拟器、大型计算机系统及通信设备所组成。[1] 1991年，大卫·格勒恩特尔(David Gelernter)在《镜像世界》一书中首先提出数字孪生的概念，指出数字孪生就是将物理本体的实时状态以及外界环境条件复现到一个数字“孪生体”上。[2] 2003年，密歇根大学的格里夫斯教授在产品生命周期管理执行课程中提出数字孪生概念。[3] 第二个阶段是军工应用期。2010年，美国国家航空航天局将“数字孪生”定义为“集成化的多种物理量、多种空间尺度的运载工具或系统的仿真”[4]。2011年，美国国家航空航天局和美国空军实验室把数字孪生运用到飞行器的健康运维里，数字孪生正式应用到航空航天等军工领域。[5] 第三个阶段是民用生产期。2015年5月19日，美国通用电气公司宣布推出数字化风电场(Digital Wind Farm)。2017年12月，西门子公司正式发布了完整的数字孪生应用模型，包括数字孪生产品、数字孪生生产和数字孪生体绩效。[6] 2020年11月，欧特克正式发布Tandem数字孪生平台，并将建筑信息模型(Building Information Modeling，BIM)引入。

二、数字孪生概念及特征

由中国移动研究院等单位编写的《数字孪生技术应用白皮书(2021)》认

---

〔1〕 参见中国电信院《阿波罗13号：世界上第一例数字孪生(下)》，载知乎网2021年5月18日，https://zhuanlan.zhihu.com/p/373194543。

〔2〕 参见王过年：《失控玩家打破次元壁——那些推开新时代大门的科技和概念》，载百度网2021年8月26日，https://baijiahao.baidu.com/s?id=1709180657388183941&wfr=spider&for=pc。

〔3〕 参见陈根：《从实体数据到虚拟空间，数字孪生的来路与进路》，载百度网2020年10月26日，https://baijiahao.baidu.com/s?id=1681607385713039859&wfr=spider&for=pc。

〔4〕 彭慧：《数字孪生——起源的故事》，载腾讯网，https://new.qq.com/rain/a/20200715A06JV600。

〔5〕 参见智汇云舟：《数字孪生的价值，数字孪生与智能制造的关系》，载百度网2022年2月11日，https://baijiahao.baidu.com/s?id=1724445113493843477&wfr=spider&for=pc。

〔6〕 参见杨江凯：《ASME：迈向工业4.0时代，数字孪生技术正在深刻改变制造业》，载百度网2021年8月21日，https://baijiahao.baidu.com/s?id=1708715895428008304&wfr=spider&for=pc。

为，数字孪生是一种数字化理念和技术手段，它以数据与模型的集成融合为基础与核心，通过在数字空间实时构建物理对象的精准数字化映射，基于数据整合与分析预测来模拟、验证、预测、控制物理实体全生命周期过程，最终形成智能决策的优化闭环。[1] 笔者认为，数字孪生，或称数字化双胞胎，是指建立在物理实体上，充分利用传感器更新、运行历史等数据，集成多物理量、多尺度、多概率的仿真过程，通过在虚拟空间中创造一个数字孪生体完成映射，基于数据整合与分析预测对物理实体全生命周期的变化进行记录、分析、预测和控制，最终形成智能决策的优化闭环。数字孪生包括以下五个层级：第一层，基础层。基础层由工业设备、交通工具、医疗设备、城建设备等具体的硬件设备组成。第二层，数据层。通过传感器感知采集运行环境和物理实体组成部件自身状态数据集成传输，再利用反馈控制完成物理实体的最终执行，是数字孪生闭环优化的起始和终止环节。第三层，映射层。通过工业通信实现上行感知数据的采集和下行控制指令的执行，实现物理对象与其数字孪生系统间精准映射与实时交互。第四层，优化层。包括数据建模、数据仿真和控制，记录上行感知数据进行分析、诊断和综合决策，并将最终决策指令反馈给物理实体，实现对物理实体全生命周期的闭环优化。第五层，应用层。应用层是指军事航空、智能制造、智慧城市等多方面的应用。

数字孪生具有以下特征：(1)虚实映射。数字孪生是构建物理实体在虚拟世界的数字孪生体，物理实体和数字孪生体之间能够实现数据连接、状态交互和双向映射。(2)实时演进。物理实体与数字孪生体在数据、技术、机制、运行等方面进行协同，数字孪生体对从设计、生产、运营到报废的物理实体全生命周期进程不断演进更新。(3)动态展示。将传感器感知采集运行环境和物理实体组成部件自身状态数据进行数据建模、数据仿真和可视化渲染，实行全系统信息数据和物理实体实时运行态势的动态可视。(4)优化控制。数字孪生体可对上行感知数据进行分析、诊断和综合决策，并将最终决策指令反馈给物理实体，实现对物理实体全生命周期的闭环优化。

---

〔1〕 参见《数字孪生技术应用白皮书(2021)》(中国移动研究院 2021 年 12 月 1 日发布)。

三、数字孪生发展现状

全球权威信息技术研究与顾问咨询公司高德纳咨询公司(Gartner Group)自2016年起连续四年将数字孪生列为当年十大战略科技发展趋势之一。[1] 2017年12月,英国国家基础设施委员会发布《数据的公共利益报告》,提出创建一个与国家基础设施相对应的数字孪生体。[2] 2019年12月19日,中国电子信息产业发展研究院在通信产业大会暨第十四届通信技术年会上正式发布《数字孪生白皮书》。[3] 2020年2月,美国工业互联网联盟正式发布《工业应用中的数字孪生:定义,行业价值、设计、标准及应用案例》白皮书,提供数字孪生在工业应用中的操作指导。2020年8月,树根互联携手高德纳咨询公司发布《如何利用数字孪生帮助企业创造价值》白皮书。2020年12月,由中国工业4.0研究院编写,数字孪生体联盟发布的《数字孪生体报告(2021):"十四五"时期的投资和创业新赛道》正式发布。2021年,德国工业4.0剥离资产管理壳,将工业数字孪生体作为工业4.0的重要内容。[4] 2021年,英国科技协会发布报告《释放英国数字孪生生态系统的价值》,概述数字孪生的重要性并推动数字孪生在英国的应用和普及。[5] 2020年11月,中国电子技术标准化研究院在中国国际高新技术成果交易会发布2020年《数字孪生应用白皮书》。2021年3月11日,十三届全国人大四次会议表决通过了关于国民经济和社会发展第十四个五年规划和2035年远景目标纲要的决议,该规划纲要提出探索建设数字孪生城市。2021年12月21日,工业和信息化部等八部门联合对外发布《"十四五"智能制造发展规划》,文件提到"推动数字孪生等新技术在制造环节的深度应用,探索形成一批

---

〔1〕 参见《什么是数字孪生? 数字孪生有什么存在的意义?》,载百度网2021年11月5日,https://baijiahao.baidu.com/s?id=1715554041950537581&wfr=spider&for=pc。

〔2〕 参见《数字孪生是什么意思? 系统、概念、定义、国家级数字孪生解决方案》,载百度网2022年2月28日,https://baijiahao.baidu.com/s?id=1725988039707889980&wfr=spider&for=pc。

〔3〕 参见《一键领取|袁晓庆博士发布《数字孪生白皮书(2019)》!》,载雪球网2019年12月20日,https://xueqiu.com/4162984112/137703985?from=singlemessage。

〔4〕 参见胡权:《〈数字孪生体报告(2021)〉之三:德国智慧》,载工业4.0创新平台网2021年9月22日,http://www.innovation4.cn/toutiao/095521-8422971241/。

〔5〕 参见《英国科技协会发布关于英国数字孪生生态系统报告》,载《人民邮电报》2021年3月16日,第6版。

‘数字孪生+’等智能场景”。目前,数字孪生已被广泛地应用在航空航天、智能制造、智慧城市、智慧交通、健康医疗、智慧家居等多个领域,并将成为经济社会产业数字化转型的通用技术。根据相关统计数据,2020年全球数字孪生市场约52.1亿美元,2021年全球数字孪生市场约200.8亿美元。

四、数字孪生相关法律问题探析

映射元宇宙的数字孪生在军工航天、智慧城市、健康医疗、工业制造等领域发挥着越来越重要的作用,其在具体应用中涉及网络安全、海量数据处理和强大算力,以上决定了元宇宙在虚实映射与虚实交互中所能支撑的完整性。

(一)网络安全合规

数字孪生需要对物理世界及物理实体的动态数据进行感知、收集、存储,再传输映射到虚拟世界中,虚拟世界通过算法进行处理,并将优化控制指令反馈到物理世界及物理实体上,实体全生命周期地闭环优化控制。数字孪生技术的应用涉及感知、传感器、广域网、建模、AI等多个系统及其集成,各系统之间涉及大量的数据交互,系统的网络安全风险极大。数字孪生系统符合《网络安全法》第76条中“网络”的含义,故应适用《网络安全法》《网络安全审查办法》等相关规定。

首先,数字孪生系统应当按照规定开展网络安全审查,重点评估因素包括以下几个方面:产品和服务使用后带来的关键信息基础设施被非法控制、遭受干扰或者破坏的风险;产品和服务供应中断对关键信息基础设施业务连续性的危害;产品和服务的安全性、开放性、透明性、来源的多样性,供应渠道的可靠性以及因为政治、外交、贸易等因素导致供应中断的风险;核心数据、重要数据或者大量个人信息被窃取、泄露、毁损以及非法利用、非法出境的风险。其次,网络运营者应当制定内部安全管理制度和操作规程,确定网络安全负责人,落实网络安全保护责任;应当采取监测、记录网络运行状态、网络安全事件的技术措施,并按照规定留存相关的网络日志不少于6个月;采取数据分类、重要数据备份和加密等措施,保障网络免受干扰、破坏或者未经授权的访问,防止数字孪生实时采集数据及历史运行数据泄露或者被窃取、篡改;网络运营者在收集、使用个人信息过程中,应当遵循合法、正当、必要的原则,公开收集、使用规则,明示收集、使用信息的目的、方式和范围，并经被收集者同意。最后，网络运营者应当按照网络安全等级保护制度的要求，开展“等级保护测评”、“分级保护测评”和“密码保护测评”。

人民法院在付某某与北京某信息科技有限公司等网络侵权责任纠纷案中认为，在因交易必要需将个人信息提供给第三方的情况下，网络运营者作为信息采集方，同样负有采取相应措施保护信息安全的义务。在其提供过程中，至少应做到三点：第一，同样遵循合法、正当、必要的原则，将提供信息的范围严格限制在订票所必需的范围内；第二，应当采取技术措施确保信息传输过程中的安全，如采用技术手段进行匿名化处理；第三，作为交易模式的设计者，某科技公司应清楚知晓其采集信息的流向、范围及可能有泄露风险的环节。〔1〕

（二）数据合规

数字孪生通过感知采集物理世界和物理实体的实时数据，构建数字孪生体并映射了元宇宙中的虚拟世界。在元宇宙的虚拟世界中，数据不仅仅是对物理世界和物理实体的镜像反映，更是对未来物理世界和物理实体进行预测和决策之依据。数字孪生涉及海量数据的采集、传输、存储、使用等，故应当适用《网络安全法》和《数据安全法》等法律的规定，确保数据处于有效保护和合法利用的状态，并具备保障维持安全状态的能力。

首先，数字孪生系统开展数据处理活动，应当遵守法律、法规，尊重社会公德和伦理，遵守商业道德和职业道德，诚实守信，履行数据安全保护义务，承担社会责任，不得危害国家安全、公共利益，不得损害个人、组织的合法权益，应当按照相关法律、行政法规的规定取得行政许可。例如，提供第三方数据存储服务的数据中心应当根据《电信条例》及其分类目录取得相匹配的电信业务牌照；开展数据处理活动以及研究开发数据新技术，应当有利于促进经济社会发展，增进人民福祉，符合社会公德和伦理。其次，应当定期开展数据安全风险评估、数据安全检测评估和认证；建立健全全流程数据安全管理制度，组织开展数据安全教育培训，采取相应的技术措施和其他必要措施，保障数据安全；明确数据安全负责人和管理机构，落实数据安全保护责任；加强风险监测，发现数据安全缺陷、漏洞等风险时，应当立即采取补救

〔1〕付某某诉北京某信息科技有限公司等网络侵权责任纠纷案，北京互联网法院（2018）京0491民初1905号民事判决书。

措施；发生数据安全事件时，应当立即采取处置措施，按照规定及时告知用户并向有关主管部门报告。再次，应当建立数据分类分级保护制度，实现“数据的自主可控”，即禁止非法获取用户重要数据，损害用户对自己数据的控制权；同时还要注重对人脸、指纹、车牌、轨迹、疾病等隐私数据的保护，以及边界线、军事设施、看守所等涉及国家秘密地理数据的过滤。最后，跨主体提供、转移、委托处理核心数据的，应当评估安全风险；未经有关部门批准，数据处理者不得向外国提供存储于中华人民共和国境内的数据。

人民法院在某科技（北京）有限公司、王某某等人侵犯公民个人信息罪一案中认为，该科技公司在采集数据时并未取得求职者和平台的授权，对于爬取来的大量求职者简历数据进行重整，意图用于开发产品谋利，从涉案数据中发现具有爬虫特征的有 2.1 亿余条个人信息。[1]

（三）算法合规

数字孪生通过感知采集物理世界和物理实体的实时数据映射到元宇宙中的虚拟世界，虚拟世界对上述大量数据使用算法进行自动化决策，形成控制指令，对未来物理世界和物理实体的全生命周期进行闭环优化。数字孪生时代，军工航天、智慧城市、健康医疗和工业制造等领域大量使用算法进行自动化决策。有些算法推荐服务提供者将自身的利益诉求植入算法、自动化决策进程以追求利益最大化，并将算法、自动化决策进程作为商业秘密封装起来，仅留行为规则对外可见，俗称“算法黑箱”、“算法独裁”或“算法垄断”。该种行为利用“技术中立”原则，回避转嫁决策责任，使在司法实践中进行法律问责变得非常困难，比如“大数据杀熟”“外卖骑手，困在系统里”等。为打破技术成为商业资本附庸的困境，确保“技术中立”，算法治理已是大势所趋。中国政法大学民商经济法学院李扬教授认为，从技术上看，推荐算法的设计本身完全属于黑箱操作，对著作权人及其作品充满了各种精致的“算计”，且不排除在推荐算法的设计过程中，对著作权人的作品进行复制并以此构建内容库的可能性。根据权利义务对等原则，推荐算法的利用者

---

〔1〕 参见《某公司窃取 2.1 亿条简历数据，法院作出同类案件“最重”处罚》，载百度网 2022 年 2 月 8 日，https://baijiahao.baidu.com/s?id=1724200628888605581&wfr=spider&for=pc。

对算法推荐的内容理应负担更高的注意义务。[1] 西南政法大学知识产权学院易健雄副教授认为，网络服务提供者以算法技术主动向用户推送内容链接或发布内容信息的，应就其主动推送或发布的信息承担注意义务；知道某个侵权行为存在的，对已知作品的其他类似被侵害行为负有注意义务；对版权人事先提供的供版权过滤比对的权源性作品负有更高的注意义务。注意义务标准的提高，并非无端加重网络服务提供者的负担，而是"能力越强，涉入越深、利益越大、责任越重"的必然要求。[2]

根据《互联网信息服务算法推荐管理规定》，应用算法推荐技术是指利用生成合成类、个性化推送类、排序精选类、检索过滤类、调度决策类等算法技术向用户提供信息。因此，数字孪生中的调度决策类等算法技术应当适用《互联网信息服务算法推荐管理规定》。根据《互联网信息服务算法推荐管理规定》，数字孪生系统应当遵守法律法规，尊重社会公德和伦理，遵守商业道德和职业道德，遵循公正公平、公开透明、科学合理和诚实信用的原则；应当坚持主流价值导向，优化算法推荐服务机制，积极传播正能量，促进算法应用向上向善；应当落实算法安全主体责任，建立健全算法机制机理审核、科技伦理审查、用户注册、信息发布审核、数据安全和个人信息保护、反电信网络诈骗、安全评估监测、安全事件应急处置等管理制度和技术措施，制定并公开算法推荐服务相关规则，配备与算法推荐服务规模相适应的专业人员和技术支撑；利用个人信息进行自动化决策，应当保证决策的透明度和结果公平、公正，不得对个人在交易价格等交易条件上实行不合理的差别待遇；定期审核、评估、验证算法机制机理、模型、数据和应用结果等；建立健全用于识别违法和不良信息的特征库，发现违法和不良信息的，应当采取相应的处置措施；不得利用算法实施影响网络舆论、规避监督管理以及垄断和不正当竞争行为。

在全国首例算法推荐案中，人民法院认为，即使通过算法推荐识别短视频具体内容不具有技术可行性，但对于允许哪些短视频进入被算法推荐的范围，如何设置和优化算法推荐的具体应用方式，以及如何将已经进入推荐

---

〔1〕 参见《长短之争不再停留纸面，"算法中立"亦非挡箭牌》，载百度网 2022 年 1 月 29 日，https://baijiahao.baidu.com/s?id=1723270336441725709&wfr=spider&for=pc。

〔2〕 参见易健雄：《从算法技术看网络服务提供者的"应当知道"——也谈〈民法典〉第 1197 条的适用》，载《知识产权》2021 年第 12 期。

范围的侵权短视频纳入复审环节以避免其被大范围、长时间地传播等方面，某节公司仍可以通过在其服务和运营的相应环节中施以必要的注意、采取必要的措施加以完善。[1]

第二节　数字政府相关法律问题

“元宇宙大数据、人工智能等新一代信息技术的发展，深刻地影响着经济社会发展和国家治理，世界各国纷纷进行‘数字政府’战略部署，加速推进政府数字化转型进程，这种‘数字蝶变’的出现将与国家的发展战略融为一体。世界各国也达成了共识，那就是只有通过数字政府的推动才能实现经济社会可持续发展。”[2]2022 年 6 月 23 日，国务院发布《关于加强数字政府建设的指导意见》，从国家战略上明确加强数字政府建设，创新政府治理理念和方式、形成数字治理新格局。

一、我国政府数字化转型概述

我国自 20 世纪 80 年代以来，随着互联网技术在公共行政管理领域的广泛应用，国家开始主导推动政府部门的数字化转型。按照不同时期不同的国家战略规划、发展重点，我国政府数字化转型主要表现为三个阶段：第一阶段，启动时期的电子政务阶段（1992 年至 2015 年）；第二阶段，深化推进时期的“互联网 + 政务服务”阶段（2016 年至 2018 年）；第三阶段，数字政府阶段（2019 年至今）。[3]

第一阶段（1992 年至 2015 年）主要表现为夯实信息科技技术、发展电子政务，是我国政府数字化转型的萌生和初步发展时期。这一时期国家推动

[1] 参见北京爱某艺科技有限公司诉北京某节跳动科技有限公司侵害作品信息网络传播权纠纷案，北京市海淀区人民法院（2018）京 0108 民初 49421 号民事判决书。

[2] 连玉明、张涛、龙荣远、宋希贤：《数字政府治理与数字政府指数研究》，载连玉明主编：《大数据蓝皮书：中国大数据发展报告 No.6》，社会科学文献出版社 2022 年版，第 152 ~ 167 页。

[3] 参见高秦伟：《数字政府背景下行政法治的发展及其课题》，载《东方法学》2022 年第 2 期。

政府数字化转型的重要战略表现为国家在1993年启动的“三金工程”[1]和1999年全面实施的“政府上网工程”。通过建设发展互联网基础设施，在政府机关内部推行使用计算机办公，各地区政府建立了各自的门户网站，逐步地将各类公共服务事项、信息资源进行整合编排并搬到网上，实现了在线政务服务。[2]

第二阶段（2016年至2018年）主要表现为“互联网+政务服务”，从各个层面打通政务管理与服务的壁垒，是我国政府数字化转型的深化发展时期。该阶段各地区在国务院政策的主导下，合心齐力构建一体化网上政务服务体系，使越来越多的政务服务事项实现了“最多跑一次”“指尖办、掌上办、刷脸办”。[3] 推动各地区各部门网上政务服务平台标准化建设和互联互通，实现跨层级、跨地域、跨系统、跨部门、跨业务的协同管理和服务。

第三阶段（2019年至今）主要表现为规划建设数字政府。2019年，新冠疫情暴发，抗疫防疫对无接触式行政管理与服务产生迫切需求，在政府公共管理服务中运用数字技术，构建数字化、智能化的政府管理服务模式是时势所趋，我国政府数字化转型按下快进键，各地区纷纷探索实践建设数字政府。国务院于2022年6月23日正式发布《关于加强数字政府建设的指导意见》，建设“数字政府”正式从政府的政策性用语和地方的建设理念转变为国家主导政府数字化转型的整体布局规划。该意见明确数字政府的建设目标是建成“整体协同、敏捷高效、智能精准、开放透明、公平普惠的数字政府”，在具体建设规划上提出了建设整体的数字化政府体系框架，在政府履职、决策、实施社会治理、提供政务服务等方面提高数字化、智能化水平。[4]

---

〔1〕“三金工程”即“金桥工程”“金卡工程”“金关工程”。“金桥工程”要求首先建立国家共用经济信息网。具体目标是建立一个覆盖全国并与国务院各部委专用网连接的国家共用经济信息网。“金关工程”是对国家外贸企业的信息系统实联网，推广电子数据交换技术，实行无纸贸易的外贸信息管理工程。“金卡工程”则是以推广使用“信息卡”和“现金卡”为目标的货币电子化工程。

〔2〕参见罗强强：《中国数字政府研究：现状、演化及启示》，载《辽宁行政学院报》2021年第1期。

〔3〕参见刘学涛：《数字经济视野下数字政府发展与实践图景》，载《南海法学》2022年第2期。

〔4〕参见《国务院关于加强数字政府建设的指导意见》（国发〔2022〕14号，2022年6月23日发布）。

二、数字政府的基本要素

(一)“整体政府”理念下的数字政府

20 世纪末,为了解决政府部门之间无法实现有效合作、各自为政、业务分割等政府协同问题,全球学界提出了构建“整体政府”(Holistic government)的理论,以便实现政府内部不同部门之间在目标价值上相互强化,在管理手段上相互促进。[1] 具体而论,“整体政府”理论的核心在于通过解决由于各政府部门审批体制的不同所导致的政府业务的碎片化,超越层级和部门功能分工,建立一体化的政务入口,实现为公众提供整合性的公共服务。[2] “整体政府”理论直接指向了破解依职权高度专业化分工的政府体制所面临政务协同问题,其中存在的部门主义、各自为政的问题也正是我国政府数字化转型一直以来面临的重大难题。长期困扰着政府数字化转型的数据孤岛、业务烟囱等问题,归根结底都可以归结于在政务信息化建设过程中,不同部门之间、不同行政层级之间缺少协同、各自为政。因此,运用整体政府理论建设“数字政府”在实践中具有很强的现实需求。[3] 事实上,我国加快建设“数字政府”,正是运用“整体政府”理论,以数字技术为依托,通过一系列的顶层设计,打通不同政府部门之间的壁垒,构建政府部门间整体性运作、跨界协同治理的整体政府服务组织架构,实现信息共享,提高政府的办事效率,降低行政成本,进而提高政府部门的整体治理能力、治理水平,满足人民群众对便捷、高效政务服务的实际需求。

(二)政务平台支撑下的数字政府

在数字政府的构建中,国外的部分学者提出了“数字政府即平台”的理念,其将建设、优化、整合政务化服务平台视同建设数字政府,极为强调政务平台对建设数字政府的支撑作用。英国政府 2017 年发布的《政府转型战略(2017—2020)》正是体现了“数字政府即平台”的理念,该转型战略明确提出

---

〔1〕 参见北京大学课题组、黄璜:《平台驱动的数字政府:能力、转型与现代化》,载《电子政务》2020 年第 7 期;6 P, Leat D., Seltzer K., et al. *Towards holistic governance: The new reform agenda*, Palgrave Press, 2002, p. 1–8.

〔2〕 参见骆梅英:《行政审批制度改革:从碎片政府到整体政府》,载《中国行政管理》2013 年第 5 期。

〔3〕 参见逯峰:《整体政府理念下的“数字政府”》,载《中国领导科学》2019 年第 6 期。

打造集合中央、地方政府部门和第三方政府服务外包机构的统一线上政务平台，通过跨越政府部门构建政务共享平台，以实现政府数字化服务效能的提高。具体到我国，广东省政府于2021年6月30日发布《广东省数字政府改革建设“十四五”规划》，其中构建政务服务平台成为广东省政府改革建设数字政府的重点规划内容，通过“三网融合”，借助政务服务平台的支撑，实现业务系统优化、整合、创新，业务协同梳理、重组、再造，构建数字政府业务协同体系，推动政府数字化转型。[1]

（三）以数据开放共享为核心的数字政府

2015年，国务院发布《促进大数据发展行动纲要》，其中明确指出大数据正日益对“社会生活方式和国家治理能力产生重要影响”。政务数据、公共数据、社会数据等数据资源的开放共享是国家推进建设数字政府的必然要求。首先，数据共享，尤其是在政府内部共享公共数据，可以有效地减少政府内部的信息不对称，实现不同政府部门的政务工作协同，缓解基层政务“数据饥渴”的现象。2021年11月，上海市人大常委会发布《上海市数据条例》，其中第38条第1款规定，“公共管理和服务机构之间共享公共数据，应当以共享为原则，不共享为例外。公共数据应当通过大数据资源平台进行共享”。2021年发布的《深圳经济特区数据条例》《广东省公共数据管理办法》对公共数据的共享均作出了类似的规定，反映了国家对公共数据共享的立法支持。数据开放则顺应了数字化转型时代潮流，满足了各级政府部门、其他公共管理和服务机构直面社会公众对经过采集、加工后的各项数据的需求，尊重并落实社会公众的知情权。截至2021年10月，我国已有193个省级和城市的地方政府上线了数据开放平台，其中包含20个省级平台，173个城市平台。[2] 由此可见，我国各地区政务开放数据已经“蔚然成林”。

（四）以公众需求为价值导向的数字政府

数字政府的建设遵循以人民为中心，以公众需求为先的价值导向。从政府数字化转型的历史发展重点来看，社会公众对便捷、高效的政务服务的需求一直是我国政府部门数字化转型升级的动力来源和价值导向。当前我

---

〔1〕 参见《广东省人民政府关于印发广东省数字政府改革建设“十四五”规划的通知》（粤府〔2021〕44号，2021年6月30日公布）。

〔2〕 参见《中国地方政府数据开放报告——省域（2021年下半年）》，载复旦大学数字与移动治理实验室网2022年1月20日，http://www.dmg.fudan.edu.cn/? p=9273。

国进一步深化政府部门的数字化转型具体表现为建设数字政府,正是在实践中长期形成的互联网思维的影响下,数字政府从传统的专业分工、层级控制的组织结构,转变为以节点、流程为特征的网状结构,从以政府行使行政权力为中心,转变为利用数字技术和信息化优势更好地实现公民权利为中心,强调在政务活动中从传统的"群众线下跑"转变为"数据线上跑",给公众提供更多优质、增值、便民服务。[1]

三、元宇宙对数字政府发展的影响

(一)元宇宙对建设数字政府的积极作用

元宇宙对建设数字政府、推动政府数字化转型产生了重要的积极作用,这主要表现在元宇宙的发展融杂着时代最前沿的信息技术、通信技术、数据技术,为政府政务管理服务的数字化、智能化提供了基础信息技术支撑和现实可能性。

首先,元宇宙开启的虚拟世界将在很大程度上改变人类的生活方式,如娱乐方式、通信方式、工作方式等,其本质在于通过构建、开发出区别与现实世界的数字空间,更便利地满足人的社交需求。自然人、企业等组织作为数字空间的目标用户群体,其对政府提供的政务服务将提出更高的需求,也促使政府更好地利用虚拟现实技术提供更好的政务服务。例如韩国政府于2021年发布"元宇宙首尔"计划,规划在首尔市打造虚拟市长办公室,创设虚拟综合咨询室"元宇宙120中心",其目的就是让市民直接访问一体化元宇宙政务平台,与以人工智能技术为支撑的虚拟公务员交流,而免去亲自到首尔市政府办公大楼办理政务咨询或实施投诉活动。[2] 韩国政府规划将元宇宙虚拟现实技术运用到政务领域,正体现了从国家战略层面上发展借鉴元宇宙核心技术,发挥其对政务数字化转型的积极支撑作用。不难假想,在元宇宙发展背景下的数字政府建设中,在政务领域以数字虚拟人代替用户端政务App,将人工智能运用到政务服务中,降低政务服务的门槛,提供更加亲

〔1〕 参见高秦伟:《数字政府背景下行政法治的发展及其课题》,载《东方法学》2022年第2期。

〔2〕 参见陆睿:《韩国"元宇宙首尔"计划瞄准市政服务》,载中国经济网,http://intl.ce.cn/sjjj/qy/202112/14/t20211214_37168554.shtml。

民的政务服务等,这些都具备现实可能性。[1]

此外,政府数字化转型不仅将元宇宙信息技术应用到提供政务服务方面,还深度融合至行政管理领域。例如,我国南京、贵阳等地尝试将区块链技术应用到房产交易和不动产登记业务办理、政府数据开放共享、精准扶贫等领域,利用其难以篡改、智能化、隐私性、安全性、去中心化的特性,提高政务效率,保障信息和数据的完整性、真实性、可靠性;又如将数字孪生技术应用到城市治理过程中,仿真模拟城市的工业、建筑、交通、绿化、人群等场景,实现对城市治理的可视化监测,助力构建智慧城市。以上均体现了元宇宙信息技术在政府公共管理和社会治理领域的应用,对政府数字化转型明显具有积极作用。

(二)元宇宙给建设数字政府带来的风险挑战

元宇宙关于现实世界与虚拟世界共存的设想使得人们对数字化政府产生了具象的期待,同时,也给建设数字政府带来了风险挑战,以下主要从元宇宙数字技术安全风险、元宇宙政府治理规则与模式复杂多样两个方面分析归纳建设数字政府过程中可能存在的风险挑战。

一方面,元宇宙数字技术在政务领域的深度运用不仅具有便捷、高效、智能等优点,也将会在建设数字政府过程中产生安全风险。首先,技术的应用本身就会带来风险。以数字技术为中心,由基础设施层、数据资源层、应用支撑层、业务应用层、用户交互层搭建的数字政府技术架构将数字技术与政府政务前所未有地紧密关联在一起,也同样意味着一旦出现技术漏洞,风险波及的范围和传播的速度将会被扩展、放大。其次,数字政府的建设与运行发展会在数字技术系统中收集到海量的政务信息、社会信息,存在个人信息泄露的安全风险。并且,当因政府行为不当或者从政府系统中发生个人隐私与信息泄露的情形时,将会产生严重的政府责任和政治后果。同时,信息泄露的风险不仅指向公民个人信息泄露风险,更指向国家安全信息泄露的风险,在大数据背景下,国家保守其秘密的能力也在变得脆弱。外部敌对势力的蓄意攻击或者政府部门信息公开不当均可能发生政府安全信息泄

---

[1] 参见元宇宙慧客:《元宇宙第一人赵国栋:元宇宙与产业、政务、区块链之间的关系》,载哔哩哔哩 2022 年 4 月 17 日,https://www.bilibili.com/video/BV12A4y1Q7W4?spm_id_from=333.337.search-card.all.click。

露,进而不同程度地影响到国家安全和政治安全。[1]

另一方面,元宇宙概念下的平行数字虚拟世界具有“沉浸现实性”的属性,使数字虚拟世界中的人、事与物会对现实物理世界的人、事与物产生直接的利弊影响,即虚拟数字世界的行为对现实物理世界会产生实质性的结果和影响。[2] 这就增加了社会治理的复杂性和多样性,且将对现行政府治理下的社会秩序规则、道德伦理标准均造成冲击和挑战。以首例元宇宙“性侵”案为例,在元宇宙虚拟世界里发生的“性侵”是否构成犯罪、是否能够适用治安管理处罚,在虚拟世界中如何保护人们的尊严免受侵害,政府的监管是否延伸到人在虚拟世界实施的不当行为等成为广受关注的社会治理难题。数字化时代为社会体系的彻底转型提出了挑战,对于包括政府在内的公共管理服务部门而言,面对数字化社会可能存在的诸多新的问题与危机,如何更好地履职并提高效能,推动共同构建具备包容性、值得公众信赖、能够可持续发展的数字社会,是其面临的主要压力来源。[3] 同时,这正是元宇宙发展背景下,建设数字政府所面临的、亟待研讨解决的现实问题。

四、加快推进建设数字政府的发展路径

如今,政府数字化转型已从理论概念上升到国家战略规划,并成为新一轮国际竞争的重点领域。为顺应变革趋势,在数字化时代形成国家竞争新优势,我国加快政府数字化转型,国务院从整体战略层面提出加强数字政府建设。面对元宇宙发展对建设数字政府带来的风险挑战,现阶段我国建设数字政府应当坚持如下发展路径:坚持以人为中心,重视群众需求,强调政务服务的个人体验,提供更加高效、便捷、亲民的政务服务;坚持借力元宇宙核心技术,更加强调政务数字化、智能化,推动政府治理手段的现代化;重视健全相配套的法律规范、制度体系,防范数据、信息、网络安全风险,推动治理规则及模式的创新与过渡。

---

〔1〕 参见王谦、曾瑞雪:《社会技术系统框架下“数字政府”风险分析及治理》,载《西南民族大学学报(人文社科版)》2020 年第 5 期。

〔2〕 参见程金华:《元宇宙治理的法治原则》,载《东方法学》2022 年第 2 期。

〔3〕 参见张成福、谢侃侃:《数字化时代的政府转型与数字政府》,载《行政论坛》2020 年第 6 期。

（一）坚持以人为中心，重视群众需求，强调政务服务的个人体验，提供更加高效、便捷、亲民的政务服务

在当前国际舞台上，各国纷纷就政府数字化转型提出愿景目标，英国、美国提出利用数字技术、提高数字技能改善政民关系；澳大利亚规划建成数字政府，提供简便、有效的政务服务，满足公众的数据需求；加拿大提出构建通用、开放的政务服务平台，让公众得以利用其选择的设备轻松地获取政府信息和资源。归纳可知，四国的政府数字化转型的愿景目标本质均在于“优化政府数字服务以造福国民和改善政民关系”[1]。具体到国内，我国政府数字化转型的愿景目标同样以人民的需求为中心，以便民惠民为出发点和落脚点。

我国政府数字化转型发展到建设数字政府阶段，已经明显区别于发展电子政务、深化推进“互联网＋政务服务”时期，不只以行政流程优化、政务事项整合为重点内容，更是以元宇宙发展为新的引擎，实现行政管理服务从“数字化到智能化再到智慧化”的发展，实现虚实结合、智能化人机协作。国家推动建设数字政府，强调公共服务更加便捷与高效，强调重视公众需求。政府政务服务更加坚定为人民服务的理念，把人的需求放在第一位，重视群众的需求，并将目光更多地转向个人的体验感，强调利用人工智能技术等提供更加智能、高效、便捷、亲民的政务服务。同时，通过完善优化政务服务的评价机制和评价指标，重视群众对政务服务的评价，提高公众对政府工作的认可度。

（二）坚持借力元宇宙核心技术，更加强调政务数字化、智能化，推动政府治理手段的现代化

元宇宙的发展概念集成了大数据、云计算、人工智能、区块链、数字孪生等一系列前沿技术，在元宇宙发展背景下建设数字政府，必须要融合应用最新的数字技术，建成一体化的政务平台、数据中心，借助数字化行政手段，创新城市管理模式与理念，整体性地推动城市治理体系与能力的现代化，这正是数字政府发展的目标。坚持借力元宇宙核心技术，夯实信息基础设施支撑能力，具体可以从以下四个方面发力：

第一，加大信息基础设施的部署投入，夯实技术对数字政府建设的支撑

---

〔1〕 章燕华、王力萍：《国外政府数字化转型战略研究及启示》，载《电子政务》2020 年第 11 期。

能力。“数字政府建设是政府的一场工具革命，是运用互联网、云计算、大数据、人工智能、区块链等现代技术对政府决策和运行的优化重构。”〔1〕建设数字政府要提高对信息基础设施的超前部署能力，争取把握元宇宙核心技术的快速迭代趋势，夯实技术支撑能力。

第二，推动5G、物联网、大数据、人工智能等信息通信技术与数字政府快速嵌入融合，提升数字技术在政府管理服务应用中的广度和深度，通过促进城市规划、建设、管理和服务的智能化、智慧化，打造智慧城市，实现政府治理手段的现代化。

第三，加强数字政府建设人才的培养。人才已经变成了极为重要的发展资源，政府的数字化转型，数字经济的发展，乃至数字中国的建设，都需要依靠拥有数字技能的人才进行。〔2〕因此，建设数字政府要求通过引进人才、加强培训等手段打造出高素质、高层次、具备专业技能的公务员队伍。

第四，整合、优化、利用社会资源，发挥社会力量对建设数字政府的研发能力的促进作用，提供智库力量。当前政务元宇宙已经受到经济市场的关注，如开普云公司已宣布以政务元宇宙作为公司主要的战略方向，正式进军元宇宙，研究数字人生产与运营平台、场景生产与运营平台。数字政府的建设应重视专业分工，通过政企合作，借力企业资本的研发创新能力，同时发挥专家、研究院所、第三方咨询机构等智库力量的支撑作用。

（三）重视健全相配套的法律规范、制度体系，防范数据、信息、网络安全风险，推动治理规则及模式的创新与过渡

自2016年以来，我国相继颁布了《网络安全法》《数据安全法》《个人信息保护法》，为国家在数据安全、信息安全、网络安全领域的监管提供了立法保障。但相关立法仍处于初期发展时期，相对于元宇宙发展的大背景下数字技术的快速迭代及其在政务管理服务中的深度融合应用，法律规范存在明显的“滞后性”。因此，建设数字政府应当在现行安全监管的框架体系下，结合数字技术的应用实践及对具体领域产生的安全风险，例如政务数据的收集、存储、使用、加工、传输、提供、公开等处理过程的合规性、个人隐私保

〔1〕卢晓蕊：《数字政府建设：概念、框架及实践》，载《行政科学论坛》2022年第12期。

〔2〕参见宋心蕊、赵光霞：《“数字福建”建设的重要启示——习近平同志在福建推动信息化建设纪实》，载人民网，http://media.people.com.cn/n1/2018/0420/c40606-29938161.html。

护、政务服务及监督管理制度等，通过不断加强立法及法律解释工作，进一步完善数据、信息、网络安全规范，健全法律规范及与数字政府相配套的行政制度。

同时，在现实与虚拟共存的元宇宙时代到来前，建设数字政府应当具备前瞻性和体系思维，按照“现实世界为元宇宙发展提供法治、现实世界与元宇宙交互时进行公治以及元宇宙内部生态系统建设和运行的自治”[1]的元宇宙基本治理逻辑，探索改革创新政府治理规则与治理模式，为元宇宙的发展提供适配的制度基础设施，以确保在元宇宙的各个发展阶段中政府治理规则和模式的创新与过渡，强化政府治理水平和治理能力，总体实现国家治理体系和治理能力的现代化。

第三节 数字行政相关法律问题

数字行政是数字技术与政务活动的有机组合，数字行政的发展与数字技术的产生与发展、政府的数字化转型密切相关，同时，近年来新冠肺炎病毒的蔓延在一定程度上改变了社会运行方式，也加速了数字技术在社会治理中的应用。数字行政在这样的背景下迅速发展，数字技术在各类行政活动中的应用，极大地推动了行政方式的数字化、智能化。

一、数字行政的发展背景

伴随着科学技术的发展进步，在政府公共行政管理领域应用数字技术改进创新行政方式，实现行政数字化、智能化，是历史所向、大势所趋。以下从数字技术的产生与发展、国家政府数字化转型、抗疫防疫的工作需求三个方面介绍数字行政的发展背景。

第一，数字技术的产生与发展为政府行政活动数字化、技术化提供了现实可能性。随着当前元宇宙概念的兴起，对数字行政提出了更高的要求和挑战。在数字化时代背景下，数字技术是指随着电子计算机和互联网而产生、发展的一系列科学技术。通过对数字技术的融合应用，政府的治理模式

---

[1] 程金华：《元宇宙治理的法治原则》，载《东方法学》2022 年第 2 期。

发生了结构性的变革，具体体现为“人—人”互动的传统行政方式，转变为“人—机”互动的数字化行政方式。[1] 随着元宇宙元年的到来，对数字技术的发展程度及在政务领域的融合应用程度产生了更高的要求，也提出了更大的挑战，未来将数字技术深度融合应用到政务活动中。借助数字技术实现行政方式的数字化、智能化已属必然趋势。

第二，数字行政是政府数字化转型的应有之义。自 20 世纪 90 年代起，我国政府的数字化转型实现了从发展电子政务到建设数字政府的历程，其本质都是实现政府治理手段的数字化转型，具体体现为数字化行政，例如在发展电子政务阶段，借助于互联网信息技术的发展，实现“政府上网”，创新性改革行政审判程序，构建网上一体化政务服务平台，将行政审批从线下搬迁到线上，推行“一网通办”“不见面审批”等，使群众办事的线下跑转变为“数据线上跑”，推动了政务服务的数据化、信息化。现阶段，我国政府数字化转型总体表现为建设数字政府。2022 年国务院发布了《关于加强数字政府建设的指导意见》，强调政务的数字化、智能化及政府治理手段的现代化。这正体现了在政府数字化转型下发展数字行政是题中之义。

第三，在抗疫防疫常态化形势下，利用数字技术创新行政手段是顺利展开防疫工作的直接需求。为了人们生命、健康免受新冠肺炎病毒的影响，政府的疫情防控措施规制人们减少彼此间的直接接触、保持适当的距离，在特定时空内“非接触式”的社会生活模式成为常态，这就要求政府部门在行政管理和行政执法中创新应用数字技术，以满足“非接触式”的政务管理服务需求。在当前的应用实践中，政府推行使用“健康码”，以“健康码”的颜色、形成时间等因素的不同对人们出行进行管制，利用大数据进行流调溯源精准防控，推行“非接触式”的办税缴费服务等，都体现了创新行政手段，增强行政管理、行政服务的技术化水平，进而提高公共行政管理服务的便捷性、高效性以及亲民度。同时，国家也从政策上对抗疫防疫工作中应用数字技术进行了回应，国家互联网信息办公室 2022 年 7 月 23 日发布《数字中国发展报告(2021 年)》，其中就明确指出要“加快构建数字技术辅助政府决策机制，强化数字技术在公共卫生、自然灾害、事故灾难、社会安全等突发公共事件应对中的应用，全面提升预警和应急处置能力”。

---

〔1〕 参见展鹏贺：《数字化行政方式的权力正当性检视》，载《中国法学》2021 年第 3 期。

二、数字行政的实践应用及表现

（一）数字行政的应用场景

近年来，人民政府的数字化转型已经从以行政审批流程电子化为重点的电子政务时期迈向了以行政数字化、智能化为重点的建设数字政府时期。数字技术在公共行政管理服务领域具有较为广泛的应用场景，其中以数字技术在行政审批领域、行政执法领域、司法行政领域、行政监督领域的应用为典型。

第一类，数字技术在行政审批领域的应用。我国从20世纪90年代起推行“政府上网”工程，如今政务服务事项的在线申请、审批已成为常态，人们能够通过互联网查询行政审判事项清单、法律依据、办理程序、办理期限等基准信息，通过政务App的用户端在线申请办理行政许可并实时查询办理进度，通过网上公开信息查询办理结果等，行政审批流程的电子化基本能够实现。[1] 面对数字技术的快速发展，数字技术在行政审批领域的应用并没有终止，而是深入探索，利用人工智能在行政审批实体层面实现自动化决策。例如，2018年天津市试推出了156项“无人审批”事项，整合需要由行政机关审批许可、提供服务和予以证明的简单事项，办事人线上申报，行政机关利用计算机软件系统根据已经制定好的审批标准实现自动比对和判断，进而自动作出审批结果并反馈给办事人。[2] 广州、深圳等多个城市均推出类似的计算机系统智能审批政务服务事项。由此可见，数字技术在行政审批领域的应用，一定程度上能够映射出行政行为从程序到实体完全自动化的历史发展过程。

第二类，数字技术在行政执法领域的应用。在交通管理专门领域，交通管理部门不断创新利用视频检测、雷达、线圈感应等技术自动抓拍、监测发生在道路上的超速、逆行等违法违规行为，已经形成了相对成熟的“非现场执法”治理模式。近年来，数字技术的应用已经拓展到其他行政执法活动中，如在生态环保执法方面，浙江省政府整合利用卫星遥感、在线监测、视频

---

〔1〕 参见宋华琳：《电子政务背景下行政许可程序的革新》，载《当代法学》2020年第1期。

〔2〕 参见《天津市承诺制标准化智能化便利化审批制度改革实施方案》，载天津市人民政府网，http://www.tj.gov.cn/sy/tzgg/202005/t20200519_2385772.html。

监控等多项科技手段，搭建数字化生态环保督察在线平台，随时监控生态环保问题的整改情况[1]；在城市综合管理行政执法活动中，上海市人大于2021年10月28日通过了《上海市浦东新区城市管理领域非现场执法规定》（以下简称《城管非现场执法规定》），首次对实践中城市管理综合执法的“非现场执法”活动进行专门立法并予以规范，该部法规对“非现场执法”进行了定义[2]，并通过具体法条规范了各类“非现场执法”的行政行为，例如《城管非现场执法规定》第7条授权城管执法部门在符合条件的公共场所安装电子技术监控设备，用于收集、固定违法事实；《城管非现场执法规定》第9条授权城管执法部门采用视频、音频等方式开展询问调查，并且视频、音频资料可以替代书面询问笔录作为执法依据；另外，《城管非现场执法规定》对告知当事人、送达程序、执法文书制作、罚款收缴等也都在不同程度上规定了数字化执法方式。

第三类，数字技术在司法行政领域的应用。2018年我国司法部提出“数字法治、智慧司法”，目标正是在司法行政领域应用云计算、大数据和人工智能等新技术。在当前司法实践中，数字技术在诉讼服务和司法审判中的应用已取得较好的成效。例如，大多数地区均已开通移动微法院、诉讼服务网等，满足律师、当事人远程线上立案、查询案件、提交证据的需求，尤其在疫情暴发期间，各地法院创新采用多人在线视频的方式进行调解和开庭审理，并采用线上送达法律文书的方式，提高了诉讼流程的效率。同时，我国专门设立的互联网法院更是走在深度融合应用数字技术的前沿，如北京互联网法院推行“AI虚拟法官”，利用虚拟人技术为当事人提供全流程诉讼指导，并在淘宝网开通了微淘账号，以致力于为消费者合法维权、电商企业合法经营提供咨询服务及指导工作。[3] 杭州互联网法院则在部分网络购物合同中推出区块链技术与司法解纷手段相融合的智能合约，买方通过网络与卖方

---

[1] 参见王雯：《“一图”管治　“三榜”亮晒　浙江以数字化助推生态环保督察问题整改见实效》，载《中国环境报》2022年2月15日，第1版。

[2] 《上海市浦东新区城市管理领域非现场执法规定》第2条规定：“本规定适用于浦东新区城管执法部门运用非现场执法方式对违法行为进行查处的相关工作。本规定所称的非现场执法，是指运用现代信息技术手段收集、固定违法事实，采用信息化等方式进行违法行为告知、调查取证、文书送达、罚款收缴等的执法方式。”

[3] 参见孙欣：《北京互联网法院在线智慧诉讼服务中心实现全流程在线诉讼》，载中国法院网2019年6月27日，https://www.chinacourt.org/article/detail/2019/06/id/4112428.shtml。

签约,签约行为及合同内容完全由司法区块链监管,如果一方发生违约,合同无法执行,将自动进入调解程序,调解不成则转向法院诉讼平台,启动立案、审判、执行等诉讼程序。智能合约增强了买卖双方的签约信心,并且为合同无法继续履行提供了高效率的处置机制。[1]

第四类,数字技术在行政监督领域的应用。行政机关利用数字技术搭建并启动运行在线政务平台,推动"数据多跑""群众少跑",实现了执法活动全流程的电子化、数字化,为行政权力运行的专门监督提供了便利,如通过对政务平台及系统运行流程、运行数据的汇总归纳,可以实现可视化地监督行政机关的职权履行率,分析行政权力的行使过程是否程序正当,也可以分析行政工作人员的工作量是否充足等。同时,通过运用数字技术构建监察平台,多渠道了解群众诉求,为社会监督提供了便利。如群众可以通过中国监察网在线服务平台或"12309"服务热线等渠道进行网上信访、申诉等。

(二)数字行政的表现特点

从数字技术在行政审批、行政执法、司法行政、行政监督等公共行政管理服务领域的应用场景进行归纳分析,明显可以看出,相较于传统的行政方式,数字行政在效果上描述为自动化行政,体现为借助现代数字技术,以电子办公取代纸质办公,实现行政决定、程序等内容的数据化、图示化[2],并进一步追求行政行为从程序到实体的整体数字化、智能化。行政数字化和行政智能化是数字行政的共同目标,但两者的侧重点存在差异。行政数字化强调将行政行为数据化、信息化,由实实在在的人、物、事转变为数据、信息,使其进入数字化的世界,并通过对数据、信息进行筛选、比对、审核、决策的形式实施行政行为;行政智能化则更多的是从行政决策的角度而言,其强调基于数字世界里算法的设计与分析,利用大数据、人工智能技术辅助行政决策,实现行政行为的自动化决策或半自动化决策。

因行政数字化与行政智能化在侧重点上的差异,数字行政的外在表现特点可以分成如下两个方面:

第一,数字行政首先表现为电子化执法,实现执法活动的信息化、数据

---

〔1〕 参见余建华、吴巍、张名扬:《杭州互联网法院区块链智能合约司法应用上线》,载中国法院网 2019 年 10 月 25 日,https://www.chinacourt.org/article/detail/2019/10/id/4591024.shtml。

〔2〕 参见胡敏洁:《自动化行政的法律控制》,载《行政法学研究》2019 年第 2 期。

化。在数字行政的应用场景中,电子化执法体现为政府部门在日常执法活动中利用数字手段办理案件,具体表现为“非现场执法”和“线上+线下”的行政方式。其中,“非现场执法”模式正如前文数字技术在行政执法领域的应用所述,完全实现了在行政执法领域执法方式从传统的“人—人”互动向“人—机”互动的转变。而“线上+线下”的行政方式常见应用于行政许可的审批程序,行政相对人通过网上平台线上填写表单、提供申请材料、启动申请办事流程,审批机关接到报件后进行线上审查,并视情况实施现场勘验等,最后通过线上做出行政决定并予以送达。总体而言,在电子化执法的模式下,执法机关利用高科技信息化手段收集、调取执法线索及证据,并在此基础上,将执法信息整合录入执法平台系统、转变为数据信息,实现了执法证据、执法流程等行政执法活动的全面电子化、数据化。

第二,数字行政同时表现为行政决策的自动化或者半自动化,借助于人工智能技术决策实现行政智能化。按照人工智能介入程度的不同,数字化行政可以分为三种类型:第一种类型仅表现为行政程序的数字化,以简化行政流程、提高行政效率为主要内容。目前,数字技术在我国行政活动中的应用场景多为此类;第二种类型表现为在行政程序数字化的基础上,以人工智能作为辅助手段作出行政决定,典型表现为前述天津、广州、深圳等地创新的“无人审批”模式;第三种类型表现为行政程序及行政决定的完全智能化,人工智能在算法的设计基础上,通过数据学习作出行政决定,深度介入行政活动中。[1] 以上第二、三种数字化行政的类型分别体现了在数字技术的深度融合应用下行政决策的半自动化和完全自动化,数字行政正是以人工智能技术与行政活动的深度融合应用,实现行政智能化。

三、数字行政的法律分析

(一)电子化执法的法律分析

1.“非现场执法”证据的效力

电子化执法在行政执法方面的特殊性在于利用电子技术监控设备实施“非现场执法”,实现执法活动调查取证手段的数字化。因此,对电子化执法合规性的分析,首先要围绕着“非现场执法”获取证据的合规性展开,进而从

---

〔1〕 参见展鹏贺:《数字化行政方式的权力正当性检视》,载《中国法学》2021年第3期。

取证程序的视角分析“非现场执法”获取的证据对案件事实的证明能力。

具体而言，“非现场执法”采用事前对违法行为进行预测性监控的方式展开，由执法机关在违法行为发生后直接调取案涉信息数据形成证据，证明违法事实。除应用“非现场执法”这种较为成熟的公安系统交通管理执法领域外，对于数字技术的预测性监控，行政立法表现出充分的注意。2021 年 1 月 22 日，全国人大常委会修订通过《行政处罚法》，其中不仅新增第 46 条明确行政处罚证据的种类以及非法证据排除的原则，还新增了第 41 条，明确对行政机关利用电子技术监控设备调查收集证据的行为予以规范。同时，上海、南京两地区也分别就“非现场执法”的程序进行了更为具体的规范立法。在“非现场执法”活动中，证据的证明能力取决于取证程序是否合法、正当，也即电子技术监控设备的应用需要同时具备如下要件：(1)设备使用具有必要性；(2)设备设置需要经过行政机关审核；(3)设备的设置地点需要向公众公开；(4)设备记录的内容需要经过人工审核；(5)保障当事人的陈述权、申辩权。

值得注意的是，《行政处罚法》第 41 条仅明确规定了对于电子技术监控设备记录的内容“未经审核或者经审核不符合要求的，不得作为行政处罚的证据”，对于违反电子技术监控设备设置的必要性、不符合事前审核要求、不符合设置地点公示公开要求以及陈述权、申辩权保护要求的执法行为取得的证据效力未予明确规定。由于“我国并无独立的行政程序法，长期以来沿用的是行政诉讼的证据规则”[1]，因此，笔者认为，从行政诉讼的审判视角理解，上述行为应当视为严重违反法定程序收集证据材料，根据行政诉讼法的证据规则予以排除适用，也不能作为行政处罚的定案依据。

2. 个人信息权益的保护

2021 年 8 月 20 日，全国人大常委会通过《个人信息保护法》，通过法律保护自然人的个人信息权益，其中第 33 条规定“国家机关处理个人信息的活动，适用本法”，这也就意味着行政机关利用数字技术调查、收集个人信息和数据的行政执法行为受到《个人信息保护法》的规制。在该部法律中，规制国家机关处理个人信息活动的特殊规定集中体现在第 34 条至第 36 条，规

〔1〕 周依苒：《治安管理处罚独立证据规则的审视与构建》，载《河南警察学院学报》2022 年第 3 期。

定了国家机关处理个人信息必须要在权限、内容、程序等方面具有合法性。其中,处理个人信息的权限上体现国家机关需以"为履行法定职责"作为目的;处理个人信息的内容上需遵循必要性的原则;处理个人信息的程序上需实现告知、取得同意(法定例外情形除外)、说明理由、允许查询更正等制度以保障当事人程序性权利。[1]

就电子化行政执法活动而言,无论是违法行为发生前利用电子技术监控设备对执法对象的行为进行直接监控,还是违法行为发生后对执法对象在社会活动中形成的信息数据进行调取,均是通过数字监控技术实现对个人行为信息的采集与处理,且都存在侵犯公民的私人生活、侵害公民的个人信息权的风险。因此,电子化执法活动的合规性表现在必须以保护个人信息权益、遵守《个人信息保护法》为前提,遵循合法、正当、必要的原则,做到:(1)电子化执法对个人信息的收集范围要与执法目的直接相关且确属必要;(2)电子化执法对个人信息的收集手段应遵守可替代性原则及比例原则,采用对执法对象权益影响最小的方式进行;(3)电子化执法对个人信息的收集必须要保护个人的程序性权利。

(二)自动化决策的法律分析

1. 行政权力运行的正当性风险

2017年7月8日,国务院发布《新一代人工智能发展规划》,对社会治理中人工智能的发展任务明确规定为"开发适于政府服务与决策的人工智能平台,研制面向开放环境的决策引擎,在复杂社会问题研判、政策评估、风险预警、应急处置等重大战略决策方面推广应用。加强政务信息资源整合和公共需求精准预测,畅通政府与公众的交互渠道"。可见,国家对于行政决策方面人工智能的发展应用目前持有较为开放、包容的态度。但是,在理论界,学者更多地关注自动化决策带来的行政权力正当性的风险。由于行政实体层面的自动化决策分为以人工智能为辅助作用的半自动化决策和人工智能自主决定的完全自动化决策,前者本质上仍然是人为作出的行政决策,是人在行使行政权力;后者已经转变为由人工智能通过自主学习自发作出行政决策,本质上是人工智能行使行政权力。从宪法的角度而言,作为国家

---

[1] 参见王锡锌:《行政机关处理个人信息活动的合法性分析框架》,载《比较法学》2022年第3期。

权力的行政权是人民赋予，由人组合而成的国家予以行使的，从人类行使行政权力到人工智能行使行政权力，不仅仅是简单的行政决策方式的选择和变化，也触及行政权力来源正当性的行政法理论的核心问题。

同时，自动化决策还将涉及行政权力运行的正当性风险。首先，半自动化决策的核心在于通过人工智能算法的设置，使人工智能对人工决策起到辅助作用，尤其体现在行政许可执法活动中，可以大大提高简易事项审批的效率，其对行政权力运行的正当性风险主要体现在：(1)应当以何种标准确定由人工智能决策的简易事项？(2)如何确保人工智能算法的正常运行？这两个问题关系到半自动化决策下行政权力行使的正当性。对于自动化决策而言，行使行政权力的正当性风险主要来自行政自由裁量的准确性。在行政权力运行的过程中，自由裁量权是核心内容。行政主体行使自由裁量首先体现为对案件事实进行筛选，其次才体现为适用法律。也正是由于行政主体具有自由裁量权，才能够避免对事实和法律的机械选择与适用，也才能够解释、说明行政行为的正当性理由。[1] 然而，由于人工智能是通过对信息、数据的学习而实现的自主决策，对于作为社会治理对象的现实生活以及人类情感的复杂性、不确定性所导致的案件的特殊性，人工智能难以准确地识别辨认，并就事实筛选给出合情合理的判断，也就不能准确地适用法律，进而实现行政决策从法理和情理上共同保障个人的合法权益。

另外，需要明确的是，人工智能自动化决策极大地提高了执法效率和执法密度，这也导致对一些特别轻微的违法行为严格执法，如 2005 年发生在交通管理领域的杜某某“105 张罚单”案，正是因杜某某每天驾驶货车出门，并在同一地点违反禁行规定，被电子监控装置累积抓拍到 105 次，行政机关对此作出了罚款 10,500 元的行政处罚。[2] 该案中行为人实施的极为轻微的违法行为受到了行政机关较为严格的行政处罚，正是警示了在行政执法活动中，执法机关不能够完全依靠人工智能进行自动化决策，对于人工智能技术记录的内容，必须要经过判断区分，考虑到案件的具体情形，适当地行使裁量权，采取合理的方式对违法行为人实施教育、警示、处罚，不能够机械地适用法律。

---

〔1〕 参见章剑生：《论行政行为说明理由》，载《法学研究》1998 年第 3 期。

〔2〕 参见马颜昕：《自动化行政的分级与法律控制变革》，载《行政法学研究》2019 年第 1 期。

2. 自动化决策的应用边界

尽管经过了60多年的演进，人工智能已经进入快速发展的新阶段，但是我国人工智能技术的发展与发达国家相比仍有差距，配套技术也存在不完善。[1] 相应地，我国在公共行政管理服务中对于以人工智能技术为支撑的自动化决策的融合应用也还处于探索阶段。

行政许可事项的审批活动对人工智能技术的应用，具体表现为广州、深圳、天津等城市为创新性改革行政审批制度而推行的"无人审批""秒批"等措施。目前，各地区对于行政许可事项自动化决策的应用在国家政策和立法层面都还没有统一的规范，不同城市推行的自动化决策事项的列表清单存在差异。以深圳市为例，从其现有的行政许可自动化决策事项中归纳分析可知，行政许可自动化决策事项集中在"重复性高、办理量大、标准化、可行性强的民生重点事项"[2]，而对于列表清单外需要行政机关工作人员前往现场人工检查类的许可事项以及所需材料复杂的许可事项则不适用自动化决策。

在应用人工智能技术较早的交通管理执法活动，以及包括生态环境保护执法在内的其他行政执法活动中，对于自动化决策都表现出较为谨慎的适用态度。2020年修正的《道路交通安全违法行为处理程序规定》第19条、2021年新修订的《行政处罚法》第41条，都明确规定了采用"非现场执法"的电子监控技术设备记录的内容必须经过人工审核，对于未经审核的记录内容将被视为非法证据予以排除，其隐含的意思正是数字化行政处罚活动仍然以人对证据的采用以及对事实的判断为主，数字技术仅仅起到辅助作用，这也反映出当前行政处罚领域排斥完全自动化决策应用的态度。

---

〔1〕 参见《国务院关于印发新一代人工智能发展规划的通知》(国发〔2017〕35号，2017年7月8日发布)。

〔2〕 《推动无人干预自动审批(秒批)改革(深圳做法)》，载广东省政府网2020年2月24日，http://www.gd.gov.cn/gdywdt/zwzt/szhzy/jytg/content/post_2906394.html。

第五章 数字货币

第一节 中国式元宇宙钱包之数字人民币

国外区块链公链上大量发行加密货币用于支撑元宇宙的经济系统，而加密货币没有主权信用背书，容易危害国家主权安全并可能用于各类犯罪活动。数字人民币是我国央行发行的数字货币，以加密算法为基础，以国家主权信用背书的法定货币，具有价值特征和法偿性，同样可以构建用于元宇宙的经济系统。

一、数字人民币发展历程

20 世纪 80 年代，“密码朋克”的教父大卫·肖姆提出了“数字货币”的概念。1989 年，大卫·肖姆创建了 eCash 数字货币系统。1993 年，《密码朋克宣言》提出“在这个宣扬自由的世界里，你早已经不再自由”[1]。1996 年，道格拉斯·杰克逊创造了第一代数字黄金货币 E - Gold。2008 年，中本聪发表论文《比特币：一种点对点的电子货币系统》。2009 年 1 月，第一枚比特币诞生，开启了去中心化和点对点数字货币的时代。2014 年，中国人民银行开始研究数字货币。2017 年 1 月，中国人民银行正式成立数字货币研究所。

---

〔1〕 朱嘉明：《认识数字货币，从“密码朋克”说起|数字货币极简读本》，载零壹财经网 2020 年 8 月 14 日，https://www.01caijing.com/article/267538.htm。

2020年8月，商务部印发《全面深化服务贸易创新发展试点总体方案》，该方案提出在京津冀、长三角、粤港澳大湾区及中西部具备条件的试点地区开展数字人民币试点。[1] 2020年10月，中国人民银行发布《中国人民银行法（修订草案征求意见稿）》，该法第19条第2款规定人民币包括实物形式和数字形式。2020年11月，中共中央发布《关于制定国民经济和社会发展第十四个五年规划和二〇三五年远景目标的建议》，提出建设现代中央银行制度，完善货币供应调控机制，稳妥推进数字货币研发，健全市场化利率形成和传导机制。[2] 2021年7月，中国人民银行发布《中国数字人民币的研发进展白皮书》。2021年10月，商务部、中央网信办、国家发展改革委印发的《"十四五"电子商务发展规划》提出，要稳妥推进数字货币研发工作，探索数字人民币在电子商务领域支持作用。2022年4月7日，深圳市地方金融监督管理局印发的《深圳市扶持金融科技发展若干措施》指出，积极鼓励智能合约技术在数字人民币领域的融合应用，率先建设基于数字人民币的智能合约公共平台。[3]

二、数字人民币概念与特征

数字人民币是我国的中国人民银行数字货币，是由中国人民银行发行和管理的以加密算法为基础的法定货币，具有价值特征和法偿性。数字人民币具有以下特征：(1)采用"央行—商业银行"双层运营模式，中国人民银行仅负责数字人民币制作发行，商业银行则负责数字人民币的兑换和发放；[4] (2)以广义账户体系为基础实现了账户"松耦合"，数字人民币就像现金交易一样无须账户绑定；(3)支持离线匿名支付并实现"可控匿名"，兼顾

[1] 参见商轩：《商务部印发〈全面深化服务贸易创新发展试点总体方案〉推进数字技术对产业链价值链的协同与整合》，载中国工信产业网2020年8月24日，https://www.cnii.com.cn/rmydb/202008/t20200824_208764.html。

[2] 参见《新华社受权发布〈中共中央关于制定国民经济和社会发展第十四个五年规划和二〇三五年远景目标的建议〉》，载中国政府网，http://www.gov.cn/xinwen/2020-11/03/content_5557023.htm。

[3] 参见《深圳市地方金融监督管理局关于印发〈深圳市扶持金融科技发展若干措施〉的通知》，载深圳政府在线网2022年4月18日，http://www.sz.gov.cn/zfgb/2022/gb1238/content/post_9714739.html。

[4] 参见《支付：应用场景日益丰富，"数字人民币"的推行意义》，载百度网2021年11月22日，https://baijiahao.baidu.com/s?id=1717095021880166004&wfr=spider&for=pc。

了对用户隐私的保护，中国人民银行中心化记账方式可追溯违法犯罪活动；(4)采用“一币、两库、三中心”框架，认证中心负责对用户身份信息进行认证管理；[1] (5)本质为货币而非微信、支付宝等的电子钱包，微信、支付宝等的电子钱包只是对货币进行储存；(6)有国家信用背书与法偿，而非平台的商业信用；(7)数字人民币支付即结算，提供资金周转效率，微信、支付宝等的电子钱包只是对货币进行记账；(8)本质上不是加密货币，数字人民币采用中国人民银行中心化记账方式而非分布式记账方式；(9)不计付利息不收取手续费，因为数字人民币交易就像现金交易而非转账；(10)具有可编程性，可在智能合约中设置生效条件，可以按照约定条件、规则进行自动支付交易；(11)央行中心化账户处理速度快，而加密货币的分布式账户技术处理速度慢是一大制约因素。

三、数字人民币相关法律问题

(一)智能合约

2021年7月，中国人民银行发布《中国数字人民币的研发进展白皮书》，提出数字人民币通过加载不影响货币功能的智能合约实现可编程性，使数字人民币在确保安全与合规的前提下，可根据交易双方商定的条件、规则进行自动支付交易，促进业务模式创新。[2] 2022年4月7日，深圳市地方金融监督管理局印发的《深圳市扶持金融科技发展若干措施》指出，积极鼓励智能合约技术在数字人民币领域的融合应用，率先建设基于数字人民币的智能合约公共平台。智能合约在数字人民币上现已应用的场景有：(1)数字人民币红包。(2)补贴发放。(3)资金监管。2020年5月，苏州市相城区各区级机关和企事业单位的工作人员其工资中的交通补贴的50%以数字货币的形式发放。未来，我们可能率先建设基于数字人民币的智能合约公共平台，开展担保交易、商业保理等业务，根据交易双方商定的条件、规则进行自动交易。2019年12月，杭州互联网法院对深圳某企业与高某网络购物合同纠纷一案进行公开宣判，该案是将区块链智能合约技术应用于中国司法领域

---

[1] 参见《央行数字货币解析：一种币，两个库，三个中心》，载百度网2020年1月30日，https://baijiahao.baidu.com/s?id=1657114369243931374&wfr=spider&for=pc。

[2] 参见《央行发布〈数字人民币的研发进展白皮书〉》，载百度网2021年7月16日，https://baijiahao.baidu.com/s?id=1705427637010188117&wfr=spider&for=pc。

的首例案件。[1] 2021年4月，杭州市西湖区人民法院在全国首创推出金融纠纷领域的“司法链智能合约”，将调解协议中约定的还款给付条款自动转化成智能合约，支持调解协议发起扣款指令。[2] 智能合约是一种计算机程序，是一种可按照预设的条件、规则自动化执行的电子合同，一旦相应的条件、规则产生则自动触发并完成合约。在智能合约中，可以设置相应的利润分成、税费缴纳方式等具体条款，可以充分保障各方的权益。在去中心化记账方式上记载的智能合约具有不可篡改性，撤销权和解除权都难以行使。我国数字人民币是建立在央行中心化记账方式上的，记载在其上的智能合约可以行使撤销权和解除权。

2020年2月，中国人民银行正式发布《金融分布式账本技术安全规范》该规范指出智能合约执行应具备一致性，合约在所有金融分布式账本网络节点上的执行结果应完全相同；多个节点同时实现合约时，应保证数据的完整性且数据同步，不相互干扰；应有相应机制控制智能合约的部署行为，防止恶意部署智能合约；应提供智能合约的冻结功能，防止智能合约的漏洞持续影响系统；应提供智能合约升级方案和机制，以修复智能合约的漏洞；应提供智能合约的废止功能；应支持权限可控的智能合约升级方法；应支持从金融分布式账本中获取与合约相关的原始数据来解析智能合约在金融分布式账本上的业务数据；应在合约更新升级、重新部署后，能安全地将原合约数据迁移至新合约。[3] 该规范还规定了金融分布式账本技术的安全验证、安全审计标准，并提出了攻击防范要求。我们应当按照监管要求编码写入智能合约，评价智能合约的合规性，对智能合约加强管理与监督，确保数字资产交易安全，建立我们中国自己的元宇宙经济系统。

（二）可控匿名

数字人民币实行银行账户“松耦合”，不需要银行账户就可以开立数字人民币钱包，钱包在进行小额支付时不需要银行账户，交易双方无法获取对

---

〔1〕 参见《中国首个应用区块链智能合约技术案件宣判》，载百度网2019年12月19日，https://baijiahao.baidu.com/s?id=1653352700931312559&wfr=spider&for=pc。

〔2〕 参见《全国首创！ 杭州法院推出司法链智能合约化解金融借贷纠纷》，载百度网2021年4月20日，https://baijiahao.baidu.com/s?id=1697544787935940326&wfr=spider&for=pc。

〔3〕 参见《金融分布式账本技术安全规范》，载个人图书馆网2020年3月7日，http://www.360doc.com/content/20/0307/10/55828964-897408868.shtml。

方的交易信息，可以满足公众对于隐私的保护需求。数字人民币实行中心化记账方式管理，中国人民银行可以掌控公众的相关交易信息，能够实现数字人民币大额交易依法可溯，能够有效减少洗钱、违法融资等金融犯罪行为。

1. 隐私权

《民法典》第1032条规定，自然人享有隐私权。任何组织或者个人不得以刺探、侵扰、泄露、公开等方式侵害他人的隐私权。隐私是自然人的私人生活安宁和不愿为他人知晓的私密空间、私密活动、私密信息。个人的数字人民币交易信息应当属于自然人的私密信息。法院在庞某某诉中国某航空股份有限公司、北京某信息技术有限公司隐私权案中认为，基于合理事由掌握上述整体信息的组织或个人应积极地、谨慎地采取有效措施防止信息泄露。任何人未经权利人的允许，都不得扩散和不当利用能够指向特定个人的整体信息，而整体信息也因包含了隐私而整体上成为隐私信息，可以通过主张隐私权保护而寻求救济。[1]

2. 防范洗钱及非法融资风险

数字人民币是中国人民银行发行的数字货币，是以加密算法为基础，以国家主权信用背书的法定货币，具有价值特征和法偿性。而加密货币是指没有主权信用背书、去中心化、构建在区块链技术底层、采取加密技术的以数字化形式呈现的货币。很多犯罪分子开始利用加密货币具有“准货币”功能这一点，在毒品、枪支、色情服务业等黑色产业链的犯罪中用以支付，将犯罪所得及收益利用虚拟货币跨境兑换进行洗钱，推广加密货币非法交易，变相吸收公众存款，以提供加密货币增值服务为名，引诱参加者继续发展他人参加并骗取财物，扰乱经济社会秩序。

法院在陈某枝洗钱案中认为，陈某枝以银行转账、兑换比特币等方式帮助陈某波向境外转移集资诈骗款，构成洗钱罪；陈某波集资诈骗犯罪事实可以确认，其潜逃境外不影响对陈某枝洗钱犯罪的认定。[2] 法院在郝某某、杨

---

〔1〕 参见庞某某诉中国某航空股份有限公司、北京某信息技术有限公司隐私权纠纷案，北京市第一中级人民法院(2017)京01民终509号民事判决书。

〔2〕 参见《最高人民检察院、中国人民银行联合发布的惩治洗钱犯罪典型案例》，载中国人民银行网2021年3月19日，http://www.pbc.gov.cn/fanxiqianju/135153/135178/135227/4530402/index.html。

某案中认为，上诉人郝某某、杨某参与推广虚拟货币非法交易，变相吸收公众存款，扰乱国家金融管理秩序，数额巨大，其二人的行为均已构成非法吸收公众存款罪。[1] 法院在涂某某、舒某、黄某某开设赌场罪一案中认为，郑某等人成立杭州某科技有限公司，该公司以非法营利为目的，开发“币得”小程序。“币得”小程序中的夺宝、PK、竞猜等游戏采用以公信币为筹码下注的方式进行赌博，某公司以抽取手续费等形式进行抽头渔利，构成开设赌场罪。[2]

（三）数据脱敏

《个人信息保护法》规定，敏感个人信息包括生物识别、宗教信仰、特定身份、医疗健康、金融账户、行踪轨迹等以及不满 14 周岁未成年人的个人信息，处理敏感个人信息应当取得个人的单独同意；个人信息处理者应当在处理敏感个人信息、利用个人信息进行自动化决策、委托处理个人信息、向其他个人信息处理者提供个人信息、公开个人信息、向境外提供个人信息时，事前进行个人信息保护影响评估，并对处理情况进行记录。根据上述规定，个人金融账户属于敏感个人信息。中国人民银行及各商业银行应当在数据脱敏的情况下，运用人工智能技术对金融数据进行分析，进而对数字人民币的发行、流通等各环节进行详细分析，了解数字人民币的具体运行规律，制定调整货币的政策以及金融稳定性调控等调控性措施。

法院在李某某诈骗罪一案中认为，实务中判定公民个人信息敏感程度时，除应当考量其固有属性外，还应考量的关键因素在于敏感信息往往涉及公民人身和财产安全，一旦被非法获取、出售或者提供后，不仅严重危害公民的信息安全，而且极易引发多种关联犯罪，成为电信网络诈骗以及滋扰型“软暴力”等新型犯罪的根源，甚至与绑架、敲诈勒索、暴力追债等犯罪活动相结合，具有更大的社会危害性，这也是法律将其与侵犯一般公民个人信息行为设置不同入罪标准的原因所在。[3]

（四）算法合规

数字人民币是中国人民银行利用区块链核心技术，中心化发行和管理

---

〔1〕 参见郝某某、杨某集资诈骗案，广东省高级人民法院（2020）粤刑终 623 号刑事判决书。

〔2〕 涂某某、舒某、黄某某开设赌场案，浙江省杭州市西湖区人民法院（2020）浙 0106 刑初 416 号刑事判决书。

〔3〕 参见李某某诈骗案，福建省晋江市中级人民法院（2020）闽 0582 刑初 67 号刑事判决书。

的以加密算法为基础的法定货币。数字人民币通过加载不影响货币功能的智能合约实现可编程性，可根据交易双方商定的条件、规则进行自动支付交易，基于算法对数字人民币的交易行为进行监管与约束。算法，源自计算机科学的一个概念，是执行预定良好计算过程的计算机代码或指令，基于原始数据的输入通过自动化决策产生结果数据的输出。算法的出现和使用，是为了执行大规模重复的任务和计算，实现商业上高效快速的交易，实现公权力的运行具有广度、深度和效率。随着算法的日益广泛应用，算法已经成为促进政治、经济、文化和社会发展的工具。算法，简言之就是“数据处理活动”，收集处理数据，挖掘数据价值，涵盖了数据的生成、采集、存储、转换、处理和输出的全过程。算法应当遵循人类共同价值观，遵守国家或地区伦理道德；算法应当尊重人类主体地位，给用户选择权和决策权；算法应当抑制人类社会无处不在的歧视和偏见；算法应当保障用户的人身权和财产权。

算法，已经不是纯粹的计算机代码或指令，不再是简单的数据处理工具，而是被政府机构、社会团体、商业平台等预设了其利益或偏见的不透明自动化决策系统。“算法滥用”，即算法的不正当使用，借助算法的工具属性和算法“技术中立”的本质属性，将其利益或偏见嵌入算法运行的各个微观层面，嵌入新生产生活资料引发经济秩序和社会秩序重构，可能对公民权利、社会秩序、政治权力体系等造成一定的冲击。算法治理，就是对政府机构、社会团体、商业平台等控制算法的人采集、传输、分类、选择、分析、评估、控制数据方式的治理，是对算法自动化决策系统本质方面的深入理解，也是对社会秩序的一种治理。

在欧洲算法歧视第一案——“意大利户户送有限责任公司算法歧视案”中，法院认为，直接歧视是指因为宗教信仰、残疾、性取向等直接遭受到的不平等待遇，间接歧视是指表面公平公正的规定、标准、惯例、行为等可能导致间接的实质上的不平等待遇。直接歧视是主观意愿所致，而间接歧视则与公司主观意愿无关。表面上看意大利户户送有限责任公司的行为具有中立性，其平台系统对所有的骑手都适用而且并不针对任何人，但平台算法参数的设置没有考虑外卖骑手未赴约的真正原因，对外卖骑手产生一定的消极影响，实质上阻碍了外卖骑手参加工会、罢工、预防和治疗疾病等合法权利的行使，减少其未来获得工作的机会，属于间接歧视。[1]

第二节　加密货币刑民法律问题

货币是社会生产力发展到一定阶段的必然产物，其表现形式随着社会生产资料的变化而不断发展。加密货币是以数字形式存在的一种货币，伴随区块链底层技术发展，为适应社会生产资料变化应运而生，是建立在区块链技术上的一种具体应用，可以为元宇宙提供流动性。

一、加密货币的概念与特征

元宇宙是基于区块链底层技术而构建的下一代互联网生态，也是一个现实世界与虚拟世界相互映射的经济系统，而建立在区块链技术上的数字加密货币，其分布式网络结构、去中心化等特征使其可以构建 DAO，可以用于 DAO 的社区激励，有益于 DAO 的社区自治，得以为元宇宙中虚拟与现实资产提供流动性。加密货币，是指以数字形式存在、没有主权信用背书、去中心化、构建在区块链技术底层、采取加密技术的以数字化形式呈现的货币，不包括 Q 币、游戏代币、数字人民币等。

加密货币主要有以下特征：(1)由非有权机关发行；(2)不具有法偿性；(3)本质上是一种货币替代物；(4)是去中心化的；(5)是一种网络虚拟财产；(6)发行总量固定；(7)不代表实质商品或货物；(8)限量发行远离通货膨胀；(9)具有跨国高效传输性；(10)以私钥存储如丢失即不可恢复。基于加密货币的以上特征，使其天然存在监管难的属性，民众关于加密货币的交易面临较大的法律风险，同时也容易被犯罪分子用作赌博、贩毒、非法集资、洗钱等犯罪活动的工具，具有较高的刑事法律风险。

---

〔1〕 参见罗智敏：《算法歧视的司法审查——意大利户户送有限责任公司算法歧视案评析》，载《交大法学》2021 年第 2 期。

二、各国家或地区的加密货币相关监管政策

(一)中国的监管政策

1. 中国内地的监管政策

我国在加密货币领域的监管主要集中在禁止发行虚拟货币和代币发行融资,防范加密货币所带来的洗钱风险,对加密货币有着严格的监管政策。

2013 年 12 月 3 日,中国人民银行、工业化和信息部等五部门印发了《关于防范比特币风险的通知》。该通知明确了比特币的性质,认为比特币是一种特定的虚拟商品,不具有与货币等同的法律地位,不具有法偿性与强制性等货币属性,不能且不应作为货币在市场上流通使用。该通知要求各金融机构和支付机构不得开展与比特币相关的业务,加强对比特币互联网站的管理,防范比特币可能产生的洗钱风险。

2017 年 9 月 4 日,中国人民银行、最高人民法院、最高人民检察院等七部门发布了《关于防范代币发行融资风险的公告》。公告中指出,代币发行融资指融资主体通过代币的违规发售、流通,向投资者筹集比特币、以太币等所谓"虚拟货币"为非法金融活动,严重扰乱金融秩序,禁止国内所有组织和个人代币融资项目。同时,责令所有境内数字货币交易所限期关闭,并停止新用户注册。

2018 年 1 月 17 日,中国人民银行营业管理部支付结算处发布《关于开展为非法虚拟货币交易提供支付服务自查整改工作的通知》,要求辖区内各法人支付机构严禁为虚拟货币交易提供服务,并采取有效措施防止支付通道用于虚拟货币交易。

2021 年 5 月 18 日,中国互联网金融协会、中国银行业协会、中国支付清算协会联合发布《关于防范虚拟货币交易炒作风险的公告》,从行业自律的角度提出监管要求,金融机构、支付机构等会员单位不得用虚拟货币为产品和服务定价,不得承保与虚拟货币相关的保险业务或将虚拟货币纳入保险责任范围,不得直接或间接为客户提供其他与虚拟货币相关的服务,互联网平台企业会员单位不得为虚拟货币相关业务活动提供网络经营场所、商业展示、营销宣传、付费导流等服务。

2021 年 6 月 17 日,最高人民法院、最高人民检察院、公安部联合发布

《关于办理电信网络诈骗等刑事案件适用法律若干问题的意见(二)》(以下简称《意见(二)》)。《意见(二)》明确在公安机关调查案件过程中,虚拟货币经销商被明确告知其交易对象涉嫌电信网络诈骗犯罪,仍与其继续交易,符合《刑法》第287条之二规定的,以帮助信息网络犯罪活动罪追究刑事责任。明知是电信网络诈骗犯罪所得及其产生的收益,以明显异于市场的价格,通过虚拟货币等转换财物、套现,符合《刑法》第312条第1款规定的,以掩饰、隐瞒犯罪所得、犯罪所得收益罪追究刑事责任,但有证据证明确实不知道的除外。

2021年9月15日,中国人民银行等部门印发了《关于进一步防范和处置虚拟货币交易炒作风险的通知》,明确虚拟货币不具有与法定货币等同的法律地位,虚拟货币相关业务活动属于非法金融活动。本通知发布之日起,任何所谓的代币融资交易平台不得从事法定货币与代币、"虚拟货币"相互之间的兑换业务,不得买卖或作为中央对手方买卖代币或"虚拟货币",不得为代币或"虚拟货币"提供定价、信息中介等服务。各金融机构和非银行支付机构不得开展与代币发行融资交易相关的业务;各金融机构和非银行支付机构不得直接或间接为代币发行融资和"虚拟货币"提供账户开立、登记、交易、清算、结算等产品或服务,不得承保与代币和"虚拟货币"相关的保险业务或将代币和"虚拟货币"纳入保险责任范围。

2. 中国香港的监管政策

2022年7月,我国香港特别行政区政府向立法会提交《2022年打击洗钱及恐怖分子资金筹集(修订)条例草案》。如果修订的法例成功通过,2023年3月1日起,在香港从事虚拟资产交易的机构,或将只有在获得香港监管机构发放的牌照后才能合法经营。在未获得牌照的情况下经营此类业务,将面临巨额罚款和最高达7年的监禁。值得注意的是,在未获牌照的情况下,香港境外机构或人士向香港公众"积极推广其他地方的虚拟资产交易",将被视为犯有同样罪行[1]。所有在香港未持牌照的加密货币交易所,将不被容许在香港提供服务。

2022年10月31日,香港财经事务及库务局发表《有关虚拟资产在港发

---

[1] 参见裴昱:《香港强化反洗钱监管 虚拟资产、贵金属宝石交易或将"持牌经营"》,载中国经营网2022年7月22日,http://www.cb.com.cn/index/show/jj/cv/cv135358702060。

展的政策宣言》,其中就监管方面,香港特别行政区政府以“选择参与”的方式为虚拟资产交易所发牌。监管机构对虚拟资金和授权账户的管理事宜发布指引,同时其为银行和金融机构在发行虚拟资产相关产品、开展虚拟资产买卖或就虚拟资产的问题上提出指引[1]。

(二)其他国家和地区的监管政策

1. 美国的相关监管政策

2019 年 1 月 6 日,美国得克萨斯州银行业监管部门规定,一般加密货币不包括与法定货币兑换,因此无须根据该州的《货币服务法案》进行监管。但是,与法定货币相关联的加密稳定币应考虑按照货币兑换相关法律进行监督。

2019 年 10 月 18 日,美国国会公布了《加密稳定币即证券法》法案草案。该法案指出:“托管加密稳定币的发行人仍然坚持认为加密稳定币不是证券,因此国会必须通过修改‘证券’一词的法定定义包含托管加密稳定币来明确其含义。”因此,适用于股票和债券的所有法律也将适用于天秤货币等加密稳定币[2]。

2020 年 12 月 24 日,美国总统金融市场工作组(President's Working Group on Financial Markets,PWG)发布了《总统金融市场工作组关于加密稳定币相关关键监管问题的声明》,其中对货币稳定的限制提出了详细要求。目前,美国监管框架下的稳定货币只适用于在美国没有获得执照的稳定货币,如 USDT、GUSD 和 PAX,受管制的加密稳定币主要是指与美元相关的加密稳定币。

2. 欧盟的相关监管政策

2020 年 1 月 10 日,《欧盟反洗钱第五号指令》(Fifth Anti – Money Laundering Directive)正式生效,要求加密货币项目必须执行“了解你的客户”(Know Your Costomer,KYC)和“反洗钱”(Anti – Money – Laundering,AML)程序。

2020 年 9 月,欧盟委员会发布了《关于加密资产市场的全面监管提

---

[1] 《政府发表有关虚拟资产在港发展的政策宣言》,载香港特别行政区政府新闻公报网 2022 年 10 月 31 日,https://www.info.gov.hk/gia/general/202210/31/P2022103000455.htm。

[2] 参见王延川:《加密货币的治理路径:全球视角与中国策略》,载《西北大学学报(哲学社会科学版)》2020 年第 5 期。

案》(MiCA),首次提出在立法层面加强加密资产管理,为加密稳定币提出了定制的监管框架,并为加密资产服务提供商和发行商制定了一致的规则。该提案对具有巨大潜力的加密稳定币引入了更严格的合规义务,包括更强的资本、投资者和监管要求。不属于该提案定义范围的加密稳定货币(如 USDT)和不符合监管要求的加密稳定币,在欧洲联盟内不允许发行和交易。

3. 日本的监管政策

日本金融厅(Financial Services Agency,FSA)在 2017 年 3 月发布的《事务指引第三分册:金融公司相关》和日本 2017 年 4 月修订的《资金结算法》中,对虚拟货币的概念、虚拟货币交换公司的监管等提出了规定和指导方针。2018 年 10 月,FSA 表示,与法定币相关的加密稳定币原则上不属于日本《资金结算法》定义的虚拟货币。日本正在大力研究数字货币监管,FSA 已经设立了专门部门监管中心化金融。

4. 新加坡的监管政策

2020 年 1 月 28 日,新加坡金融管理局(Monetary Authority of Singapore,MAS)宣布《支付服务法案》于当天正式生效。根据该法案,所有数字货币交易所、电子钱包、OTC 平台都是支付型代币相关服务商,必须遵守相关的反洗钱和金融反恐规定,并申请相应的执照,以便合规运营,相关机构必须在 6 个月内向 MAS 申报。2021 年 1 月,新加坡议会通过《支付服务法修正案》,规定当地所有数字支付货币(DPT)服务企业,无论是提供加密货币交易还是托管服务的公司,都必须首先通过 MAS 审计并获得许可[1]。

5. 加拿大的监管政策

加拿大政府通过《犯罪收益(洗钱)和恐怖主义融资法》等规定规范加密货币的交易活动,"报告实体"(RE)以加密数字货币进行的交易均应遵守《犯罪收益(洗钱)和恐怖主义融资法》及相关法规,任何试图非法洗钱的交易都必须提交可疑交易报告[2]。

---

〔1〕 参见刘旭、尚昕昕:《稳定币跨境交易发展与国际监管经验研究》,载《南方金融》2022 年第 2 期。

〔2〕 参见张焞:《加密数字货币风险及规制》,载《证券市场导报》2021 年第 2 期。

三、与加密货币相关的刑事司法案例

加密货币具有“准货币”功能，加密货币的价值具有相对稳定性，可以在公链上通过私钥长期保存，具有现实的交换价值，可用于实物的支付和跨境支付，可以视为刑法上的财产予以保护。目前，司法实践中与加密货币相关的刑事司法案例或是利用加密货币掩饰隐瞒犯罪所得，或是将加密货币作为犯罪对象，或是违法进行代币融资活动等，所涉及罪名包括但不限于洗钱罪，组织、领导传销活动罪，走私、贩卖、运输毒品罪，非法吸收公众存款罪，诈骗罪，盗窃罪，开设赌场罪，非法控制计算机信息系统罪，非法获取计算机信息系统数据罪，非法经营罪等。

1. 洗钱罪：陈某枝洗钱案，系最高人民检察院发布的利用虚拟货币洗钱的典型案例

法院认为，被告人陈某枝明知是金融诈骗犯罪的所得及其产生的收益，为掩饰、隐瞒其来源和性质，提供资金账户，将财产分别转换成人民币和虚拟货币，通过转账协助资金转移汇往境外，其行为已构成洗钱罪。法院判决陈某枝犯洗钱罪，判处有期徒刑 2 年，罚金人民币 20 万元。

本案典型意义为：加密货币被利用成为跨境洗钱的新型手段。尽管我国有关部门已经明令禁止了代币的发行、流通，但是各个国家和地区对于加密货币的监管政策却不尽相同，因此，加密货币可以在某些国外虚拟货币服务商、交易所之间进行货币的自由交换，为跨境洗钱留下了空间。行为人使用加密货币进行跨国交易，将犯罪收入和所得转化为国外合法的货币和财物，其洗钱金额以现实货币的实际价值为准。

在我国打击利用加密货币实施的洗钱犯罪中，从使用加密货币进行洗钱活动的交易特征入手，查明行为人在赃款、加密货币及法定货币之间进行兑换的过程，收集相关证据如加密货币地址、密钥、行为人与加密货币持有人的联系、货币流动等。本案为我国及国际反洗钱组织提供了成功案例，也给企图利用加密货币洗钱的不法分子敲响警钟[1]。

2. 贩卖毒品罪：郭某明等人贩卖毒品案，系最高人民检察院发布的利用

---

〔1〕 参见《最高人民检察院、中国人民银行惩治洗钱犯罪典型案例》，载最高人民检察院网 2021 年 3 月 19 日，https://www.spp.gov.cn/spp/xwfbh/wsfbt/202103/t20210319_513155.shtml#2。

虚拟货币贩卖毒品的典型案例

本案典型意义为:利用加密货币贩毒是一种新型的网络毒品犯罪。境外网络及加密货币交易平台有隐匿性强、信息传播快、跨地域方便等特点,贩毒分子利用以上特点成立网络群体,通过虚拟货币支付交易,以邮寄方式进行毒品买卖,为司法机关收集证据带来了极大的难度。本案中司法机关对于能够交换加密与自毁消息的即时通信工具,采取了技术手段对其云端聊天记录进行调取,全程录音录像,制作电子远程勘查笔录;同时通过区块链技术,查明贩毒者收取加密货币的链接地址和行为人网络钱包地址之间是否发生了加密货币的流转,完善证据链条,为新型网络毒品犯罪案件的侦查、取证和审判提供了重要的参考[1]。

3. 诈骗罪:何某诈骗罪案,系重庆市高级人民法院公布的利用虚拟货币之名诈骗的典型案例

本案典型意义为:本案行为人通过设计开发能够通过移动互联网发行虚假数字货币 BAC 币的手机软件,谎称该货币为中国人民银行发行的具有升值潜力的数字货币,利用微信群传播,导致6 万人被骗购买该货币,诈骗金额高达 1.5 亿元人民币。本案是以投资加密货币之名行电信诈骗之实的典型案例,行为人以“区块链”“金融创新”的名义,利用投资人对短期收益的盲目追逐,在网络上发布“虚拟货币”“虚拟资产”“数字资产”等消息,将大量的金钱收入囊中。该类犯罪中,犯罪集团具有组织性,犯罪手段极具迷惑性,犯罪金额特别巨大,受害人数量大,社会影响极其恶劣。本案在打击以加密货币名义进行电信网络诈骗的行为、净化网络空间具有深远意义,为加密货币的投资者也起到重要的警示作用[2]。

4. 侵犯商业秘密罪:孙某某侵犯商业秘密罪案,系北京市高级人民法院发布的以虚拟货币认定违法所得,侵犯商业秘密的典型案例

本案典型意义为:本案是侵犯商业秘密罪中将收取加密货币认定为违法所得的典型案例。侵犯商业秘密罪中,关于违法所得的数额认定,需要以具体财物价值或以金钱计算的财产性利益来衡量,而加密货币在司法实践

---

〔1〕 参见《检察机关依法惩治寄递违禁品犯罪典型案例》,载最高人民检察院网 2021 年 11 月 25 日,https://www.spp.gov.cn/xwfbh/wsfbt/202111/t20211125_536338.shtml#2。

〔2〕 参见《重庆法院网络空间司法保障典型案例(第四批)》,载微信公众号“重庆市高级人民法院”2022 年 6 月 17 日,https://mp.weixin.qq.com/s/eZTZucENhqsUrX - AM2FkTg。

中更多被认定为是一种虚拟的商品,很少被认定为刑法意义上的财物或财产性利益,且加密货币的价格波动较大,其实际的法定货币单位价值难以确定。本案则是将行为人在加密货币交易平台出售该货币所得钱款认定为违法所得的具体金额。本案的计算方式,为司法实践中处理以加密货币交易的犯罪在数额认定上提供了重要的参考。[1]

5. 非法控制计算机信息系统罪:秦某非法控制计算机信息系统案,系重庆市高级人民法院发布的非法入侵并控制他人计算机系统进行"挖矿",获取虚拟货币的典型案例

本案典型意义为:本案系非法入侵并控制他人计算机系统进行"挖矿"牟利,严重扰乱计算机网络管理秩序的典型案例。本案中行为人利用木马病毒程序入侵他人多台计算机,远程控制该计算机系统"挖矿"以获取加密货币,通过该加密货币获利。本案通过打击此类犯罪,保障了信息网络空间的安全,也为加密货币的使用、取得、持有营造了良好的网络秩序。[2]

6. 组织、领导传销活动罪:陈某、丁某清等组织、领导传销活动案

法院认为,被告人陈某等以经营活动为名,要求参加者以缴纳费用方式获得加入资格,并按照一定顺序组成层级,直接或间接以发展人员的数量作为计酬或者返利的依据,引诱参加者继续发展他人参加,骗取财物,扰乱经济社会秩序,情节严重,其行为构成组织、领导传销活动罪[3]。

本案司法意义为:本案是通过加密货币增值平台进行传销活动的犯罪。行为人通过信息网络,在国内外利用加密货币增值平台,要求参加者通过上线的推荐取得会员账号,只有缴纳一定价值的加密货币,才能获得平台收益。会员间按照推荐发展的加入顺序组成上下线层级,并根据发展下线会员数量和投资资金的数量,将会员分为五个等级,直接或者间接以发展人员数量及缴费金额作为返利依据。本案打击了以加密货币增值、交易为名的传销活动,本案的判决将为类似案例提供重要的参考依据。

---

〔1〕 参见《北京法院发布2021年度知识产权司法保护十大案例》,载微信公众号"京法网事"2022年4月20日,https://mp.weixin.qq.com/s/gwgjgL7m01RF2YoPwu8NGA。

〔2〕 参见《重庆市网络空间司法保障典型案例(第二批)》,载微信公众号"重庆市高级人民法院"2021年9月1日,https://mp.weixin.qq.com/s/ECn2BRdf1aLGOL9nqcY2w。

〔3〕 参见江苏省盐城市中级人民法院刑事裁定书,(2020)苏09刑终488号。

7. 非法吸收公众存款罪:郝某声、杨某非法吸收公众存款案

法院认为,被告人郝某声、杨某参与推广虚拟货币非法交易,变相吸收公众存款,扰乱国家金融管理秩序,数额巨大,其二人的行为均已构成非法吸收公众存款罪[1]。

本案司法意义为:本案是以推广加密货币交易为手段非法吸收公众存款的司法案例。本案中行为人向社会公众公开销售 LCC 币,以高回报为诱饵,吸引社会公众购买投资。本案提醒加密货币的投资者要理性看待加密货币投资,避免陷入非法集资活动。

8. 诈骗罪:陶某正申诉驳回案

法院认为,陶某泽明知某公司作为交易平台的设置者不能参与商品交易,却通过能够利用交易软件后台查看客户的投资趋势,设置交易账户,向账户内充值数额巨大的虚拟货币等条件,指令公司的操盘手通过设置的账户使用虚拟货币进行与客户反方向的买入或卖出操作,操纵交易价格,致使客户遭受巨大的经济损失,而某公司通过自身参与的买卖行为获得巨额利益。陶某泽等人在客户不知情的情况下,在公司能够控制的交易系统上设置账户,注入放大无数倍的虚拟资金,与客户对冲操作骗取客户钱款,其行为符合诈骗罪的构成特点[2]。

本案司法意义为:本案是商品交易平台的设置者以平台的虚拟货币与客户反向操作,诈骗投资者利益的案例。该平台上的虚拟货币并非真正意义上去中心化的加密货币,而是有实际设置者和操控者的"虚拟货币",设置者以该货币操纵交易价格的"割韭菜"行为是典型的诈骗行为。

9. 合同诈骗罪:林某伟合同诈骗案

法院认为,被告人林某伟与被害人约定,被害人转账给被告人林某伟,委托其申购 TBC,被告人林某伟应于当晚申购成功后返还给被害人中签的 TBC 和未中签的钱款。被告人林某伟在微信群聊宣称通过其在 898 平台进行数字货币 TBC 认购"保底二倍",在未按约定退款时谎称钱款被他人转走,在被害人没有委托其将中签的数字货币及未中签的款项进行交易的情况下,持续多次交易买入 TBC 数字货币,而其称以上行为属于失误操作的行

---

[1] 参见广东省高级人民法院刑事判决书,(2020)粤刑终 623 号。

[2] 参见辽宁省高级人民法院驳回申诉通知书,(2021)辽刑申 205 号。

为亦不符常理,上述行为足以证实被告人林某伟主观上具有非法占有的目的,客观上其未按约定履行合同,在履行合同过程中,骗取他人财物,数额较大,其行为已构成合同诈骗罪〔1〕。

本案司法意义为:本案为委托购买加密货币所引发的合同诈骗案。行为人在约定条件满足时应交付款项,但以虚构事实的方式拒不交付,且擅自使用被害人资金多次购买加密货币,符合合同诈骗罪的行为特征。值得注意的是,在司法实践中委托代购加密货币的案件并非均构成合同诈骗,多为民事合同纠纷,只有在行为人符合以非法占有为目的,在签订、履行合同过程中通过虚构事实、隐瞒真相的手段骗取对方当事人财物的构成要件时,才按合同诈骗罪处理。

10. 盗窃罪:丁某盗窃案

法院认为:(1)上诉人丁某从未受被害人委托而保管被害人的瑞波币,其行为不构成侵占罪,而是符合盗窃罪秘密窃取的特征,应认定为盗窃罪。(2)《刑法》第287条规定,利用计算机实施盗窃等犯罪的,依照该法有关规定定罪处罚,故辩护人提出本案认定非法获取计算机信息系统数据罪的意见亦不能成立。(3)2017年9月,中国人民银行等七部门发布公告,禁止中间交易平台从事瑞波币等"虚拟货币"的平台兑换、买卖业务,但本案案发时瑞波币仍可交易、兑换,具有经济价值,可以成为盗窃罪的犯罪对象。(4)上诉人丁某将被害人的瑞波币秘密转移到其自己的账户时,其盗窃行为就已经完成;其随即通过中间交易平台将窃得的瑞波币出售得款人民币99万余元,该价格系瑞波币案发时的市场价格,原判据此认定盗窃数额并无不当〔2〕。

本案司法意义为:本案系行为人利用事先掌握被害人的加密货币账户密钥,盗窃加密货币的案例。本案认定案发时加密货币属于可交易、可兑换的状态,认定加密货币为刑法上所保护的财物,因此构成盗窃罪而不是非法获取计算机信息系统数据罪。犯罪数额以出售加密货币所得金额认定,为盗窃加密货币的行为定性及数额认定提供了司法判例支持。

11. 敲诈勒索罪:高某、李某林等敲诈勒索案

法院认为,上诉人密某芳、高某、李某奎、辛某伟、密某队、原审被告人李

---

〔1〕参见广东省深圳市罗湖区人民法院刑事判决书,(2020)粤0303刑初137号。

〔2〕参见浙江省杭州市中级人民法院刑事裁定书,(2018)浙01刑终333号。

某林以非法占有为目的，采取威胁的手段，强行索取他人财物，数额特别巨大，其行为均已构成敲诈勒索罪，依法均应予以惩处。关于密某芳辩护人提出本案涉案的以太坊币、EOS 币为虚拟货币，虚拟货币不属于《刑法》保护的“公私财物”，不能成为敲诈勒索罪的犯罪对象的辩护意见，经查，以太坊币、EOS 币是一种网络虚拟财产，是互联网的产物，依托于互联网而存在。虽然我国不承认其货币属性，认为其不具有法偿性与强制性，不是真正意义上的货币，但其交易作为一种在互联网上的商品买卖行为，普通民众在自担风险的前提下拥有参与自由，且其具有可兑换性，在互联网交易平台上能够兑换成实际的货币，故其应当属于《刑法》保护的财物范围，故对此节辩护意见法院不予采纳。至于本案的涉案金额，因为涉案的以太坊币、EOS 币在网络交易平台上可以交易、转换成实际的货币，本身具有价值，且代币平台每天都会公布交易价格，故原审以犯罪时涉案以太坊币、EOS 币的交易价格认定本案的犯罪金额并无不当〔1〕。

本案司法意义为：本案是行为人敲诈勒索加密货币的犯罪行为。本案将加密货币的交易认定为商品买卖行为，事实上具有可兑换性，因此属于刑法上所保护的财物。而与前述案例不同的是，本案并非以加密货币出售所得作为犯罪金额，而是将犯罪时代币平台所公布的相关加密货币交易价格认定为犯罪金额，该认定方式是刑事诉讼司法实践对加密货币的财产属性予以保护的又一种体现。

12. 非法获取计算机信息系统数据罪：孟某林、刘某非法获取计算机信息系统数据案

法院认为，以太币作为一种特定的虚拟商品，与金钱财物等有形财产、电力燃气等无形财产存在明显差别，将其解释为刑法意义上的“公私财物”，超出了司法解释的权限，将诈骗以太币认定为诈骗罪有违罪刑法定原则。七部委公告仅否定以太币等“虚拟货币”的货币属性并禁止代币发行融资活动，并未否定私人持有以太币的合法性，也未禁止其成为私人间交付或流转的客体；我国《民法总则》（已失效）第 127 条有关“法律对数据、网络虚拟财产的保护有规定的，依照其规定”等内容标志数据、网络虚拟财产正式进入民法调整和保护的范围，以太币是依据特定的算法，通过大量的计算产生，

〔1〕 参见陕西省宝鸡市中级人民法院刑事判决书，(2020)陕 03 刑终 96 号。

实质上是动态的数据组合，其法律属性是计算机信息系统数据，依法属于《刑法》“非法获取计算机信息系统数据罪”所保护的对象[1]。

本案司法意义为：本案是行为人骗取加密货币，最终认定为非法获取计算机系统数据罪的司法案例。本案中行为人通过微信发出其收购加密货币的虚假信息，被害人因信任行为人而将加密货币转入行为人指定的加密货币钱包，但行为人随即将被害人微信拉黑并将被害人踢出微信群。该行为是典型的骗取型行为，但本案的争议焦点为加密货币是否属于刑法上所保护的财物。本案认定加密货币属于计算机信息系统数据而非刑法上所保护的财物，应为非法获取计算机信息系统数据罪所保护的对象而非诈骗罪所保护的对象，与前述案例的认定恰好相反。由此可见，加密货币的属性在我国刑事司法领域中的认定并不统一，仍需进一步立法予以明确。

13. 开设赌场罪：涂某君、舒某、黄敏某开设赌场案

法院经审理查明，某公司以非法营利为目的开发“币得”小程序。“币得”小程序中的夺宝、PK、竞猜等游戏采用以公信币为筹码下注的方式进行赌博，某公司以抽取手续费等形式进行抽头渔利。被告人涂某君在明知某公司利用“币得”小程序开设赌场营利的情况下，入股该公司并获得相应分红。被告人舒某系某公司副总，在明知公司利用“币得”小程序开设赌场营利的情况下，参与公司经营管理，为“币得”小程序的研发提供技术支撑并获取报酬。

法院认为，被告人涂某君、舒某、黄敏某利用互联网开设赌场，情节严重，其行为均已构成开设赌场罪[2]。

本案司法意义为：本案是行为人开设以加密货币为筹码赌博的小程序，构成开设赌场罪的案例。加密货币因其去中心化、监管难、可买卖等特点，在现实中存在被用于赌博或其他非法活动的情况，这提示与加密货币相关的从业人员需谨慎对待加密货币，而加密货币相关企业更需要对自身业务进行合规审查，以免违反法律。

14. 帮助信息网络犯罪活动罪：刘某、秦某等帮助信息网络犯罪活动案

法院认为，刘某在买卖虚拟货币过程中，明知部分资金来源于犯罪活

---

〔1〕 参见浙江省温州市中级人民法院刑事裁定书，(2019)浙03刑终1117号。

〔2〕 参见浙江省杭州市西湖区人民法院刑事判决书，(2020)浙0106刑初416号。

动，仍与他人通过微信联系，商议“洗钱”，后使用在本人或他人名下的多张银行卡，有明确指向地快速买进和出售“火币”“中币”等虚拟货币或者接收涉案资金，并将部分资金转入对方指定的银行账户，且在其多张银行卡因涉嫌电信诈骗被司法机关冻结后，为规避侦查，继续使用他人银行卡或通过其他方法进行交易。结合刘某的认知能力、涉案虚拟货币交易及资金流转方式、特点等，足以认定其明知他人利用信息网络实施犯罪，仍以买卖虚拟货币的方式为对方提供支付结算帮助，其行为符合帮助信息网络犯罪活动罪的构成要件〔1〕。

本案司法意义为：本案是行为人利用加密货币帮助信息网络犯罪活动支付结算的司法案例。因加密货币具有不记名、私密性强等特点，其交易行为可被犯罪分子用于转移犯罪所得资金，该类行为除构成帮助信息网络犯罪活动罪外，还可能构成掩饰隐瞒犯罪所得罪、洗钱罪等犯罪。

15. 非法经营罪：罗某波非法经营案

法院认为，被告人罗某波、裴某毫、赖某娇、林某明违反国家规定，经营代币融资交易平台，发行代币吸收资金，进行非法网络平台的经营活动，扰乱市场秩序，情节严重，其行为均已构成非法经营罪〔2〕。

本案司法意义为：本案是行为人经营代币融资交易平台，认定为非法经营罪的司法案例。在司法实践中，经营加密货币相关的金融服务往往因未取得特别许可，而易被定性为非法经营行为。该类行为涉嫌违反我国对于加密货币的监管政策，有较高的刑事风险。

四、与加密货币相关的民事司法案例

我国对加密货币的监管政策较为严格，投资和交易加密货币的行为在我国不受法律保护，委托购买、出售加密货币的委托合同关系无效；但加密货币本身属于民法典上的交易对象，具有应当受到法律保护的“民事利益”；加密货币本身可以作为一般法律意义上的财产受到法律的平等保护；不得支持加密货币与法定货币之间的兑付、交易；用加密货币抵扣欠款的行为属于违法行为，不受法律保护。据统计，在加密货币相关民事纠纷中，委托合

〔1〕 参见甘肃省平凉市中级人民法院刑事裁定书，(2021)甘08刑终187号。

〔2〕 参见湖南省邵阳市双清区人民法院刑事判决书，(2020)湘0502刑初75号。

同纠纷共占 52%，不当得利纠纷占 8%，买卖合同纠纷占 13%，其他纠纷占 27%〔1〕。我国现有主要司法观点及案例如下：

1. 禁止加密货币与法定货币之间的变相兑付、交易：高某申请撤销仲裁裁决民事特别程序案（国内首例"撤销比特币仲裁案"）

2018 年 11 月 15 日，司法部在微博上发布消息称："首例比特币仲裁案在深圳作出，该仲裁裁决确认比特币具有财产属性并受法律保护。"随后，该案件的被申请人高某向深圳市中级人民法院提起撤销仲裁裁决的申请。深圳市中级人民法院于 2020 年 4 月 26 日作出判决，支持高某的请求，裁定撤销深圳仲裁委员会的上述裁决。该案引起了社会的广泛关注。

法院认为，本案争议焦点为涉案仲裁裁决是否存在违背社会公共利益的情形。中国人民银行、工业和信息化部、中国银行业监督管理委员会〔2〕、中国证券监督管理委员会和中国保险监督管理委员会〔3〕联合发布的《关于防范比特币风险的通知》（银发〔2013〕289 号）明确规定，比特币不具有与货币等同的法律地位，不能且不应作为货币在市场上流通使用。2017 年中国人民银行等七部门联合发布《关于防范代币发行融资风险的公告》，重申了上述规定。同时，从防范金融风险的角度，进一步提出任何所谓的代币融资交易平台不得从事法定货币与代币、虚拟货币相互之间的兑换业务，不得买卖或作为中央对手方买卖代币或虚拟货币，不得为代币或虚拟货币提供定价、信息中介等服务。上述文件实质上禁止了比特币的兑付、交易及流通，炒作比特币等行为涉嫌从事非法金融活动，扰乱金融秩序，影响金融稳定。涉案仲裁裁决中高某赔偿李某与比特币等值的美元，再将美元折算成人民币，实质上是变相支持了比特币与法定货币之间的兑付、交易，与上述文件的精神不符，违反了社会公共利益，该仲裁裁决应予撤销〔4〕。

本案司法意义为：本案为否认加密货币与法定货币之间变相兑付、交易

---

〔1〕 参见许多奇、蔡奇翰：《我国加密货币财产属性的司法认定——以金融法与民商法的二维区分为视角》，载《上海政法学院学报（政治论丛）》2021 年第 6 期。

〔2〕 2018 年将中国银行业监督委员会和中国保险监督委员会的职责整合，组建中国银行保险监督管理委员会，作为国务院直属事业单位，不再保留中国银行业监督管理委员会、中国保险监督管理委员会。

〔3〕 已不存在该委员会，职责现由中国银行保险监督管理委员会实施。

〔4〕 参见高某申请撤销仲裁裁决特别程序案，广东省深圳市中级人民法院（2018）粤 03 民特 719 号民事裁定书。

的案例。本案中,原仲裁裁决支持加密货币、美元、人民币之间的折算,被认为违反了我国关于加密货币的监管政策以及社会公共利益。本案为司法机关及仲裁机构在处理加密货币相关案件时,明确了禁止事项,避免民众通过法院或仲裁机构的裁判来变相实现加密货币的流通。

2. 加密货币投资风险自担:刘某业、邓某群委托合同纠纷案

法院认为,金融投资是一种高风险的行业,投资者自行承担投资风险是金融市场的基本原则,更何况刘某业投资的产品并非经有关部门批准的合法理财产品,在邓某群已按照刘某业的要求为其购买了虚拟货币的情况下,相关投资风险应由刘某业自行承担〔1〕。

本案司法意义为:本案是委托购买加密货币合同纠纷的司法案例。本案中,加密货币被认定为不属于合法的理财产品。民事合同具有意思自治的特点,在被委托人未违反合同义务的情况下,投资者应当自担风险,因此亦提醒欲投资加密货币的投资者,应当在充分了解投资风险的情况下谨慎抉择。

3. 加密货币属于民法典上的交易对象,具有应当受到法律保护的"民事利益",但不支持因加密货币现金市场价值波动产生"交易差"而进行赔偿:冯某然与北京乐某达网络科技有限公司合同纠纷

法院认为,首先,从权利义务内容角度,乐某达公司作为第三方机构,为比特币、比特币现金交易的买卖双方提供交易平台,办理提现、结算服务,并据此收取服务费用,乐某达公司并不参与具体的比特币或比特币现金交易,因比特币、比特币现金价值波动产生的交易差,不属于乐某达公司提供服务的范畴,不宜成为判断乐某达公司责任范围的依据。其次,从比特币、比特币现金交易性质角度来看,其市场价值波动较大,对于交易时间、交易量的判断没有统一、确定的标准,依赖于交易人个体的知识、经验、偏好,并与市场交易行情密切相关。在此情况下,乐某达公司未及时提供提现、结算服务,对于比特币、比特币现金最终交易结果的影响不具有当然性和确定性,不符合《合同法》〔2〕关于损失"可预见性"的规定。最后,从损失发生应当具

---

〔1〕 参见邓某群诉刘某业委托合同纠纷案,广东省佛山市中级人民法院(2020)粤06民终11267号民事判决书。

〔2〕 法院判决时以当时生效的《合同法》为依据。2021年1月1日《民法典》正式实施,《合同法》同时废止,关于损失"可预见性"的规定可参见《民法典》第584条。

有客观性角度来看，本案冯某然起诉乐某达公司，要求提取其在 okcoin 平台账户中的比特币现金，在比特币现金尚未交付，更没有完成与实体货币兑换的情况下，所谓的交易差损失并没有现实发生，冯某然截取部分特定时间段的比特币、比特币现金市场价格差为依据主张其损失范围，亦没有现实的依据[1]。

本案司法意义为：本案是加密货币交易平台及注册用户之间关于持有及价格差之争的司法案例。本案明确了加密货币具有虚拟商品的法律性质，认定加密货币为民法典上的交易对象，应当受到法律保护，因此最终判令平台依其运行规则向注册用户发放特定数量的加密货币。同时，亦因为加密货币为虚拟商品，且考虑到加密货币市场价格波动极大的客观情况，本案并不认同存在现金市场价值波动的“交易差损失”。本案为阐明加密货币的商品属性提供了案例支持。

4. 公民投资和交易加密货币是个人自由，但不受法律保护：刘某荣与诸某隆、朱某端委托合同纠纷案

法院认为，非法债务不受法律保护。UN 虚拟货币是一种类似于比特币的网络虚拟货币，不具有法偿性和强制性等货币属性，并不是真正意义上的货币。从性质上看，UN 虚拟货币应当是一种特定的虚拟商品，不具有与货币等同的法律地位，不能且不应作为货币在市场上流通使用，公民投资和交易 UN 虚拟货币这种不合法物的行为虽系个人自由，但不能受到法律的保护。刘某荣委托诸某隆、朱某端投资和交易 UN 虚拟货币的行为在我国不受法律保护，刘某荣委托两被告购买 UN 虚拟货币造成的后果应当由刘某荣自行承担。[2]。

本案司法意义为：本案是委托购买加密货币合同纠纷的司法案例。本案与前文的“刘某业、邓某群委托合同纠纷案”相似，否认了加密货币的货币属性及作为理财产品合法性，强调了加密货币的商品属性，明确公民投资、交易加密货币属于个人自由，但该投资、交易行为不能受到法律的保护。由此可见，在加密货币的投资理财类纠纷案件中，司法机关往往认为投资损失

---

[1] 参见冯某然诉北京乐某达网络科技有限公司合同纠纷案，北京市第一中级人民法院（2018）京01 民终 9579 号民事判决书。

[2] 参见刘某荣诉诸某隆、朱某端委托合同纠纷案，江苏省南京市江宁区人民法院（2019）苏 0115 民初 17183 号民事判决书。

应由投资人自行承担。

5. 在不当得利返还案件中,法院承认加密货币的财产属性:北京薪某宝科技有限公司与陈某峰不当得利纠纷案

法院认为,因他人没有法律根据,取得不当利益,受损失的人有权请求其返还不当利益。原告向被告实名注册的以太坊账户支付了20ETH,有转账记录、某有限公司的回复函为证,法院予以确认。现原告要求被告返还20ETH,理由正当,法院依法应予支持。法院认为,目前国家未认可"虚拟货币"的货币属性,禁止其作为货币进行流通使用等金融活动,但并未否认以太币可以作为一般法律意义上的财产受到法律的平等保护〔1〕。

本案司法意义为:本案是因错误交付加密货币引发的不当得利纠纷司法案例。本案认可了加密货币的财产属性,应受到法律的保护,最终判决被告返还加密货币。由此可见,在涉及关于加密货币的商品属性或财产属性的案件时,与处理加密货币投资理财类纠纷不同,司法机关此时往往将加密货币作为法律意义上的财产予以保护,可见司法机关在处理加密货币相关案件时,会因案件所强调的加密货币属性的不同而作出大相径庭的处理。

6. 加密货币交易不受保护:崔某杰、山某等确认合同无效纠纷案

法院认为,崔某杰在公告发布之后仍投资"虚拟货币",其与山某交易"虚拟货币"的行为不受法律保护,其基于投资"虚拟货币"产生的交易风险及相应后果应由其自行承担。因此,一审法院驳回崔某杰要求确认其与山某之间关于投资"虚拟货币"的约定无效和山某返还购买"虚拟货币"的款项及相应利息的诉讼请求,是正确的〔2〕。

本案司法意义为:本案是投资、交易加密货币所引发的合同纠纷。在本案中,司法机关明确此类投资中交易加密货币不受法律保护,风险由投资人自担。值得注意的是,在此类案件中,司法机关并未对双方之间的合同效力作出评价,而是直接驳回了原告包括确认合同无效在内的诉讼请求。

---

〔1〕 参见北京薪某宝科技有限公司诉陈某峰不当得利纠纷案,上海市虹口区人民法院(2018)沪0109民初11568号民事判决书。

〔2〕 参见崔某杰诉山某等确认合同无效纠纷案,广东省深圳市中级人民法院(2020)粤03民终10992号民事判决书。

7. 加密货币抵扣欠款的行为违法：雷某华与张某波合同纠纷案

法院认为，上诉人主张被上诉人偿还的款项应包括用20,000元虚拟货币抵扣的16,000元，理由为被上诉人用来抵扣的虚拟货币属于违法经营产生的违法虚拟货币，且没有任何价值。对此法院认为，根据2017年9月4日中国人民银行等部门发布的《关于防范代币发行融资风险的公告》，虚拟货币不是货币当局发行的法定货币，不具有代偿性和强制性等货币属性，并不是真正意义上的货币，不具有与货币等同的法律地位，不能且不应作为货币在市场上流通使用。据此规定，上诉人与被上诉人之间用虚拟货币抵扣欠款的行为属于违法行为，不受法律保护〔1〕。

本案司法意义为：本案为欠款中包含虚拟货币抵扣交易部分的合同纠纷司法案例。本案中，当事人曾约定以虚拟货币抵扣部分涉案欠款，司法机关认定该抵扣交易的部分属于违法行为，不受法律保护，为防止虚拟货币的变相流通，遂不予支持该部分诉讼请求。

8. 比特币具备虚拟财产、虚拟商品的属性，应受到法律的保护：闫某东等与李某艳等财产损害赔偿纠纷案

法院认为，比特币属于网络虚拟财产，应受法律保护。理由如下：第一，《民法总则》第127条规定〔2〕："法律对数据、网络虚拟财产的保护有规定的，依照其规定。"因此，法律对网络虚拟财产的保护持肯定态度。第二，系争比特币属于网络虚拟财产，应受法律保护。比特币是以区块链技术为基础的加密型"货币"，其生成机制为：通过"矿工""挖矿"生成，"挖矿"可以由身处全世界任何地点的任何人担任，"挖矿"是指"矿工"根据设计者提供的开源软件，提供一定的计算机算力，通过复杂的数学运算，求得方程式特解的过程，求得特解的"矿工"得到特定数量的比特币作为奖赏。比特币的物理形态为成串的复杂数字代码。要获得比特币，既需要投入物质资本用于购置与维护具有相当算力的专用机器设备，支付机器运算损耗电力能源的相应对价；也需要耗费相当的时间成本，该过程及劳动产品的获得凝结了人类抽象的劳动力，同时比特币可以通过金钱作为对价进行转让，并产生经济

---

〔1〕 雷某华诉张某波合同纠纷案，广东省深圳市中级人民法院（2020）粤03民终24432号民事判决书。

〔2〕 法院判决时适用当时生效的《民法总则》，2021年1月1日《民法典》正式实施，《民法总则》同时废止。关于《民法总则》第127条规定，可参见《民法典》第127条。

收益。因比特币具有价值性、稀缺性、可支配性等特点，故其具备了权利客体的特征，符合虚拟财产的构成要件。中国人民银行等部门曾发布《关于防范比特币风险的通知》（2013 年）、《关于防范代币发行融资风险的公告》（2017 年）等文件，虽然否定了此类“虚拟货币”作为货币的法律地位，但上述规定并未对其作为商品的财产属性予以否认，我国法律、行政法规亦并未禁止比特币的持有。《关于防范比特币风险的通知》中更提及“从性质上看，比特币应当是一种特定的虚拟商品”。因此，比特币具备虚拟财产、虚拟商品的属性，应受到法律的保护[1]。

本案司法意义为：本案是侵权行为导致产生财产损害纠纷的司法案例。本案明确了加密货币具有商品属性及财产属性，属于法律保护的范畴。此外，在本案中还提及当无法返还交付的加密货币时，应如何计算赔偿价值的问题。本案一审中以加密货币境外交易网站公布的价格计算该赔偿价值，二审法院认为该网站并非我国认可的虚拟币交易价格信息发布平台，故对此予以否认，最终二审法院以双方当事人均认可的价格作为赔偿价值的计算依据。该案对于认定加密货币的财产属性及无法实现交付时的赔偿价值的认定具有重要意义，为类似的加密货币纠纷的解决提供了新的裁判思路。

[1] 参见李某艳等诉闫某东等财产损害赔偿纠纷案，上海市第一中级人民法院（2019）沪 01 民终 13689 号民事判决书。

第六章 构建虚拟世界之虚拟现实

◇ 第一节 构建元宇宙虚拟世界之虚拟现实

虚拟现实是新一代信息技术的集合,融合了仿真技术与计算机图形学、人机接口技术、传感技术、人工智能等多种技术,现已广泛运用到军事、工业、游戏、文化旅游等领域。虚拟现实技术构建了元宇宙中的虚拟世界,并以虚实融合的方式形成现实世界和虚拟世界的相互映射。

一、虚拟现实的发展历程

1935 年,小说家斯坦利·温鲍姆(Stanley Weinbaum)在小说《皮格马利翁的眼镜》中描述了一款 VR 眼镜,该 VR 眼镜可以提供视觉、嗅觉、触觉等全方位沉浸式体验。[1] 1962 年,莫顿·海利希(Morton Heilig)试图研发一款名为"体验剧场"(Sensorama)的虚拟现实原形机,但没有成功。[2] 1994 年,日本游戏公司世嘉株式会社(Sega)和任天堂陆续推出"世嘉 1 号"(Sega VR－1)和"虚拟男孩"(Virtual Boy)等 VR 产品应用在游戏领域,但因为市

---

〔1〕 参见《虚拟现实(VR)发展史:从 1838 年到 2021 年》,载搜狐网 2022 年 4 月 15 日,http://news.sohu.com/a/538233866_121375603。

〔2〕 参见《一年之内鸡飞蛋打! VR 大军为何全军覆没?》,载搜狐网 2017 年 8 月 30 日,https://www.sohu.com/a/168373971_464036。

场和成本等原因失败了。[1] 2014 年，脸书收购 VR 企业奥克卢斯（Oculus）。2016 年，微软推出全息眼镜（Hololens）和视窗混合现实（Windows MR），索尼推出了 VR 游戏机（PSVR），因此 2016 年也被称为 VR 元年。[2]

2016 年 3 月发布的《国民经济和社会发展第十三个五年规划纲要》提出要大力推进 VR 等新兴领域创新。2016 年 11 月发布的《"十三五"国家战略性新兴产业发展规划》明确指出应大力发展 VR、AR 等新型软硬件产品，促进文化和科技深度融合，加快 VR、AR、全息成像、裸眼三维图形显示（裸眼 3D）、交互娱乐引擎开发等核心技术的创新发展。2017 年 10 月，工信部印发《产业关键共性技术发展指南（2017 年）》，VR 五大核心技术入选。2018 年 12 月，工信部发布《关于加快推进虚拟现实产业发展的指导意见》。2021 年 3 月，《国民经济和社会发展第十四个五年规划和 2035 年远景目标纲要》将"虚拟现实和增强现实"列入数字经济重点产业。

二、虚拟现实的概念与特征

虚拟现实是新一代信息技术的集合，融合了仿真技术与计算机图形学、人机接口技术、传感技术、人工智能等多种技术。本书所述的虚拟现实是广义的虚拟现实，包括 VR、AR、MR 和 XR。VR 是狭义的虚拟现实，呈现在用户眼里是一个通过计算机设备模拟出来的三维动态虚拟世界，且仅有虚拟世界，完全遮断了真实的物理世界；AR 是增强现实，呈现在用户眼里是叠加了虚拟影像的真实物理世界，是将现实场景和虚拟场景相结合；MR 是混合现实，呈现在用户眼里是一种将真实的物理世界和虚拟世界融合后产生的新可视化情景，该可视化情景能够和真实的物理世界进行实时交互，这是 VR、AR 所不具备的；XR 是扩展现实，包括 VR、AR 和 MR，呈现在用户眼里将是一个完全沉浸式的虚拟世界。虚拟现实具有沉浸性、交互性和临境性的特点，沉浸性是虚拟现实最主要的特点，指用户在虚拟世界中产生触觉、味觉、嗅觉、运动等感知，身体和心理完全沉浸在虚拟世界中；交互性既包含头显平台、交互外设等外部设备与内容之间的交互，也包括在虚拟世界中多

[1] 参见《VR 凭什么能火爆全球？诞生了 85 年，它究竟经历了什么……》，载搜狐网 2020 年 8 月 7 日，https://www.sohu.com/a/411876296_100723。

[2] 参见《到底哪年才是"VR 元年"?》，载百度网 2021 年 6 月 5 日，https://baijiahao.baidu.com/s?id=1701702436810944012&wfr=spider&for=pc。

用户之间的交互;临境性是指沉浸性和交互性所带来的身临其境的感觉。在 VR 中,“设备”和“内容”是相互促进、相互影响的关系,二者相辅相成,是 VR 的两大组成部分。

三、虚拟现实(VR)的相关法律问题

(一)伦理底线

VR 带来的沉浸式体验,将对用户的精神和心理状态产生冲击,可能使用户在现实世界的行为习惯发生改变,因而具有潜在的伦理风险。2022 年 3 月中共中央办公厅、国务院办公厅印发了《关于加强科技伦理治理的意见》,明确指出科技伦理是开展科学研究、技术开发等科技活动需要遵循的价值理念和行为规范,是促进科技事业健康发展的重要保障。要提升科技伦理治理能力,有效防控科技伦理风险,不断推动科技向善、造福人类,实现高水平科技自立自强。

1. 增进人类福祉

增进人民福祉是发展的根本目的,是立党为公、执政为民的本质要求。科技活动应坚持以人民为中心的发展思想,有利于促进经济发展、社会进步、民生改善和生态环境保护,不断增强人民获得感、幸福感、安全感,促进人类社会和平发展和可持续发展。增进人民福祉,应当以最广大人民的根本利益作为最高标准,多谋民生之利、多解民生之忧,符合社会公德和伦理。在原告北京微某界科技有限公司诉被告上海某界信息技术有限公司、厦门市扒某肌网络科技有限公司、浙江某宝网络有限公司不正当竞争纠纷案中,法院认为上海某界信息技术有限公司的基础数据直接来源于“某音”,仅经过简单计算得出,对数据的使用行为没有任何创新,涉案数据展示的透明化一定程度上反而会带来平台之间的恶性竞争,造成家庭与社会不稳定等,使社会福祉总体降低。[1]

2. 隐私权

《民法典》第 1032 条规定,自然人享有隐私权。任何组织或者个人不得以刺探、侵扰、泄露、公开等方式侵害他人的隐私权。隐私是自然人的私人

---

〔1〕 参见互联网法律评论:《首例直播数据权益案 | 法院对数据不正当竞争的认定原则》,载搜狐网 2022 年 5 月 16 日,https://www.sohu.com/a/547577299_120287836。

生活安宁和不愿为他人知晓的私密空间、私密活动、私密信息。VR 应用需要使用大量 VR 设备,VR 设备直接贴近用户身体并采集到大量用户信息,包括但不限于身高、体重、地理定位、行动轨迹等私密信息。

在庞某某诉中国某航空股份有限公司、北京某信息技术有限公司隐私权案中,法院认为,从收集证据所需的资金、技术等来看,作为普通人的庞某某根本不具备对被告两公司内部数据信息管理是否存在漏洞等情况进行举证证明的能力。因此,客观上,法律不能也不应要求庞某某证明必定是被告两公司泄露了其隐私信息。被告两公司均未证明涉案信息泄露可归因于他人,如黑客攻击或是庞某某本人的过错。法院在排除其他泄露隐私信息可能性的前提下,结合本案证据认定上述两公司存在过错。被告两公司作为各自行业的知名企业,一方面因其经营性质掌握了大量的个人信息,另一方面亦有相应的能力保护好消费者的个人信息免受泄露,这既是其社会责任,也是其应尽的法律义务。[1]

3. 非歧视原则

"技术中立"是指在技术的使用过程中要排除技术人员的利益和偏见,避免对公民权利、社会秩序、政治权力体系等可能造成的一定冲击。技术的实现受技术参数设置、决策规则等因素影响,而上述因素均是由技术设计者和技术使用者控制和决定的。在虚拟现实技术的使用上,应当回归"技术中立"的本质属性,采用非歧视性原则。2018 年 3 月 1 日,某检察院在庭审中通过"出庭示证可视化系统"以 VR 手段当庭演示了被告人张某某与被害人发生争执后持刀刺扎被害人的全过程,有助于公诉人当庭直观、全面和生动地出示证据。[2] 但在上述 VR 演示过程中,少量细节为 VR 技术工作人员凭自己的主观认知加进去的,而非证人亲眼所见。

在吴某等制作、复制、出版、贩卖、传播淫秽物品牟利罪一案中,法院认为,对于吴某的辩护人提出某播公司只是提供了一种技术模式,法院审判的不应是技术,而应是行为的辩护意见,经查,刑法意义上的危害行为表现为两种形式,即作为与不作为。一方面,某播公司以 P2P 技术为基础搭建了提

---

〔1〕 庞某某诉中国某航空股份有限公司、北京某信息技术有限公司隐私权纠纷案,北京市第一中级人民法院(2017)京 01 民终 509 号民事判决书。

〔2〕 参见《可视化系统首运用到法庭审判中 证人头戴 VR 眼镜重回案发现场》,载百度网 2018 年 3 月 1 日,https://baijiahao.baidu.com/s?id=1593727145424154602&wfr=spider&for=pc。

供视频信息服务的网络平台。技术虽是某播公司提供服务的基础，但如何使用相关技术，如何设定技术服务规则是某播公司可自主选择的积极作为方式。某播公司向所有用户免费提供QVOD资源服务器程序及某播播放器程序，在被深圳网监处罚前对上传视频资源的用户及视频内容均不做任何限制，同时，在设置缓存服务器并设计其存储视频条件时仅以点播率为限，造成大量淫秽视频存储于快播缓存服务器中并通过其更快速地在网络上传播。另一方面，P2P技术本身即存在易被用于传播淫秽视频、盗版作品的风险。某播公司作为一家以P2P技术为依托的网络视频服务企业，不仅应当承担法定的网络安全管理义务，而且应当自觉承担起与其技术特点所造成的法益侵害风险程度相当的更高的注意义务。[1]

（二）知识产权问题

1. 著作权

《著作权法》第3条规定，该法所称的作品是指文学、艺术和科学领域内具有独创性并能以一定形式表现的智力成果。摄影作品是指借助器械在感光材料或者其他介质上记录客观物体形象的艺术作品。利用虚拟现实技术完成的三维全景拍摄的作品，虽然需要通过特定的播放器转化成360度全景展示图，但其依旧属于摄影作品。2017年，泽尼麦美地亚（ZeniMax）指控脸书旗下奥克卢斯（Oculus）公司利用泽尼麦美地亚（ZeniMax）公司的计算机代码和专有信息开发了奥克卢斯（Oculus）产品，陪审团裁定奥克卢斯（Oculus）侵犯版权并向泽尼麦美地亚（ZeniMax）赔偿5亿美元。[2] 在同某蓝天投资管理（北京）有限公司与北京全某客信息技术有限公司二审案中，全某客公司表示涉案作品的创作需首先借助专业的相机和镜头捕捉整个场景的图像信息，之后获取四幅鱼眼照片作为素材，并使用专门的软件拼合成一幅平面的全景照片，最后才能通过特定的播放器将平面照片转化成360度全景展示图。法院认为，摄影作品是指借助器械在感光材料或者其他介质上记录客观物体形象的艺术作品，涉案作品属于可360度全景再现客观物体和场

---

〔1〕 吴某等制作、复制、出版、贩卖、传播淫秽物品牟利罪二审刑事案，北京市第一中级人民法院(2016)京01刑终592号刑事裁定书。

〔2〕 参见张子龙：《VR侵权第一案落幕：Facebook旗下Oculus公司剽窃他人技术被罚巨款》，载蓝鲸财经网2017年2月2日，https://www.lanjinger.com/d/29082。

景的摄影作品，依法应当予以保护。[1]

2. 外观设计专利权

虚拟现实是指由计算机生成的一种多元信息融合的可交互三维环境，用户通过这个集合多个领域技术于一体打造出来的计算机仿真系统，可以进入一个虚拟的三维空间。工程师可能在 VR 应用中形成“非实体物产品设计”，如虚拟现实键盘等。该种“非实体物产品设计”是否能够申请外观设计专利，现行法律法规未明确规定。《专利法》第 2 条规定，外观设计是指对产品的整体或者局部的形状、图案或者其结合以及色彩与形状、图案的结合所作出的富有美感并适于工业应用的新设计。该法条并未明确“产品”是否包括“非实体物产品”。2017 年 10 月，新加坡《外观设计注册法》将可注册设计专利的范围扩大至“非实体物产品设计”。2020 年 4 月，日本《意匠法》将外观设计扩大至 VR 技术使用的投影图像等设计。2021 年 10 月，韩国《外观设计保护法》将对图像设计的保护扩大至功能性 AR 或 VR 技术投影的图像设计。

3. 商业秘密

虚拟现实设备实时采集用户数据，虚拟现实应用场景根据场景具体信息和用户操作等信息，利用特定算法完成真实场景和虚拟对象信息的融合叠加，实现用户和场景及其他用户之间的交互。2020 年 9 月，最高人民法院发布的《关于审理侵犯商业秘密民事案件适用法律若干问题的规定》首次将算法列入商业秘密的保护客体中。在高某乐公司、高某乐深圳公司诉豆某某侵害技术秘密纠纷二审案中，法院认为，高某乐公司、高某乐深圳公司起诉主张高某乐公司的相机质量瑕疵检测方法构成商业秘密，高某乐公司将其拥有的有关相机产品测试及校正等商业秘密普通许可给高某乐深圳公司使用，豆某某在高某乐深圳公司的核心技术部门担任图像质量工程师，其违反与高某乐深圳公司签订的劳动合同中约定的保密义务，离职后在开源软件社区网站上披露包含涉案图像瑕疵检测算法技术的软件源代码，向不特定的技术人员开放，构成侵权。[2]

---

〔1〕参见北京全某客信息技术有限公司诉同某蓝天投资管理（北京）有限公司与侵害作品信息网络传播权纠纷案，北京知识产权法院（2018）京 73 民终 1219 号民事判决书。

〔2〕高某乐公司、高某乐深圳公司诉豆某某侵害技术秘密纠纷案，广东省高级人民法院（2018）粤民辖终 493 号民事裁定书。

（三）刑事犯罪问题

具有沉浸性、交互性、多感知性、构想性和自主性等特点。其中，沉浸性是虚拟现实最主要的特点，即让用户成为并感受到自己是计算机系统所创造环境中的一部分。2005 年，有人利用软件在虚拟生命游戏内殴打他人并掠夺他们的财物，然后变卖成为现实世界中的金钱，被日本警方拘留和逮捕。2007 年，网络游戏“第二人生”发生了虚拟强奸，[1]2008 年，日本女子杀害了“虚拟丈夫”的“虚拟分身”。[2] 2008 年，支付“网上金钱”便可在一个虚拟社区与“虚拟小孩”性交易，德国警方因此行为涉嫌触犯保护儿童条例而开展调查。2016 年，一名女性玩家乔丹·贝拉米尔在《城堡保卫战》中被性骚扰。2021 年 12 月，Meta 公司元宇宙平台“Horizon Worlds”测试期间，一名女性测试者称她在虚拟世界里遭到了性骚扰。

由于在虚拟世界中具有很强的沉浸感和真实性，人们在虚拟空间里的情绪反应会很强烈，并在人们的心理和生理方面造成极强的不安感和不适感。然而，故意杀人罪、故意伤害罪、强奸罪、强制猥亵罪等犯罪要求犯罪对象是现实中的自然人，故按现有法律规定在虚拟空间的相关行为不可能构成上述罪名。但虚拟杀人有可能构成非法侵入计算机信息系统罪、非法获取计算机信息系统数据等计算机相关犯罪，虚拟强奸、虚拟猥亵则可能构成传播淫秽物品罪等，虚拟抢劫如果造成他人财物被劫取有可能构成抢劫罪，虚拟盗窃若造成实际经济损失有可能构成盗窃罪。

（四）数据安全

2016 年 4 月，奥克卢斯（Oculus）公司曾被曝通过 VR 设备大量收集用户数据。[3] 在元宇宙技术飞速发展的当下，元宇宙应用场景大量收集用户数据这一现象极为普遍，因此要加大的用户数据安全问题的重视。开展数据处理活动，应当在网络安全等级保护制度的基础上建立健全全流程数据安全管理制度，组织开展数据安全教育培训，采取相应的技术措施和其他必要

---

〔1〕 参见《虚拟的她告虚拟的他强奸》，载新浪网，https://news.sina.com.cn/w/2007-06-19/084012049054s.shtml。

〔2〕 参见王雪：《日本妇人网络世界遭抛弃　杀死“虚拟老公”被捕》，载搜狐网，http://news.sohu.com/20081024/n260232839.shtml。

〔3〕 参见《在 VR 虚拟现实中收集用户数据，小心被罚款!》，载搜狐网 2016 年 9 月 6 日，https://www.sohu.com/a/113675445_449135。

措施保障数据安全。重要数据的处理应当明确数据安全负责人和管理机构,落实数据安全保护责任。加强风险监测,在发现数据安全有缺陷和漏洞等风险时应当立即采取补救措施,发生数据安全事件时应当立即采取处置措施并向有关主管部门报告,重要数据的处理者应当按照规定对其数据处理活动定期开展风险评估并向有关主管部门报送风险评估报告。

(五)算法可控

虚拟现实设备实时采集用户数据,虚拟现实应用场景根据场景具体信息和用户操作等信息,利用特定算法完成真实场景和虚拟对象信息的融合叠加,实现用户和场景及其他用户之间的交互。算法是一个数据处理的自动化决策系统,由算法设计者人为设计而成,并为算法使用者在特定的应用场景中使用。算法的处理过程通常以计算机代码或指令的形式呈现,且算法主体以外的人通常无从知晓,仅留行为规则对外可见,俗称"算法黑箱"。简言之,复杂的算法是由诸个小的计算机代码或指令组合或调用而成,小的计算机代码或指令组合或调用的程序不同可以得出不同的决策结果。同时,算法的决策结果受参数设置、消费者画像、决策规则等因素影响,而上述因素均是由算法设计者和算法使用者控制和决定的。

在全国首例算法推荐案——北京爱某艺科技有限公司(以下简称爱某艺公司)诉北京某节跳动科技有限公司(以下简称某节公司)侵害《延禧攻略》信息网络传播权一案中,法院认为,即使通过算法推荐识别短视频具体内容不具有技术可行性,但对于允许哪些短视频进入被算法推荐的范围,如何设置和优化算法推荐的具体应用方式,以及如何将已经进入推荐范围的侵权短视频纳入复审环节以避免其被大范围、长时间地传播等方面,某节公司仍可以通过在其服务和运营的相应环节中施以必要的注意、采取必要的措施加以完善。至于具体应当采取哪些措施,法院不宜、也无法直接做出要求,应交由某节公司根据其服务和用户等实际情况制定相应策略,自主进行决定,并在个案中验证其实际效果,即是否能够实现及时、有效制止和预防明显的侵权行为和后果。正如某节公司自己在《3 分钟了解今日头条算法原理(科普版)》视频中所言:算法分发并非把所有决策都交给机器,我们会不断纠偏、设计、监督并管理算法模型,希望能让更多的人理解算法,并共同参与到算法模型的制定中来,让算法为社会创造更大的价值。某节公司不仅仅是提供信息存储空间服务,同时也提供了信息流推荐服务,理应对用户的侵权行为负有更高的注意义务。[1]

（六）虚拟现实服务提供者和使用者合规

根据2022年1月国家网信办发布的《互联网信息服务深度合成管理规定（征求意见稿）》，深度合成技术是指利用以深度学习、虚拟现实为代表的生成合成类算法制作文本、图像、音频、视频、虚拟场景等信息的技术，包括但不限于：图像增强、图像修复等对图像、视频内容中非生物特征进行编辑的技术；三维重建等对虚拟场景进行生成或者编辑的技术。虚拟现实服务提供者和使用者应当遵守法律法规，尊重社会公德和伦理，坚持正确政治方向、舆论导向和价值取向，促进深度合成服务向上向善。虚拟现实服务提供者应当落实信息安全主体责任，建立健全算法机制机理审核、用户注册、信息内容管理、数据安全和个人信息保护、未成年人保护、从业人员教育培训等管理制度，建立与新技术新应用发展相适应的安全可控的技术保障措施。虚拟现实服务提供者应当加强深度合成技术管理，定期审核、评估、验证算法机制机理。虚拟现实服务提供者提供具有对人脸、人声等生物识别信息或者可能涉及国家安全、社会公共利益的特殊物体、场景等非生物识别信息编辑功能的模型、模板等工具的，应当自行开展安全评估，预防信息安全风险。虚拟现实服务提供者应当加强数据管理训练，确保数据处理合法、正当，并采取必要措施保障数据安全。训练数据中涉及个人信息数据的，虚拟现实服务提供者应当遵守个人信息保护有关规定，不得非法处理个人信息。虚拟现实提供者应当按照《互联网信息服务算法推荐管理规定》的有关规定，在提供服务之日起10个工作日内履行备案手续。

第二节　LV虚拟试戴引发的数据诉讼案律师点评

近日，奢侈品品牌路易威登（Louis Vuitton，LV）北美公司邀请消费者通过其网站的“虚拟试戴”功能虚拟“试戴”其设计师的眼镜，因涉嫌收集消费者的生物识别数据而遭受诉讼指控。原告认为，该公司对他们进行完整的

［1］参见《【案例报告】全国首例算法推荐案，能力越大责任越大》，载腾讯网，https://xw.qq.com/cmsid/20220219A08L3800。

面部扫描并获取了详细和敏感的生物识别信息，但该公司在收集和储存这些信息时并没有取得他们的同意。该公司未经同意收集消费者的生物识别数据的做法违反了美国伊利诺伊州《生物识别信息隐私法》（BIPA）“明确授权”之规定。

一、《生物识别信息隐私法》（BIPA）及相关诉讼

美国伊利诺伊州于 2008 年通过《生物识别信息隐私法》（BIPA），法案要求企业必须征得同意，才能采集和存储客户的生物识别信息——涵盖从指纹到面部识别标记等所有内容。[1] 脸书和谷歌都因提供了基于面部识别进行照片分类的功能，涉嫌违反《生物识别信息隐私法》（BIPA）规定而面临诉讼。2019 年，世界上最大的主题公园连锁品牌六旗公司未经父母批准就对一名 14 岁的游客进行了指纹识别被起诉。六旗公司辩称，除非原告证明未经授权的收集行为造成了有形的伤害，否则公司不应当承担责任。伊利诺伊州最高法院认为，若生物识别特征和信息没有得到适当的保护，可能导致实质性和不可逆转的伤害。与企业可能产生的以满足法律要求的费用相比，后者可谓微不足道。[2]

二、美国《2020 年国家生物识别信息隐私法案》

美国《2020 年国家生物识别信息隐私法案》是以伊利诺伊州的生物识别信息隐私（BIPA）为蓝本制定的，包含三个关键条款：（1）要求在收集和披露个人生物识别符和信息之前，必须获得个人的同意；（2）对违反该法保护的实体的私人诉讼权，使受侵害的个人有权追回，除其他外，还有 1000 美元的违约赔偿金或实际赔偿金，以较大者为准，因为他们疏忽地违反了该法所赋予的保护；（3）有义务以类似于组织保护其他机密和敏感信息（如社会安全号码）的方式保护生物特征识别器或生物特征信息。[3] 并要求拥有任何个

---

〔1〕 参见《纽约出台生物识别隐私条例，商家必须在门口张贴标识告知顾客》，载搜狐网 2021 年 7 月 14 日，https://www.sohu.com/a/477471749_161795？g=0。

〔2〕 参见《美国法院力挺生物识别隐私法，科技公司收集指纹/面部数据受限》，载腾讯网，https://tech.qq.com/a/20190128/002207.htm。

〔3〕 参见网安寻路人：《美国〈2020 年国家生物识别信息隐私法案〉全文翻译》，载安全内参网 2020 年 11 月 17 日，https://www.secrss.com/articles/27102。

人的生物识别符或生物识别信息的任何规模的企业只有在需要向个人提供服务或有其他有效的商业理由时,才可收集生物标识符或生物鉴别信息;告知个人正在收集或存储他们的生物识别符或生物识别信息,以及收集、存储或使用的目的和时间长度,并且必须收到个人的书面许可,不得与其他同意,包括就业协议相结合;在披露任何生物特征识别符或生物特征信息之前立即获得一份书面许可,其中包括要披露的数据、披露的原因和数据的接收者;以合理的谨慎标准保存信息。

三、我国《个人信息保护法》及相关法律规定

《信息安全技术个人信息安全规范》规定个人生物识别信息属于个人敏感信息,包括个人基因、指纹、声纹、掌纹、耳郭、虹膜、面部识别特征等。《个人信息保护法》规定,生物识别信息属于敏感个人信息,是一旦泄露或者非法使用,容易导致自然人的人格尊严受到侵害或者人身、财产安全受到危害的个人信息;处理敏感个人信息应当取得个人的单独同意,还应当向个人告知处理敏感个人信息的必要性以及对个人权益的影响;个人信息处理者首先应当遵循诚信原则,取得个人的同意,该同意应当由个人在充分知情的前提下自愿、明确作出,不得通过误导、欺诈、胁迫等方式处理个人信息;个人信息处理者处理敏感个人信息应当事前进行个人信息保护影响评估,个人信息保护影响评估包括个人信息的处理目的、处理方式等是否合法、正当、必要,对个人权益的影响及安全风险,所采取的保护措施是否合法、有效并与风险程度相适应;在处理个人信息前以显著方式、清晰易懂的语言真实、准确、完整地向个人告知个人信息处理者的名称或者姓名和联系方式、个人信息的处理目的、处理方式,处理的个人信息种类、保存期限、个人行使权利的方式和程序;只有在具有特定的目的和充分的必要性,并采取严格保护措施的情形下,个人信息处理者方可处理敏感个人信息。2021 年 7 月,《最高人民法院关于审理使用人脸识别技术处理个人信息相关民事案件适用法律若干问题的规定》发布。第 1 条规定,人脸信息属于《民法典》第 1034 条规定的"生物识别信息"。第 2 条规定,未公开处理人脸信息的规则或者未明示处理的目的、方式、范围及基于个人同意处理人脸信息的,未征得自然人或者其监护人的单独同意属于侵害自然人人格权益的行为。

四、我国人脸识别第一案

在郭某诉杭州某动物世界有限公司服务合同纠纷案中，法院认为，经营者只有在消费者知情同意的前提下方能收集和使用生物识别信息，且须遵循合法、正当、必要原则。经营者违反双方约定处理信息或者因违约而停止提供某项产品或服务，消费者有权要求经营者删除与其违约情形相对应的个人信息。某动物世界单方变更入园方式构成违约，应当赔偿郭某合同利益损失；某动物世界要求郭某激活人脸识别，超出事前收集目的，且存在侵害郭某面部特征信息之人格利益的可能与危险，故其应当删除郭某办卡时提交的包括照片在内的面部特征信息。同时，因原约定的指纹识别入园服务方式无法实现，某动物世界还应当删除指纹识别信息。[1]

五、律师点评

网络购物被誉为与高铁、共享单车、移动支付并列的新时代四大发明之一，为人们的生活带来了很大的便利，但在商品与人的适配性方面，线上和线下还是有一定的差别，特别是在衣帽服饰等个性化商品上。AR 穿戴功能的实现，可以帮助人们找到最适合自己的个性化商品。但在使用 AR 穿戴功能时，可能需要通过摄像头等采集装置收集消费者身高、体重、三围、发型、肤色、面部特征等数据，然后通过算法将上述数据与商品方提供的数据进行匹配，给出穿戴建议提供 AR 穿戴服务。

增强现实穿戴设备就是将衣帽服饰等个性化商品的虚拟影像叠加到现实的物理世界，将真实的物理世界和虚拟的衣帽服饰等个性化商品相结合。

（一）AR 穿戴功能采集数据的法律属性

《信息安全技术个人信息安全规范》规定个人生物识别信息属于个人敏感信息，包括个人基因、指纹、声纹、掌纹、耳廓、虹膜、面部识别特征等。《个人信息保护法》规定，生物识别信息属于敏感个人信息，是一旦泄露或者非法使用，容易导致自然人的人格尊严受到侵害或者人身、财产安全受到危害的个人信息。《生物识别信息隐私法》（BIPA）列举了生物识别信息不包括

---

[1] 参见郭某诉杭州某动物世界有限公司服务合同纠纷案，浙江省杭州市中级人民法院（2020）浙01民终10940号民事判决书。

身高、体重、头发颜色或眼睛颜色等。美国纽约市《生物识别信息隐私法案》规定,"生物识别信息"具体是指个人的生理、生物或行为特征,具有唯一性、永久性和不可替代性的特点,包括但不限于虹膜、视网膜、指纹、脸部、手掌等数据。对于帽子、眼镜、耳环、隐形眼镜、手套等商品通过 AR 试穿戴时,需要采集消费者掌纹、耳廓、虹膜、面部识别特征等个人敏感信息;而对于裤子、鞋子等商品在通过 AR 试穿戴时,采集的消费者腿型、脚型等数据,因为不具有唯一性、永久性和不可替代性的特点,可能就不属于个人敏感信息,而应当属于一般个人信息。

(二)处理一般个人信息和敏感个人信息的差别

个人信息包括一般个人信息和敏感个人信息,敏感个人信息与自然人的人格尊严关系紧密。在收集处理一般个人信息时,应当遵循合法、正当、必要、诚信原则,事前遵照"告知同意"规则取得个人的同意,以显著方式、清晰易懂的语言真实、准确、完整地向个人告知个人信息处理者的名称或者姓名和联系方式、个人信息的处理目的、处理方式,处理的个人信息种类、保存期限、个人行使权利的方式和程序,在处理目的范围内采取对个人权益影响最小的方式,坚持最少够用原则,不得过度收集个人信息,只处理满足个人信息主体授权同意的目的所需的最少个人信息类型和数量。而在处理敏感个人信息时,除遵守上述规则外,个人信息处理者应当事前进行个人信息保护影响评估,个人信息保护影响评估包括个人信息的处理目的、处理方式等是否合法、正当、必要,对个人权益的影响及安全风险,所采取的保护措施是否合法、有效并与风险程度相适应;还应当取得个人的单独同意,向个人告知处理敏感个人信息的必要性以及对个人权益的影响。只有在具有特定的目的和充分的必要性,并采取严格保护措施的情形下,个人信息处理者方可处理敏感个人信息。

在黄某某、赵某某排除妨害纠纷案中,法院认为,在被告摄像头长时间有计划、有目的地注视的状态下,原告所愿意展露的部分已难以完全受其控制,其所暴露的信息也很可能远远大于其愿意暴露的,这使得原告因此而丧失对自身信息的选择暴露权和控制权,并对其心理自由感造成一定的束缚。被告通过上述监控摄像头所采集的信息系为个人所用,而非出于重大社会公共安全或者公共利益的考虑,其实施摄像监视所能达到的自身利益无法高于被摄像监视之原告的人格尊严。因此可以认定被告自行安装摄像头的行为超出了合理限度,构成了对原告隐私权的侵犯。[1]

(三)AR 穿戴设备的伦理底线

AR 穿戴设备带来的沉浸式体验,将对用户的精神和心理状态产生冲击,可能使用户在现实世界的行为习惯发生改变,因而具有一定潜在的伦理风险。2022 年 3 月中共中央办公厅、国务院办公厅印发了《关于加强科技伦理治理的意见》,明确指出科技伦理是开展科学研究、技术开发等科技活动需要遵循的价值理念和行为规范,是促进科技事业健康发展的重要保障。要提升科技伦理治理能力,有效防控科技伦理风险,不断推动科技向善、造福人类,实现高水平科技自立自强。

(四)增进人类福祉

增进人民福祉是发展的根本目的,应当坚持以人民为中心的发展思想,以最广大人民的根本利益作为最高标准,不断增强人民获得感、幸福感、安全感,符合社会公德和伦理。

非歧视原则是指在技术使用过程中,科学中立地对技术的使用进行限定,明晰技术发展过程中隐藏的企业利益,去除对技术人员的偏见,回归"技术中立"的本质属性。排除对公民权利、社会秩序、政治权力体系等可能造成的一定冲击。

(五)算法合规

在使用 AR 穿戴功能时,需要通过算法将采集到的消费者数据与商品方提供的数据进行匹配,因此算法在 AR 穿戴服务中至关重要。算法,源自计算机科学的一个概念,是执行预定良好计算过程的计算机代码或指令,基于原始数据的输入通过自动化决策产生结果数据的输出。算法的出现和使用,是为了执行大规模重复的任务和计算,是为了实现商业上高效快速的交易。算法,应当遵循人类共同价值观,遵守国家或地区伦理道德;算法应当尊重人类主体地位,给用户选择权和决策权;算法应当抑制人类社会无处不在的歧视和偏见;算法应当保障用户的人身权和财产权。

---

[1] 黄某某诉赵某某排除妨害纠纷案,河南省信阳市平桥区人民法院(2021)豫 1503 民初 9222 号民事判决书。

第七章 去中心化自治组织(DAO)

◇ 第一节　赋予元宇宙灵魂之 DAO

元宇宙是一个用户可以自由创作、社交、劳动及开展投资、交易等经济活动的数字世界,一个庞大的数字世界必然需要有大量的程序规则,DAO 解决了元宇宙治理规则的制定与执行难题,赋予了元宇宙经济文化繁荣之灵魂。DAO 摆脱了自上而下的中心化组织形式,用户基于预先设定的规则及组织的投票体系决定是否加入,用户成为成员后可以发起提案、投票,每位成员的提案都有机会得到组织的投票并通过,实现社区自治。

一、区块链与 DAO

区块链是构建元宇宙的底层关键技术,能够标记元宇宙中的数字资产所有权,实现元宇宙中数据内容的可信及价值交换,其分布式网络构成了元宇宙经济系统运行的核心基础和技术支撑。区块链是一种由上万个节点组成的去中心化分布式数据存储账本,具有去中心化、共识机制、加密算法、不可篡改性、可追溯性等特征。区块链的哈希算法和非对称算法为元宇宙提供底层数据的不可篡改性、可追溯性和保密性,共识机制(包括工作量证明机制、权益证明机制等)让每个节点共享一致的记账规则,保证了具有真实性和不可篡改性的唯一结果之分布式账本。智能合约保证了在预设条件满足时,在全网所有的节点上自动触发并生成新的交易,采用块状数据结构并顺位性形成一套完整的账本实现去中心化，采用代币或通证激励机制保证有足够的节点参与账本的维护。区块链一般会有开发者、矿工和用户，开发者包括区块链项目的初始开发团队和之后对区块链协议及代码进行升级的开发人员，矿工是指根据共识算法对数据进行验证并记账的维护者，用户是区块链具体应用的使用者。区块链又可分为公链、联盟链和私链。相比较而言，公链基于全民共识机制开展工作，具有公信力且是真正去中心化；私链是中心化的且建立在某机构或企业内部；联盟链也是中心化的且建立在联盟机构或企业内部。区块链的诞生依托于现代计算机技术和密码学。1976 年，惠特菲尔德・迪菲(Bailey W. Diffie)、马丁・赫尔曼(Martin E. Hellman)发表了论文《密码学的新方向》，奠定了密码学的发展方向，也对区块链技术和比特币的诞生起到决定性作用。2009 年，中本聪创建了比特币，其底层技术也意味着区块链技术的萌芽。2013 年，以太坊将区块链应用于一个具备智能合约功能的开源公共平台，用户可在平台上构建各种区块链应用。随着区块链的发展，人们开始利用智能合约、分布式网络构建 DAO。

二、DAO 的发展历程

区块链的分布式网络构建了元宇宙的底层关键技术，DAO 保障了元宇宙的社区自治，并赋予了元宇宙经济文化繁荣之灵魂。2009 年，完全开放且开源的比特币诞生，任何研发团队均可以开发比特币应用，任何用户都可以参与比特币社区生态建设。比特币的参与者之间并不存在公司组织，而是通过代币形成共同利益，以程序规则进行比特币社区生态建设，其背后就是最原始且最成功的比特币 DAO。2013 年，比特股(BitShares，BTS)、斯蒂姆币(STEEM)和企业操作系统(Enterprise Operating System，EOS)创办者丹尼尔・拉瑞莫(Daniel Larimer)首次提出“去中心化自治公司”(Decentralized Autonomous Corporation，DAC)概念。[1] 2014 年 5 月，以太坊创始人维塔利克・布特林(Vitalik Buterin，V 神)在此基础上提出了“DAO”这个词语，并

〔1〕 参见玄觞：《去中心化自治组织 LikeLib：分析框架与未来趋势》，载搜狐网 2019 年 9 月 24 日，https://www.sohu.com/a/342963833_343151。

进行了详细解释。2015 年 8 月,首个拥有明确决策机制的 DASH DAO〔1〕出现,其将区块奖励放入资金池,以资助那些促进 Dash 网络生态系统发展的提案。〔2〕 2016 年 4 月,首个有明确融资功能的 The DAO〔3〕出现,The DAO 在以太坊众筹平台进行代币众筹。2016 年 12 月,一个可以让任意组织、企业家和投资人高效安全协作且没有技术漏洞和恶意参与方的生态系统阿拉贡网络(Aragon Network)推出,其模块化功能是早期的 DAO 搭建平台代表。〔4〕 2017 年 12 月,首个去中心化金融(Decentralized Finance,DeFi)的应用 Maker DAO〔5〕正式上线,用户可以通过智能合约来质押数字资产获得同等金额的稳定币 Dai,是一个去中心化的质押贷款体系。〔6〕 2018 年,首个 DAO 的操作系统 DAO Stack 发布,其为 DAOs 的创建和维护提供一个强有力的框架,协助建立和维持分散的自治组织,实现区块链上的去中心化监管与集体价值管理与决策。〔7〕 2019 年 2 月,一个简单的 DAO 框架 Moloch-DAO〔8〕推出,其通过极简的机制让更多人便捷、直观地参与到 DAO 的治理机制中来。截至 2021 年年底,有 188 个 DAO 组织管理的资产总价值已经超过 115 亿美元〔9〕,万物皆可 DAO 的时代已经来临。

三、DAO 的概念及特征

DAO,一种基于区块链、智能合约、通证经济等技术的元宇宙组织形态,通过程序设计将治理规则的制定权交给社区自治,治理规则由分布式程序

---

〔1〕 Dash 为达世币。Dash DAO 是通过和围绕达世币形成的去中心化自治组织。

〔2〕 参见《「DAO 深度解析」真正的区块链项目必须就是一个 DAO》,载百度网 2019 年 4 月 19 日,https://baijiahao.baidu.com/s? id = 1631204698642395273&wfr = spider&for = pc。

〔3〕 The DAO 是基于以太坊的去中心化自治组织。

〔4〕 参见《为什么说"真正的区块链项目都离不开一个 DAO?"》,载搜狐网 2021 年 12 月 4 日,https://www.sohu.com/a/505478140_100107780。

〔5〕 Maker DAO 是基于以太坊技术、价值稳定的去中心化加密数字货币项目。

〔6〕 参见《BitMax"一键"DeFi 挖矿:去中心化金融世界的"捷径"》,载自链财经网 2021 年 2 月 5 日,https://www.zilian8.com.html。

〔7〕 参见琪琪:《DAOstack 一个基于集体智慧的操作系统》,载微信公众号"英信社区"2018 年 5 月 8 日,https://mp.weixin.qq.com/s/YZ2M22CEAFcxWjITP8HMOW。

〔8〕 Monoch DAO 是由以太坊平台成员发起的以太坊基金计划,旨在为以太坊的基础设施项目提供资金支持(众筹资金)。

〔9〕 参见纳斯赛博伯:《Web3.0 的组织形态 DAO 它会成为人类的未来吗?》,载百度网 2022 年 6 月 9 日,https://baijiahao.baidu.com/s? id = 1735147058008524615&wfr = spider&for = pc。

自动执行,确保社区成员的利益保持一致,且能够共同实现组织目标。DAO,将规则制定及变更的权力交给社区,交给代币或通证持有人,交给参与者或矿工,而任何人都可以成为代币或通证的持有人、参与者、矿工。DAO,摆脱了自上而下的中心化组织形式,用户基于预先设定的规则及组织的投票体系决定是否加入,用户成为成员后可以发起提案、投票,每位成员的提案都有机会得到组织的投票并通过,实现社区自治。简言之,DAO 就是没有领导者的一群人在区块链上建立自己的组织,通过社区自治建立自己的治理规则,并根据智能合约做出去中心化的决策。

DAO,是一种经元宇宙背景下生产资料的变革召唤而新生的组织形态,相比现有组织形态而言,主要有以下几个特征:(1)组织内成员一般都是代币或通证持有者,不同于一般公司员工;(2)组织内成员之间不是自上而下的关系,而是一种平等关系;(3)组织内成员之间形成了代币或通证的共同利益,且能够共同实现组织目标;(4)组织是自由开放的,用户可以同时为多个 DAO 工作,且成员可以短时间内加入、参与组织或退出 DAO,解决了有限责任公司小股东退出难的问题;(5)没有正式的管理者,不同于现有组织具有常设管理机构;(6)治理规则的制定权交给社区自治,治理规则由分布式程序自动执行;(7)组织内信息是完全透明公开的,组织内成员均可以通过节点查询,极大地激励了成员内部竞争;(8)组织内资源流动相比公司而言更加高效频繁,加快了资源配置和创新;(9)该组织是作出去中心化的决策,而非传统组织的紧密组织形态;(10)组织内成员按照其持有代币或通证数量享受分红,不同于公司制度里的利益分配方式。

四、DAO 的发展现状

2020 年是 DeFi 元年,DAO 有益于 DeFi 以去中心化的方式融资,通过权力下放让 DeFi 用户决定一些重要事项,更好地去推动社区的发展,并做到社区运行公平公正、公开透明。2021 年是 NFT 元年,DAO 有助于保障 NFT 资产的公共所有权,促进治理,还可以帮助社区众筹、投资、支持和营销,以及用未来的利润实施激励。2021 年 11 月,Constitution DAO[1]在不到 72 小时

[1] Constitution 组织由一群加密爱好者发起,其旨在通过组织筹集资金以购买苏富比拍卖的美国宪法第一个印刷版本。

内从 17,437 位用户那里筹集了 11,600 枚以太币(Ether,ETH)(价值近 4700 万美元),用于参与在苏富比拍卖行进行的美国宪法副本拍卖。[1] 2021 年 12 月,红杉资本将推特简介更改为"我们帮助有胆识的人缔造传奇 DAO,从创意到代币空投。让我们一起冲吧!"[2]一个 DAO 投资 400 万美元秘密购买了武当家族唯一现存的专辑《少林往事》。[3] 随着 DeFi 元年和 NFT 元年的到来,DAO 的应用场景开始拓展至各个领域,并呈现与更多赛道的可组合性,一个万物皆可 DAO 的局面将被打开,2022 年有可能是 DAO 的元年。

根据 DAO 功能的不同可分为:(1)社交 DAO,将一群志同道合的人聚集在在线社区中,形成代币经济的共同利益,共同制定治理规则,并最终创建一个有价值的社区。例如,Friends With Benefits Pro 是一个私人俱乐部,加入该俱乐部要经过严格的身份审核并购买 $FWB 代币作为门票,通过 $FWB 链接社区价值,持有 $FWB 越多能做的事情就越多。(2)协议 DAO,通过发行项目代币,构建一个协议将权力从核心团队转移到社区手中。例如,开启流动性挖矿的 Compound 将协议手续费收入用于回购销毁代币,并对促进流动性的用户提供代币奖励。(3)服务 DAO,为全球人才匹配提供渠道,并通常使用 ERC20 代币作为项目贡献的奖励。例如,YGG 游戏公会组织玩家打游戏赚取游戏资产。(4)投资 DAO,提供一种新投资模式的可行性,还可将投资的决策和执行完全上链保障投资者的资金安全。例如,比特币将比特币作为治理代币,只有在提案和投票成功后才会采取相应投资。(5)捐赠组织,关注的是社区生态发展而非项目回报。例如,Grants 已向 549 个开源项目资助 5580 多万美元。(6)媒体 DAO,提供一个开放的媒体创作社区,让任何人都可以参与到媒体的创作中。例如,去银行化 DAO(Bankless DAO)上的工作事项公开,通过互联网工具进行协作完成。(7)收藏 DAO,目的在于降低 NFT 投资的门槛,收藏具有长期价值的 NFT。例如,Constitution DAO 众筹参与苏富比在拍卖行展出 1787 年制宪会议代表制定

---

〔1〕 参见《从逐利到协力「DAO」阻且长》,载钛媒体网 2021 年 12 月 22 日,https://www.tmtpost.com/5960191.html。

〔2〕 参见《红杉资本将推特简介变更为"我们帮助有胆识的人打造传奇 DAO"》,载网易网 2021 年 12 月 9 日,https://www.163.com/dy/article/GQOFF2EQ05433XVE.html。

〔3〕 参见《福布斯:DAO 不是一种时尚,它们是平台》,载自链财经网 2022 年 4 月 26 日,https://www.zilian8.com/879333.html。

正式版宪法的副本的拍卖。

五、DAO的相关法律问题探析

随着元宇宙时代的到来,人与人之间的社交关系呈现数字化形态,生产资料也呈现出了数字资产的形态。元宇宙作为一个用户可以自由创作、社交、劳动及开展投资、交易等经济活动的数字世界,必然需要大量的程序规则,传统的公司法已经不能适应元宇宙的要求。去中心化自治组织的出现适应了元宇宙时代的要求,可以瞬间完成全球各地资本和人才的规模化协作,制定与执行元宇宙的治理规则,保障了元宇宙的社区自治,并赋予元宇宙经济文化繁荣之灵魂。

(一)DAO的法律地位

2017年美国证券交易委员会(Vnited States Securities and Exchange Commission,SEC)得出结论称,DAO令牌实际上是有价证券,因此“受联邦法律的约束”。[1] 2021年3月,怀俄明州成为美国第一个通过立法将DAO认定为新型有限责任公司的州。2022年,太平洋岛国马绍尔群岛共和国已正式修正《非营利实体法》,承认DAO为法律实体。[2] 现行法律规定与DAO相关的主要有个人合伙、合伙企业及有限责任公司等组织形态,其中普通合伙和合伙企业的合伙人以及有限合伙的普通合伙人承担的是无限责任,有限合伙的有限合伙人和有限责任公司的股东承担的是有限责任。

DAO与个人合伙、合伙企业及有限责任公司所表现出来的行为形态均有所不同,DAO的行为形态主要有:DAO是自由开放的,DAO内成员一般都是代币或通证持有者,成员可以随时加入或退出DAO,DAO内成员是一种没有领导者的平等关系,DAO内成员可以公开查询DAO内信息,DAO内成员可以参与DAO内社区自治,DAO内成员按照其持有代币或通证数量享受分红。同时,DAO的类型也比较复杂,有公益型DAO、投资型DAO、捐赠型DAO、社交型DAO、服务型DAO、媒体型DAO等,DAO的框架一般包括发起者、承包商、维护者和参与者等。

---

〔1〕 参见以太坊马帮:《关于美国证券交易委员会(SEC)介入调查DAO的几点解读》,载金色财经网2017年7月28日,https://www.jinse.com/news/ethereum/49184.html。

〔2〕 参见《马绍尔群岛正式承认DAO为法律实体》,载百科网2022年2月16日,https://www.rn.btcbaike.com/kx/cku.html。

按照现有法律规定,首先,DAO只有经过公司工商登记才可能认定为有限责任公司,但其成员之间是没有领导者和管理者的,也没有董监高等管理层,后续加入的成员是否应当办理股东登记还是签订股权代持协议都不符合DAO的实际运行情况;其次,DAO如果被认定为合伙组织,但其成员之间没有合伙协议也没有合伙事务执行人,合伙组织的无限连带责任将摧毁DAO的现行运行状态,给DAO毁灭性的打击,自此元宇宙不再有灵魂;再次,DAO币持有者可能并不同意公开任一维护人或主要参与者等,谁能代表DAO承担权利和义务,是发起者、维护人、承包商还是参与者?在有些发起人匿名的情况下,又该如何追究DAO的法律责任?比如,The DAO众筹金额超过5000万美元,却无人知晓其发起人。

2018年5月,美国佛蒙特州法律参议院第269号法案授权为在商业活动中利用区块链技术的有限责任公司创建一种新的商业实体。这种商业授权方法,给予DAO一种新的商业实体法律地位,创造性地解决了在现有法律框架中无法解决的问题。另外,参照济宁市某网络科技有限公司诉被告福建某科技有限公司等侵害计算机软件著作权纠纷案,即"开源软件的项目人,虽然不是唯一的贡献者,但其作为主要贡献者之一,无须经过其他贡献者一致同意或授权,可作为原告提起侵权等相关诉讼并获得全部赔偿"。笔者认为,有证据证明的DAO维护者、发起人可以代表DAO参加民事诉讼,主张民事权益。

在济宁市某网络科技有限公司诉被告福建某科技有限公司等侵害计算机软件著作权纠纷案中,法院认为:其一,原告股东罗某作为项目人已将Virtual App[1]初始版本的源代码共计31,097行在Github[2]网站上公开发布,此系原告主张权利的基础。其二,Github网站的用户对涉案源代码作出修改、补充后,若要将相关内容并入项目人的"主分支"中,则需符合项目人的开发意图并由其做出取舍。本案项目人对"主分支"中Virtual App源代码的形成起到了决定作用,贡献者的内容未对原告享有涉案软件著作权产生实质性影响。其三,贡献者选择在GPL 3.0协议[3]的Virtual App项目中上

[1] Virtual App是一个应用程序虚拟引擎。

[2] Github是一个面向开源及私有软件项目的托管平台。

[3] GPL 3.0是一个开源协议。

传自己的源代码，贡献者亦将按照 GPL 3.0 协议许可其贡献，即视为同意将贡献内容许可给项目人及其他用户使用。最后，开源项目的贡献者往往人数众多、互不相识又身居世界各地，且随着项目内容的不断修订完善，贡献者的数量亦处于持续增加、变动之中。若开源项目的起诉维权需经全体贡献者一致同意或授权，实则会导致维权行为无从提起。综上，原告提起本案诉讼无须贡献者的同意或授权。[1]

（二）ICO（代币发行）的风险

DAO 通常需要进行项目 ICO（代币发行），DAO 内成员需要购买项目代币加入或退出 DAO，并按照其持有项目代币的数量享受分红。没有项目代币，可能无法进行 DAO 内激励，无法鼓励 DAO 内成员积极参与 DAO 内社区自治，失去 DAO 及 DAO 内成员应有的活力，无法赋予元宇宙应有之灵魂。2013 年中国人民银行等五部门印发了《关于防范比特币风险的通知》，该通知明确了比特币的性质，认为比特币是一种特定的虚拟商品，不具有与货币等同的法律地位，不具有法偿性与强制性等货币属性，不能且不应作为货币在市场上流通使用。但是，比特币交易作为一种互联网上的商品买卖行为，普通民众在自担风险的前提下拥有参与的自由。2021 年中国人民银行等部门印发了《关于进一步防范和处置虚拟货币交易炒作风险的通知》，明确虚拟货币不具有与法定货币等同的法律地位，虚拟货币相关业务活动属于非法金融活动。根据上述通知，发行虚拟货币、代币发行融资等属于非法金融活动，主要涉嫌集资诈骗罪，组织、领导传销活动罪和非法吸收公众存款罪；利用虚拟货币洗钱等行为则涉嫌洗钱罪、掩饰隐瞒犯罪所得罪和帮助信息网络犯罪活动罪。

在杨某业非法吸收公众存款案中，法院认为，被告人杨某业明知罪犯周某红等人没有获得相关融资资质，仍为其开发虚拟代币交易系统，并且帮助周某红利用该虚拟代币交易平台公开向社会公众吸收资金，数额巨大，其行为构成了非法吸收公众存款罪。公诉机关指控的罪名成立。[2]

（三）算法合规

DAO 的治理不是由董事长、首席执行官进行，而是通过 DAO 内成员的

---

〔1〕 参见济宁市罗某网络科技有限公司诉福建风某创景科技有限公司等侵害计算机软件著作权纠纷案，深圳市中级人民法院（2019）粤 03 民初第 3928 号民事判决书。

〔2〕 参见深圳市龙岗区人民法院刑事判决书，（2020）粤 0307 刑初第 1810 号。

群体分布式共识进行治理,该群体共识通过民主、高度参与的程序或算法来实现并存储在智能合约上自动执行。有些DAO的发起人、维护者将自身的利益诉求植入算法、投票机制以追求利益最大化,该种行为利用“技术中立”原则,侵害他人合法权益。为防止技术成为商业资本的附庸,确保遵守“技术中立”原则,算法治理已是大势所趋。中国政法大学民商经济法学院李扬教授认为,从技术上看,推荐算法的设计本身完全属于黑箱操作,对著作权人及其作品充满了各种精致的“算计”,且不排除在推荐算法设计过程中,对著作权人的作品进行复制并以此构建内容库的可能性。根据权利义务对等原则,推荐算法的利用者对算法推荐的内容理应负担更高的注意义务。[1]西南政法大学知识产权学院易健雄教授认为,网络服务提供者以算法技术主动向用户推送内容链接或发布内容信息的,应就其主动推送或发布的信息承担注意义务;知道某个侵权行为存在的,对已知作品的其他类似的被侵害行为负有注意义务;对版权人事先提供的供版权过滤比对的权源性作品负有更高的注意义务。注意义务标准的提高,并非无端加重网络服务提供者的负担,而是“能力越强、涉入越深、利益越大、责任越重”的必然要求。[2]

《互联网信息服务算法推荐管理规定》指出,应用算法推荐技术是指利用生成合成类、个性化推送类、排序精选类、检索过滤类、调度决策类等算法技术向用户提供信息。因此,数字孪生中的调度决策类等算法技术应当适用《互联网信息服务算法推荐管理规定》。根据《互联网信息服务算法推荐管理规定》,数字孪生系统应当遵守法律法规,尊重社会公德和伦理,遵守商业道德和职业道德,遵循公正公平、公开透明、科学合理和诚实信用的原则;应当坚持主流价值导向,优化算法推荐服务机制,积极传播正能量,促进算法应用向上向善;应当落实算法安全主体责任,建立健全算法机制机理审核、科技伦理审查、用户注册、信息发布审核、数据安全和个人信息保护、反电信网络诈骗、安全评估监测、安全事件应急处置等管理制度和技术措施,制定并公开算法推荐服务相关规则,配备与算法推荐服务规模相适应的专

---

〔1〕 参见 Jeff Zhao:《全国首例算法推荐案落地,完善长短视频市场版权秩序》,载脉脉网2022年1月26日,https://maimai.cn/article/detail?fid=1704360653&efid=J2RT7m92QeBrf3fpckVACw。

〔2〕 参见易健雄:《从算法技术看网络服务提供者的“应当知道”——也谈〈民法典〉第1197条的适用》,载《知识产权》2021年第12期。

业人员和技术支撑；不得对个人在交易价格等交易条件上实行不合理的差别待遇；定期审核、评估、验证算法机制机理、模型、数据和应用结果等；建立健全用于识别违法和不良信息的特征库，发现违法和不良信息的，应当采取相应的处置措施；不得利用算法实施影响网络舆论、规避监督管理以及垄断和不正当竞争行为。

在全国首例算法推荐案爱某艺公司诉某节公司侵害《延禧攻略》信息网络传播权一案中，法院认为：对基于协同过滤算法的涉案信息流推荐技术的应用，仅仅是实现短视频在今日头条 App 中从上传到最终推送至用户进行浏览的这一过程中的部分环节。在“初审—冷启动—正常推荐—复审”的全部流程中，算法推荐尽管是实现服务不可或缺的重要部分，但绝不是全部。因此，即使通过算法推荐识别短视频的具体内容不具有技术可行性，但对于允许哪些短视频进入算法推荐的范围，如何设置和优化算法推荐的具体应用方式，以及如何将已经进入推荐范围的侵权短视频纳入复审环节以避免其被大范围、长时间地传播等方面，某节公司仍可以通过在其服务和运营的相应环节中施以必要的注意、采取必要的措施加以完善。至于具体应当采取哪些措施，法院不宜，也无法直接作出要求，应交由某节公司根据其服务和用户等实际情况制定相应策略，自主进行决定，并在个案中验证其实际效果，即是否能够实现及时、有效制止和预防明显的侵权行为和后果。正如某节公司自己在《3 分钟了解今日头条算法原理（科普版）》视频中所言，算法分发并非把所有决策都交给机器，公司会不断纠偏、设计、监督并管理算法模型，希望能让更多的人理解算法，并共同参与到算法模型的制定中来，让算法为社会创造更大的价值。[1]

某节公司不仅提供了信息存储空间服务，也同时提供了信息流推荐服务，理应对用户的侵权行为负有更高的注意义务。

---

〔1〕 参见《全国首例算法推荐案，能力越大责任越大》，载上知网 2022 年 1 月 25 日，http://www.shangzhiip.com/index.php? m = content&c = index&a = show&catid = 21&id = 1999。

第二节　DAO与现行公司制的区别

在公司制中公司的所有权属于股东,公司的董监高等管理层经营管理的目的是最大化地创造股东利益,公司利润的大部分是属于股东的,只有少量会分配给劳动者,而DAO是为了全体成员的利益而诞生的,成员既是劳动者也是所有者。DAO,是一种Web 3.0[1]时代个人产权意识的觉醒,是一种元宇宙下经生产资料的变革召唤而新生的组织形态,是一种本质上开放,允许大家进入并充分发挥才能和贡献换取所有权的经济形态。其依靠智能合约将规则和治理进行编码,依靠任务进行驱动并将所有权归于社区,其通过激励机制让个体拥有所有权,其颠覆了航海时代发明的公司制,但将与公司制共存并结合,实现人类的共同富裕。去中心化自治组织与公司制的不同主要体现在以下几个方面。

一、设立的不同

公司设立是指发起人依照法律规定的条件和程序,为组建公司并使其取得法人资格而依法完成的一系列法律行为的总称。公司设立采取发起设立或者募集设立的方式,有限责任公司采取的只能是发起设立的方式,即其发起团队是闭环的,只有发起团队成员才能成为公司股东;股份有限公司采取发起设立或者募集设立两种方式,如果采用募集设立方式可以向发起团队以外的成员募集,即发起团队以外的成员也有可能成为公司股东。为设立公司而签署公司章程,向公司认购出资或者股份并履行公司设立职责的人,应当被认定为公司的发起人。公司的发起人在公司设立完毕后自动成为公司的股东,依法享有资产收益,具有参与重大决策和选择管理者等权利。在DAO设立伊始,也有一个核心的发起团队,该发起团队比募集设立的方式更开放,每个人都有可能成为发起团队的一员。在将DAO的章程、规则等编码成智能合约并进行治理之前,DAO还不是一个去中心化的组织,

---

〔1〕 Web 3.0指第三代互联网,被用来描述互联网潜在的下一阶段,一个运行在“区块链”技术之上的“去中心化”的互联网。

发起团队需要承担相应的责任。

二、章程制定及内容的不同

设立人设立公司必须依法制定公司章程,公司章程对公司、股东、董事、监事、高级管理人员具有约束力。有限责任公司的公司章程应当载明下列事项:(1)公司名称和住所;(2)公司经营范围;(3)公司注册资本;(4)股东的姓名或者名称;(5)股东的出资方式、出资额和出资时间;(6)公司的机构及其产生办法、职权、议事规则;(7)公司法定代表人;(8)股东会会议认为需要规定的其他事项。股份有限公司的公司章程应当载明下列事项:(1)公司名称和住所;(2)公司经营范围;(3)公司设立方式;(4)公司股份总数、每股金额和注册资本;(5)发起人的姓名或者名称、认购的股份数、出资方式和出资时间;(6)董事会的组成、职权和议事规则;(7)公司法定代表人;(8)监事会的组成、职权和议事规则;(9)公司利润分配办法;(10)公司的解散事由与清算办法;(11)公司的通知和公告办法;(12)股东大会会议认为需要规定的其他事项。公司章程依照法定程序是可以进行修改的,公司章程是依靠人去执行的。DAO 中的章程等组织性文件是部署在智能合约上的,至少需要规制以下事项:(1)成员间的关系及成员与 DAO 的关系;(2)成员的权责;(3)DAO 的活动及其实施;(4)修改经营协议的方法和条件;(5)成员的权利及投票权;(6)成员权益的转让;(7)成员的除名;(8)解散的分配;(9)AOO 的修改;(10)修改、更新、编辑或变更智能合约的程序。[1] 智能合约在 DAO 内自动运行,且是不可更改的。

三、运营与治理的不同

公司的运营与治理是依靠股东会、董事会、监事会和经理、董事会秘书等高管去执行的,股东会、董事会、经理、监事会的职权划分形成公司的分权制衡样态,各法定组织之间依法行使各自的职权,才能保障法律设立公司制度的目的得以实现。股东会由全体股东组成,股东会是公司的权力机构。董事会的职权来自法律法规和公司章程的规定,而非来自股东会,董事会对

〔1〕 参见樊晓娟、印磊、竺雨辰:《智能合约掌握 DAO 话语权——怀俄明州 DAO 法案亮点解读》,载中伦网,http://www.zhonglun.com/Content/2021/04-26/1500060316.html。

股东会负责。董事会作为公司的执行机关,享有公司的日常事务管理权。监事会制度的设立是为了满足现代公司的管理需要,其旨在对管理层的权力加以监督和制约。而DAO并不是像公司一样具有等级制,其采用的是扁平式的运营与治理方式,DAO内成员是平等的,没有领导者和管理人员,每位成员都可通过提案、投票等方式参与组织决策。DAO是一个由任务推动而建立起来的组织,其成员通过一定的共识机制将对组织的管理、运营、决策等以代码化的形式固定在智能合约中,通过智能合约自动执行的方式开展收益分配、决策等重要工作,实现自动化智能管理。DAO通常依靠通证激励的形式,将一群有着共同愿景的组织或者个人联合在一起,给予贡献者比在公司制下更多的激励,充分发挥成员的主动性和积极性,最终实现共同的愿景。

四、提案及表决(投票)的不同

公司股东享有提案权,包括但不限于选任董事、红利分配等股东会事宜。股份有限公司单独或者合计持有公司3%以上股份的股东提出的临时提案,董事会应当将该临时提案提交股东大会审议。表决权亦称投票权,是股东的一种固有权、共益权、法定权,是基于股东地位而衍生的一种权能,是股东最基本的权利,是股东基于其出资行为所享有的对公司进行经营管理的一项权利,是股东将其内心意思表示转变为法律和章程所认可的规定的一种外部行为。有限责任公司表决权行使的方式通常有两种,即"按照出资比例投票"和"每一股东有一表决权",一般情况下均为"按照出资比例投票",但如果股东可以根据自己的意愿放弃行使表决权,也可以为"每一股东有一表决权"。如果有限责任公司股东没有履行出资义务,其股东权利的行使应当受到一定的限制,这种限制应根据具体的股东权利的性质确定,即与出资义务相对应的股东权利(包括但不限于表决权)就只能按出资比例来行使。股东在某一次股东会放弃行使表决权,并不代表在每一次股东会都放弃行使表决权。另外,小股东少量表决权也应当受到尊重,即使实际控制公司的股东召开股东会进行表决小股东的少量表决权并不影响相应结果,但实控人单方形成的会议决议不能具有相应效力。股份公司的股东在公司股东会上行使表决权,可以亲自行使或通过委托他人代理的方式行使,比如投资客委托其购买的股票型基金代为行使表决权,中小股东报团取暖,采用信托的方式委托他人共同行使表决权以维护其合法权益。表决权因为具有财产权的属性,又兼具“从股权中分离”和“单独行使”之特性,可以作为信托财产,早在一百多年前就已经被美国实践检验并予以肯定,其在保护中小股东利益、优化公司治理模式、稳定公司股权结构等方面发挥了重要作用。另外,如果公司章程规定股东大会选举董事、监事采用累积投票制,但股东大会采用直接选举的方式进行表决,这种表决方式因违反了法律和公司章程的规定而无效。

在大多数的 DAO 当中,每个成员既是组织的劳动者也是组织的所有者,且大多通过代币、通证的形式对成员进行激励,代币、通证不仅承载了所有权,还承载了治理决策权和收益权等。DAO 内成员基于共识机制进行劳动创作,并享有提案权和投票权。不同的 DAO 有不同的表决(投票)机制,DAO 内成员通过共识机制编码成智能合约自动执行,共识机制包括以下几种形式:声誉机制,满足声誉门槛的成员均可发起提案,如果没有得到足够关注的提案可能无法进入投票环节,拥有代币、通证的成员对提案进行表决,表决通过就上链自动执行;二次方机制,为建立真正的去中心化,防止另外一种形式的垄断,同一主体对同一事项的重复投票需要投票权的 n 次方;信念机制,不限于成员的任何人均可发起提案,提案必须得到足够的赞助才能进入投票环节,得到足够多的赞成票提案才可以通过并上链自动执行。表决(投票)机制是事先确定并编码在智能合约中的,很难被修改,因此大股东、首席执行官等在表决(投票)中的影响力极其有限。

五、透明度的不同

现行公司制下大抵只有公司的章程、制度可以进行一定的公开,管理层对公司的运营、管理对于小股东来说都是不透明的。因此,《公司法》专门规定了股东知情权。股东知情权是指股东享有了解和掌握公司经营管理等重要信息的权利,是股东依法获取资产收益、参与重大决策和选择管理者等权利的重要基础。股东知情权作为平衡大股东与小股东、股东与公司之间利益的基础性权利,既是股东法定的固有权利,也是股东作为公司所有者所享有的基础性权利。股东作为公司的出资人,有权知悉公司的真实经营状况。股东知情权是指法律赋予股东通过查阅公司的财务会计报告、会计账簿等有关公司经营、管理、决策的相关资料,了解公司的经营状况和监督公司高管人员活动的权利。DAO 是建立在区块链上的去中心化组织,其运转规则、职责权利以及奖惩机制等都是编码在智能合约中自动化执行的,以上编码对每个成员都是开放的,因此 DAO 具有极高的透明度,可以有效地激励成员之间的合作,有效地遏制治理的"暗箱操作",使组织运转更加协调、有序。

六、退出的不同

小股东在公司的合法权益很容易遭到占优势地位、滥用公司控制权的大股东的侵害,小股东向大股东转让股权而大股东又不接受,小股东向公司外的他人转让股权而他人又不敢进入公司,导致小股东陷在公司里退不出来。因此,《公司法》第 74 条作出了关于有限责任公司股东在特殊情况下可以请求公司回购其股权而退出公司的规定,该法条的立法目的在于保护小股东的合法权益免遭占优势地位的大股东滥用公司控制权的侵害,是专门为持不同意见的小股东设定的一种救济途径。公司的成立是股东意思表示一致的结果,公司存在的意义不在于将股东困于公司中不得脱身,而在于谋求股东利益最大化。我们换一个角度来看,在股东之间就公司的经营发生分歧或股东不能正常行使股东权利时,公司回购股东的股权可以打破公司僵局,避免产生公司解散的最坏结局,使公司、股东、公司债权人的利益得到平等保护。在某些 DAO 内,任何成员都不能控制其他成员的资金,任何成员在觉得自己的资金、权益被侵害时可以在任何时候退出 DAO,取回自己对应份额的资金,也可以在投票环节中预感自己的利益可能被侵害而退出。

七、解散的不同

公司解散是指已经成立的公司,因约定或者法定事项出现时停止公司的经营活动,从而使公司法人资格消灭的法律行为。公司解散纠纷的目的是给因为公司僵局而合法利益受到损害的股东提供救济途径,公司解散应当同时满足三个条件:公司经营管理发生严重困难,公司继续存续会使其股东利益受到重大损失,穷尽了其他救济手段无法解决公司僵局。公司经营管理发生严重困难,即通常所说的"公司僵局",是指公司存续期间,股东会、董事会等权力和决策机关由于股东之间、董事之间或股东与董事之间的矛盾发生运行障碍,无法按照法定程序就公司事务作出有效决议,以致公司经营及内部治理陷入瘫痪的事实状态。其实质是公司作为法律拟制的主体无法依照《公司法》的要求形成自主意志。判断“公司经营管理是否发生严重困难”,应从公司组织机构的运行现状进行综合分析,侧重点在于公司管理方面存在严重内部障碍,股东会等内部运行机制失灵等。“股东利益受到重大损失”是指公司的人合基础已完全丧失,且公司的财产已经处于不断消耗与流失状态。公司僵局并不必然导致公司解散,司法机关应审慎介入公司事务,凡有其他途径能够维持公司存续的,不应轻易解散公司。当公司陷入持续性僵局,穷尽其他途径仍无法化解,且公司不具备继续经营条件,继续存续将使股东利益受到重大损失的,法院可以依据《公司法》第 183 条的规定判决解散公司。DAO 在符合某些约定或特定情形下同样可以解散。在 DAO 的解散方面,怀俄明法案规定了具体的集中解散条件:(1)智能合约等组织性文件规定的期限届满;(2)DAO 成员投票决定解散;(3)智能合约等组织性文件中规定的事项发生;(4)DAO 组织在一年内没能批准任何提案或采取任何行动;(5)根据州国务卿的指令解散或 DAO 的目的被认为不合法而被解散。[1] 由此可知,DAO 通常在约定条件满足、约定期限届满、投票决定和僵局的情形下解散。

◇ 第三节　建立元宇宙自治机制的智能合约

人类正处于一场从物理世界向虚拟世界迁徙的历史性运动中,人类的财富也将渐渐往互联网转移,这已经是既成事实。[2] 智能合约是一段存储于区块链之上的计算机代码,其通过资产可编程化实现与现实世界中的资产的交互式处理,通过区块链交易触发到预设状态后将自动执行。智能合约改变了传统交易中的信任模式,不需要交易双方互相信任,甚至不知道交易对手的身份,智能合约的信任模式是一种“机器式契约信任”。[3] 智能合约通过牺牲部分自由的方式实现了在区块链、元宇宙中的信任,推动了元宇

---

〔1〕 参见肖飒:《DAO,会是未来新型「公司」吗?》,载碳链价值网 2021 年 12 月 21 日,https://www.ccvalue.cn/article/1389375.html。

〔2〕 参见《20 年后,我们会像讨论今天的互联网一样讨论区块链》,载和思互联网 2019 年 9 月 8 日,https://www.hesizh.com/h-nd-162.html。

〔3〕 参见谭佐财:《智能合约的法律属性与民事法律关系论》,载《科技与法律》2020 年第 6 期。

宙中经济系统和自治机制的建立。

一、智能合约的起源与发展

“智能合约”的概念首先由计算机科学家、加密大师尼克·萨博(Nick Szabo)于1994年提出,他发表的《智能合约》论文是这一概念的开山之作。[1] 比特币的脚本奠定了智能合约的思想。比特币脚本的引入,实际上是利用所有权转移(对脚本签名)实现区块链数字资产的支付。对于任何登记在区块链上的实物或者金融资产,都可以通过脚本来安全实现各种条件下的所有权转移,这正是智能合约的思想。[2] 智能合约可以将规则和治理进行编码,依靠任务进行驱动并将所有权归于社区,通过激励机制让个体拥有了所有权,其颠覆了航海时代的发明——公司制,适应了Web 3.0时代个人产权意识的觉醒,适应了元宇宙下的组织形态——DAO。以太坊创始人“V神”在2015年提出了ERC-20智能合约标准,该标准包含了一个对账户地址及其余额的映射的智能合约。至今ETH上已有超过440,000种ERC-20标准以及多达14,000种ERC-721标准的代币合约,加起来共有差不多454,000种代币,而这两种标准总共占所有类型的99%以上,而其中ERC-20独占96.9%,可以称为“代币标准之王”。[3] 在以太坊区块链上,经常使用的NFT智能合约标准有ERC721协议、ERC1155协议和ERC998协议;在WAX区块链上,常见的NFT智能合约标准有Simple Assets和Atomic Assets协议;另外,在FLOW、EOS、TRON、NEO、COSMOS和Binance区块链上也有不同的NFT智能合约标准。不同的智能合约还可以实现互相调用,比如在成本较低的区块链上进行投票,然后将投票结果发送回核心治理合约所在的成本较高的区块链上;在多个智能合约之间实现公共数据服务共享。

2020年2月,中国人民银行正式发布《金融分布式账本技术安全规范》,该规范指出:智能合约执行应具备一致性,合约在所有金融分布式账本网络

---

〔1〕 参见《计算机科学家提出智能合约,维基带你看“智能合约”的起源与发展》,载CSDN网2021年7月1日,https://blog.csdn.net/weixin_33485981/article/details/118401577。

〔2〕 参见《智能合约将互联网带入通证经济时代 从Token账户机制到通证市场概述》,载链门户网2019年1月22日,http://www.lianmenhu.com/blockchain-8678-2。

〔3〕 参见《什么是ERC-20? 为什么96.9%的tokens(代币)标准都是它?》,载百度网2022年4月24日,https://baijiahao.baidu.com/s?id=1731004228821453518&wfr=spider&for=pc。

节点上的执行结果应完全相同；多个节点同时实现合约时，应保证数据的完整性且数据同步不相互干扰；应有相应机制控制智能合约的部署行为，防止恶意部署智能合约；应提供智能合约的冻结功能，防止智能合约的漏洞持续影响系统；应提供智能合约升级方案和机制以修复智能合约的漏洞；应提供智能合约的废止功能；应支持权限可控的智能合约升级方法；应支持从金融分布式账本中获取与合约相关的原始数据来解析智能合约在金融分布式账本上的业务数据；应在合约更新升级、重新部署后，能安全地将原合约数据迁移至新合约。该规范还规定了金融分布式账本技术的安全验证、安全审计标准，并提出了攻击防范要求。

二、智能合约的概念与特征

智能合约的概念最早是在 1994 年由尼克·萨博提出。他定义道：一个智能合约是一个计算机化的交易协议，它执行一个合约的条款。[1] “可以将智能合约技术理解为一段针对合同的操作程序。”杭州互联网法院信息技术中心法官助理张名扬解释道，合约各方在智能合约中输入合同条款，包括缔约条件、执行规则、触发条件以及相应的履约行为。合约经各方签署后，将以程序代码的形式上传至区块链，在约定条件成就时，系统将自动执行合约。以买卖合同为例，达到约定付款的时间后，系统就能实现自动付款。[2] 笔者以为，智能合约是一种以数字化形式呈现的交易协议，其构建在区块链上来保证合同内容的不可篡改和不可伪造，其预设了一定的合约触发执行条件，当条件满足触发时自动执行。首先，智能合约需要两个或两个以上的参与者共同制定，该合约需要明确各方的权利义务以及智能合约自动执行的触发条件，参与者各方需用私钥进行签名；其次，该智能合约以计算机代码的形式，采用点对点技术在区块链网络中进行广播，在规定时间验证后于各节点进行存储；最后，状态机定期检查智能合约状态，当合约触发条件满足后自动执行。智能合约主要有以下几个特征：(1)信任性，智能合约借助区块链的匿名性和去中心化的特性，构建了智能合约参与各方之间的互信；

---

〔1〕 参见宇星：《如何理解智能合约的概念》，载电子发烧友网 2019 年 12 月 27 日，https://www.elecfans.com/blockchain/1144718.html。

〔2〕 参见陈和秋：《“智能合约”推动智慧司法再突破》，载民主与法制网，http://www.mzyfz.com/html/1022/2020-09-17/content-1438620.html。

(2)不可修改性,区块链不可篡改的特性致使智能合约通常情况下是不可修改的,除非得到区块链中超过51%的节点同意才能修改,但这基本上是不可能的;(3)匿名性,智能合约各参与方可以是互不认识的,任一节点均可公开查询智能合约参与者的交易记录,但却无法具体得知参与者的详细个人信息,保障了参与者的隐私安全;(4)自动执行性,状态机定期检查智能合约状态,当智能合约触发条件满足后自动执行。

三、智能合约的应用场景

(一)司法执行智能合约

2019年10月,北京互联网法院在国内首次启动司法链智能合约功能,实现一键执行立案。智能合约技术将法院审批系统与执行系统的数据对接,实现数据共享,然后通过判决书或调解书中约定的履行条件部署线上合约节点。只要申请执行当事人点击"确认未履行完毕",则触发生成未履行报告、自动生成执行申请书、自动执行立案、自动抓取当事人信息、自动抓取执行依据等文书,并实现自动执行。

(二)数字人民币智能合约

智能合约在数字人民币上现已应用的场景有:(1)数字人民币红包。2020年10月,深圳罗湖面向在深个人发放1000万元数字人民币红包,此次红包只能由在罗湖区辖内且已完成数字人民币系统改造的3389家商户使用,不能转给他人或兑回至本人银行账户,红包有效期为2020年10月12日18时至18日24时。超过有效期未使用的红包将由数字人民币系统统一收回。(2)补贴发放。2021年12月,四川中行携手锦江区政府、四川联通共同举办了"成都市锦江区特殊困难老年人交子优惠券首发暨2022年元旦、春节期间交子券系列促消费活动",实现了民政补贴数字人民币的发放和使用。2020年5月,苏州市相城区各区级机关和企事业单位工作人员其工资中交通补贴的50%将以数字货币的形式发放。(3)资金监管。2021年12月,农行深圳市分行发布了首个云侧智能合约应用——租赁资金监管,可以自动解析、判定、执行,完成资金冻结、解冻及监管流程。

（三）智能合约票务系统

2022年，WENEW团队[1]推出全球基于区块链的智能合约票务发行与交易平台。该团队通过智能合约发布NFT门票，并有条件地允许二次销售，限定最高转售价格，入场时NFT门票即可被销毁，有效地防止了假票和诈骗。

（四）供应链管理智能合约

供应链管理智能合约将客户创建订单、供应商响应、客户支付定金、供应商供货物流信息、客户确认收货等数据上链，确认商品来源是已知的并且都是被认证的，客户可以追踪商品存放地点等物理信息，确保整个商品供应链管理全程透明化，减少传统环节中的人为操作。

（五）供应链金融智能合约

供应链金融智能合约可以将供应商、核心企业、银行、金融机构等多方信息上链，高效率完成清算和结算，并保证数据的真实完整和不可篡改。

（六）知识产权智能合约

知识产权智能合约可以将作者作品的"指纹"信息（数字摘要哈希值）、作者信息、作品创作时间等信息上链，再将区块链技术与人工智能进一步结合运用，通过人工智能检索出有关侵权文件或侵权行为，并与链上信息进行比对，一旦比对成功，则可以自动锁定证据并很好地确定侵权时间和侵权范围。另外，版权方还可以对版权内容进行加密，再通过智能合约执行版权的自动交易流程，一旦相应的条件产生则自动触发完成合约，大大简化数字版权收费的流程。区块链技术可以让版权创作者通过智能合约设定他们自己认为合适的价格，还可以设定各种条款，包括版权收益的分成、版权权属的转移等。

四、智能合约的安全

由于智能合约需应用于复杂的经济交易，智能合约开发者很难预判一切恶意行为并设想一定的防范措施，在技术方面也很难开发出一个完美而

[1] WENEW团队是由著名艺术家迈克·温克尔曼创立的NFT初创公司，其致力于去中心化区块链技术和NFT应用的发展，提供对元宇宙景观的访问，使用户可以同时体验物理世界和虚拟世界。目前，该公司被无聊猿游艇俱乐部收购。

又没有任何漏洞的智能合约。另外参与者也有可能出于谋求个人利益而欺骗智能合约,因此智能合约的安全风险主要表现为合约漏洞和恶意合约。

(一)合约漏洞

从对以往发生的智能合约安全事件的分析中可以看出,智能合约安全漏洞主要有整数溢出、交易顺序依赖、时间戳依赖、代码重入和处理异常等漏洞。美币(Beauty Chain,BEC)漏洞事件就是由于在转账过程中发生了整数溢出,导致黑客能无限印币致使巨额的代币蒸发。The DAO 事件就是外部调用合约被攻击者劫持,合约被迫进一步执行其他恶意代码,最终造成了亿万美元的损失,影响了整个以太坊网络。2016 年,游戏“纷争时代”(The King of the Ether Throne,KotET)的攻击者利用外部函数调用的漏洞发动了拒绝服务攻击(Denial of Service,DoS),导致该游戏运营出现重大问题。2017 年,一款多重签名的“以太坊钱包 Parity”,因为函数调用被攻击,黑客盗取了价值 3000 万美元的以太币。2018 年,日本智能合约平台“Coincheck 系统”因为将新经币(New Economy Movement,NEM,NEM)在线保管,导致黑客攻击,致使时价 5.3 亿美元的 NEM 被盗。以上案例的发生主要是由智能合约代码公开透明、不易篡改性、DAO 效率低等原因导致。

(二)恶意合约

有些不法分子利用区块链的匿名性和去中心化的特性,发布恶意合约以实现犯罪交易,利用空投等操作发布类似木马程序来欺骗用户授权以窃取用户钱包和资产,为商业运营诱导用户无限授权,进而窃取用户钱包和资产,利用恶意智能合约预留的后门或超级指令来控制和操作用户的钱包,利用恶意合约对用户发起攻击。

五、智能合约的法律问题

(一)可信数据

智能合约是一种以计算机代码形式存在并自动执行的交易协议,其首先要求合约中的数据来源是非常正确的,这样才能保证执行结果的正确性。在全国首例区块链智能合约技术应用于中国司法领域的案件中提到,“本案审理要点在于智能合约全生命周期上链存证的司法认定”。该案承办法官黄忻表示,该案平台使用的自动信息系统接入了杭州互联网法院司法区块链,各方当事人在线下单、签订合同、交付标的、支付逾期租金、发送通知等行为均自动在司法区块链进行了存证，确保了电子数据全链路可信、全节点见证、全流程记录的可靠性。以该案为例，交易双方的要约、承诺、签约、履约、违约、催告等行为通过智能合约系统实时记录在司法区块链，实现了交易链路全流程自动存证和执行。一旦一方的违约程度达到了程序预设的标准，智能合约系统自动转入纠纷解决的司法流程，实现了无人工干预、无外部因素干扰。[1]

（二）合约主体行为能力

《电子商务法》第48条规定："电子商务当事人使用自动信息系统订立或者履行合同的行为对使用该系统的当事人具有法律效力。在电子商务中推定当事人具有相应的民事行为能力。但是，有相反证据足以推翻的除外。"在区块链网络上确认智能合约相对人的行为能力成本高、难度大，且不利于区块链网络和智能合约的发展，因此应当参照我国《电子商务法》的规定，在没有反证的情况下推定智能合约相对人具有行为能力。

（三）撤销权、解除权等权利

智能合约利用区块链去中心化、匿名和不可篡改的特性建立了高效的自动执行化合约，同时限制了传统合同法领域撤销权、解除权等权利的行使。如果合约参与者认为合约存在重大误解、无效等情形，则应当通过法院、仲裁机构行使解除权或确认合同效力。同样，行使解除权也应当通过法院、仲裁机构来进行。

（四）刑事风险

技术是中立的，智能合约技术被用于非法活动同样应当接受法律的制裁。2020年，浙江温州瓯海警方破获全国首例利用区块链"智能合约"实施犯罪的案件，犯罪团伙假冒火币网名义组建社交聊天群并在群内发布"搬砖套利教程"，利用虚假火币（Huobi Global，HT）"智能合约"非法获取受害人虚拟货币数万个，涉案价值高达1亿余元。2021年，江苏盐城警方破获全国首例利用区块链合约技术开设赌场案，犯罪嫌疑人发布一款"Biggame"的赌博App，宣称使用了区块链智能合约技术，保证开发者无法"出老千"，并把区块链智能合约技术运用到了每一场赌局当中。

---

〔1〕 参见姜雨薇：《中国首个应用区块链智能合约技术案件宣判》，载中国新闻网2019年12月19日，https://www.chinanews.com.cn/sh/2019/12-19/9038475.shtml。

第八章 区块链

第一节 区块链、元宇宙与第三代互联网(Web 3.0)之间的关系

区块链是用密码技术将共识确认的区块按顺序追加形成的分布式账本,其去中心化等特性构建了元宇宙、第三代互联网(Web 3.0)的底层架构技术,能够标记元宇宙中的数字资产所有权,实现元宇宙中数据内容的可信及价值交换。

一、区块链的概念和特点

区块链起源于比特币。2008 年 11 月 1 日,一位自称中本聪(Satoshi Nakamoto)的人发表了《比特币:一种点对点的电子现金系统》一文,阐述了基于 P2P 网络技术、加密技术、时间戳技术、区块链技术等的电子现金系统的构架理念,这标志着比特币的诞生。两个月后区块链从理论步入实践,2009 年 1 月 3 日,第一个序号为 0 的创世区块诞生。2009 年 1 月 9 日,出现了序号为 1 的区块,并与序号为 0 的创世区块相连接形成了链,标志着区块链的诞生。[1]

---

〔1〕 参见《区块链》,载百度网,https://baike.baidu.com/item/区块链/13465666?fr=aladdin#reference-[22]-13112042-wrap。

在 ISO 22739: 2020《区块链和分布式账本技术词汇》标准中给出了区块链的明确定义,即区块链是用密码技术将共识确认的区块按顺序追加形成的分布式账本,具有技术、金融和社会属性。[1] 一个区块链系统通常可理解为以下几个基本方面。第一,区块链是一个分布式链接账本,每个账本都是一个区块。第二,区块链系统是基于分布式共识算法来确定簿记。第三,通过密码签名和哈希算法保证账簿中的交易。第四,根据共识算法确定的规则链接分类账。当前分类账包含上一分类账的哈希值,并且分类账之间的链接保证不会被篡改,这是区块链系统数据不可篡改的原因。第五,所有交易在账本当中可以追溯,这是区块链可以用于防伪溯源的原因。[2]

区块链系统具有一些传统系统没有的特点。第一,去中心化。区块链数据的存储、传输、验证等过程均基于分布的系统结构,整个网络是众多节点组成的端到端网络,不存在中心化设施和管理机构,任一节点停止工作都不会影响系统整体的运作。在具体落地实践的过程中,区块链系统中没有中心节点,或有比较少的中心节点,或根据不同任务情况有多个中心节点,也就是去中心化、弱中心化或多中心化。第二,去信任。区块链系统中,所有节点通过数字签名进行验证,无须第三方认证也可交易。简单地说是指区块链系统运行的过程中没有第三方作信任担保,只靠大家的认可和认证,实现了去第三方信任情况下的系统可靠运行。第三,集体维护。区块链系统中的数据块由整个系统中所有具有记账功能的节点来共同维护,任一节点的损坏或失去都不会影响整个系统的运作。区块链系统没有管理中心一类的机构存在,集体维护特点使其具有极好的系统稳定性。第四,不可篡改和不可伪造。区块链系统上的数据是不可篡改、不可伪造的,一旦有数据被篡改或伪造,立刻就可以通过上面的哈希函数在技术上被发现。同时这种数据篡改也破坏了数据的全网一致性,进而得不到其他节点的认可,也会失去大家的认可,从而使这种篡改无效。也就是说,区块链系统中的个别节点的数据修改无法影响其他节点的数据库,除非能使系统中达到一定限额的节点数据同步修改。第五,可溯源。区块链系统的数据具有可溯源性,我们

---

〔1〕 参见李鸣、张亮、宋文鹏、吴美玉:《区块链:元宇宙的核心基础设施》,载《计算机工程》2022 年第 6 期。

〔2〕 参见高承实:《回归常识:高博士区块链观察》,中国发展出版社 2020 年版,第 4 页。

可以从任何一个时间节点，通过密码学方法与相邻两个区块进行串联，借助区块链的链条，反向寻找这个数据的前世今生。[1]

二、区块链方针政策

中国目前对区块链行业的监管采取"链币分离"的原则，总体来说"支持链、禁止币"。也就是说对"链"这一技术的发展给予充分的鼓励和支持，而对"币"，特别是发行通证这种可能会影响金融安全的行为保持严格监管的态度，对发行通证进行融资的行为更是明令禁止。[2]

2019 年 10 月 24 日下午，中共中央政治局就区块链技术发展现状和趋势进行第十八次集体学习。中共中央总书记习近平在主持学习时强调，区块链技术的集成应用在新的技术革新和产业变革中起着重要作用。我们要把区块链作为核心技术自主创新的重要突破口，明确主攻方向，加大投入力度，着力攻克一批关键核心技术，加快推动区块链技术和产业创新发展。学习会议上，习近平指出，区块链技术应用已延伸到数字金融、物联网、智能制造、供应链管理、数字资产交易等多个领域。目前，全球主要国家都在加快布局区块链技术发展。我国在区块链领域拥有良好基础，要加快推动区块链技术和产业创新发展，积极推进区块链和经济社会融合发展。[3]

习近平强调，要加强对区块链技术的引导和规范，加强对区块链安全风险的研究和分析，密切跟踪发展动态，积极探索发展规律。要探索建立适应区块链技术机制的安全保障体系，引导和推动区块链开发者、平台运营者加强行业自律、落实安全责任。要把依法治网落实到区块链管理中，推动区块链安全有序发展。

习近平指出，相关部门及其负责领导同志要注意区块链技术发展现状和趋势，提高运用和管理区块链技术能力，使区块链技术在建设网络强国、发展数字经济、助力经济社会发展等方面发挥更大作用[4]。

---

〔1〕 参见高承实:《回归常识:高博士区块链观察》,中国发展出版社 2020 年版,第 4 ~ 5 页。

〔2〕 参见樊晓娟:《企业"链"金术:区块链应用法律指南》,上海远东出版社 2020 年版,第 173 页。

〔3〕 参见《习近平主持中央政治局第十八次集体学习并讲话》,载中共中央人民政府网,http://www.gov.cn/xinwen/2019 - 10/25/content_5444957.htm。

〔4〕 参见《习近平主持中央政治局第十八次集体学习并讲话》,载中共中央人民政府网,http://www.gov.cn/xinwen/2019 - 10/25/content_5444957.htm。

三、区块链监管体系

区域链技术在快速发展应用的同时,正在冲击人们业已构成的相关法律认知,甚至与已有的法律秩序形成冲突。不可否认,法律有一定的滞后性,任何新生事物的出现,都需要完整的法律法规对其进行完善。科技创新需要在法律的轨道上发展,建立健全相关法律法规和政策体系,完善对区块链技术的法律政策规制,提升区块链技术应用的安全评估和管控能力,建设更加高效、均衡、公平的经济和社会秩序,充分发挥区块链等新技术的正面作用,防范和控制利用区域链实施的欺诈、传销、非法集资、非法经营等违法违规乱象,也成为当前亟待研究和解决的问题。

从法律层面观察,《个人信息保护法》和《网络安全法》多与其他法律相结合,对区块链行业的相应活动进行规制。例如,在刑事层面,《刑法》第253条之一规定的"侵犯公民个人信息罪";第286条之一规定的"拒不履行信息网络安全管理义务罪";第287条之一规定的"非法利用信息网络罪";第287条之二规定的"帮助信息网络犯罪活动罪"等,均适用于区块链行业。在民事层面,《民法典》第四编第六章"隐私权和个人信息保护"可以针对区块链行业相关民事问题进行规范,但是能适用的规范比较有限。

由于区块链的应用非常广泛且和金融行业关联紧密,我国目前针对区块链的监管体系是复合监管体系,不同的监管部门在不同的维度和职权范围内对区块链进行相应的监管。针对"链"这一技术,主要由工业和信息化部牵头,在技术方面实行监管,由中共中央网络安全和信息化委员会办公室在信息服务方面进行监管。对涉及金融以及与"币"相关的活动,中国人民银行、证监会、银保监会等金融监管部门均在其职权范围内对相关活动进行监管。[1]

2018年,中国人民银行要求支付机构不得为数字货币交易提供支付服务。同时由于区块链技术应用的复杂性,防止监管套利行为的发生,对于一些复杂的问题,由中国人民银行、银保监、证监会、工信部、网信办等多个部门联合发文予以规制,包括否认代币的货币属性,严格禁止开展代币发行融资活动等。

---

〔1〕 参见樊晓娟:《企业"链"金术:区块链应用法律指南》,上海远东出版社2020年版,第174页。

互联网金融风险专项整治工作领导小组(以下简称互金整治小组)承担着总体推进互联网金融整治工作的职责。所以,区块链技术在金融业务领域的应用,还应遵守互金整治小组的监管要求。尤其是在互联网领域,区块链技术发轫于互联网,必然也将互联网作为其基础平台以实现长久发展。《互联网信息服务管理办法》虽然主要规制在互联网虚拟平台上的经营性行为,但是根据区块链的产生特征,其必然也受该办法规范。

网信办根据国务院授权,负责全国互联网信息内容的管理工作,并负责监督管理执法。网信办根据国务院的授权,对区块链上的信息内容进行监管。《区块链信息服务管理规定》的核心是防范、处置区块链上的有害信息。该规定明确了区块链信息安全责任的主体包括区块链信息服务提供者和使用者,并要求在上线新产品、新应用、新功能时,要进行安全评估。区块链信息服务提供者应当对区块链信息服务进行备案,备案系统已经上线。该规定同时要求区块链信息服务提供者应当落实信息内容安全管理责任,对于法律、行政法规禁止的信息内容,应当具备对其发布、记录、存储、传播的即时和应急处置能力。

工信部承担着统筹规划互联网、监督管理电信和信息服务市场、维护通信网络安全及信息安全管理的责任,推动着区块链技术标准的研究和应用推广。2017 年 5 月,在工信部信息化和软件服务业司指导下,首个在政府指导下的国内区块链基础标准——《区块链和分布式账本技术参考架构》标准正式公布;2018 年 1 月,工信部发布《区块链数据格式规范》,为区块链行业应用提供统一的数据标准,对国内区块链标准建设具有重要意义。

公安机关作为负责监督管理计算机信息系统的安全保护工作的行政机关,主管全国计算机信息系统安全保护工作。在职责范围内,公安机关对区块链项目的网络实名制的落实、网络安全管理制度和操作规范的落实、等级保护和关键信息基础设施保护、用户信息和网络日志的留存、计算机病毒和网络攻击或入侵的防范技术措施、禁止发布传输的信息的应急处置措施、内容安全和应用安全管理、个人信息保护、网络产品和服务安全管理等实施情况开展监督检查,对危害行为进行规制,对涉嫌违法犯罪的行为进行查处。

四、元宇宙与第三代互联网(Web 3.0)之间的关系

元宇宙是承载人类未来生活方式的数字新空间,是一个人人都会参与的数字新世界,让每个人都可以摆脱物理世界中现实条件的约束,从而在数字空间中成就更好的自我,实现自身价值的最大化。元宇宙是区块链、人工智能、5G、VR、AR、物联网、大数据、云计算、边缘计算等前沿数字技术的集成应用。我们也可以给元宇宙下一个更简单的定义:元宇宙就是下一代互联网,也就是第三代互联网。

我们可以把过去25年互联网的发展历程视作池塘水面上的涟漪一圈圈往外扩散的过程,每一次互联网的发展迭代都是依靠技术创新来推动应用场景范围一圈圈往外扩展的,进而助推社会经济向更高层次迈进。基于这个逻辑,我们可以把互联网分为三个发展阶段:第一代互联网(Web 1.0)是个人计算机互联网,从1994年发展至今。第一代互联网的优势在于高效地传输信息,因此网络新闻、在线搜索、电子邮件、即时通信、电子商务、彩信彩铃、客户端和网页游戏等应用快速普及,互联网用户被迅速连接起来,从而提升了全球信息传输的效率,降低了获取信息的门槛。这一阶段的代表公司包括雅虎、美国在线、谷歌、亚马逊、新浪、搜狐、网易、腾讯、百度、阿里巴巴、京东等。

第二代互联网(Web 2.0)是移动互联网,从2008年左右拉开大幕,到今天仍然精彩纷呈。智能手机具备“永远在线”和“随时随地交流”的特点,这让移动互联网成为很多人生活的重要组成部分。“上网”的概念在这个阶段逐步消失,我们时刻都生活在网络里。社交关系被大量地引入互联网,更多的新社交关系被建立。智能手机让各类传感器开始普及,让物理世界加速映射到互联网而后实现数字化,同时也让互联网上的各种服务能够应用到社会生活中,线上(online)和线下(offline)开始紧密地交互。社交网络、O2O服务(线上到线下服务)、手机游戏、短视频、网络直播、信息流服务、应用分发和互联网金融等移动互联网服务成为主流。在这一阶段,苹果公司、脸书、爱彼迎、优步、小米、字节跳动、滴滴、美团、蚂蚁金服、拼多多和快手等迅速崛起,成为各自领域的领军企业。

第三代互联网(Web 3.0)就是元宇宙,2021年是元宇宙元年,新一轮互联网迭代升级的大幕就此拉开。我们将看到一系列新变化:区块链让数据

成为资产,智能合约打造可编程的智能经济体系,人工智能构建全球智慧大脑并创造"数字人",物联网让物理世界的现实物体向数字空间广泛映射,AR 实现了数字世界与物理世界的叠加,5G 网络、云计算、边缘计算正在构建更加宏伟的数字新空间。[1]

五、区块链为第三代互联网(Web 3.0)、元宇宙提供底层技术架构

总而言之,元宇宙有两种基本的底层技术架构。第一种是选择当前的第二代互联网(Web 2.0)作为底层技术架构,主要模式是现有数字平台依托其丰富的流量、数据和场景,建设基于自身生态体系的元宇宙。Rolblx(Roblox)、英伟达、谷歌、迪士尼、亚马逊、腾讯、字节跳动等国内外数字平台选择的均是这种模式。这种模式的元宇宙过分强调数字化的沉浸感,但在生产关系层面,用户行为产生的数据仍然被数字平台所垄断,广大用户仍然生存在"数字藩篱"之中。

第二种是以分布式的第三代互联网(Web 3.0)作为元宇宙底层的技术架构,基于第三代互联网(Web 3.0)构建若干个开源的、真正属于所有用户的元宇宙。这种模式通过跨链技术实现元宇宙之间的互联互通,用户既是元宇宙的生产者,又是元宇宙的消费者。其实现路径是将沉浸感放到一个相对次要的位置,更加注重元宇宙的永续性、开放性和自治性,更加接近元宇宙属于所有用户的本质,这也是实现和建设元宇宙的长久之道。

第三代互联网(Web 3.0)以将数据的所有权归还用户为核心要义,在技术堆栈层面可分为协议层、基础设施层、应用层及接入层四个层次,以网络的开放性为主要特征。它的开放性体现在:第一,用户在互联网应用领域中的准入充分自由,并且门槛较低。例如,用户往往利用一个区块链地址就可以登录链上的应用,无须注册许可,操作便利。第二,用户行为不受第三方主体限制,互联网应用打破原有的所谓生态内、生态间的界限和隔阂,在复合代码运行逻辑的原则下,应用之间具有高度的组合性和复合性,可以通过 DeFi 对任何应用的底层基础协议进行调用和聚合,合成资产平台,将现实世界资产映射到链上(无交割关系),打破了链上链下和虚拟现实的界限。第

---

[1] 参见于佳宁、何超:《元宇宙——开启未来世界的六大趋势》,中信出版集团 2021 年版,第 20 ~ 21 页。

三，第三代互联网（Web 3.0）内部基于不同基础设施的应用之间可以通过宇宙（Cosmos）、波卡（Polkadot）等跨链协议解决互联互通问题。因此，用户在Web 3.0世界多个应用之间的行为可以生产类似社交关系的图谱，进一步提升数据价值的挖掘潜力。[1]

从技术层面而言，第三代互联网（Web 3.0）的技术堆栈主要是基于区块链构建的，协议层也可以有链下的辅助部分。第三代互联网（Web 3.0）的堆栈底部是协议层，由区块链作为底层技术架构，其他一切都是在此之上构建的。第一层智能合约平台，如以太坊（Ethereum）、索拉纳（Solana）、宇宙（Cosmos）等是大多数Web 3.0应用程序的基础平台。同时，由于第一层扩展协议需要处理的数据量过大，为了减轻其容量限制，在以太坊之上构建了多个第二层扩展协议。随着许多第一层扩展协议和第二层扩展协议网络的兴起，需要在它们之间架起桥梁，让用户将价值从一条链转移到另一条链。2021年，Web 3.0在协议层维度获得了长足的发展。根据加密风投机构Electric Capital的第三代互联网（Web 3.0）开发者报告，2021年，第三代互联网（Web 3.0）开发人员的数量处于历史最高水平，增长速度比以往任何时候都快。每月有18,000名活跃开发者在开源加密项目和第三代互联网（Web 3.0）项目中提交代码，全年共有34,000多名新的开发者提交了代码（历史最高值）；每月有4000多名活跃的开源开发人员在以太坊生态中工作，有680多名开源开发人员在比特币生态中工作；超过20%的新第三代互联网（Web 3.0）开发人员加入了以太坊（Ethereum）生态系统。第三代互联网（Web 3.0）开发者生态从大到小依次为以太坊（Ethereum）、比特币（BTC）、波卡（Polkadot）、宇宙（Cosmos）、索拉纳（Solana）等，它们至少每月有250多位活跃开发者。底层基础设施的发展为第三代互联网（Web 3.0）的发展奠定了良好的基础。[2]

---

〔1〕 参见吴桐、商健光：《Web 3.0：元宇宙的底层网络结构》，载《东北财经大学学报》，2022年7月13日。

〔2〕 参见吴桐、商健光：《Web 3.0：元宇宙的底层网络结构》，载《东北财经大学学报》，2022年7月13日。

◇ 第二节　区块链技术与元宇宙数字化身的法律问题

在元宇宙中，每个人都可能有自己的数字化身，数字化身在元宇宙的社交、学习和生活等活动中都是通过区块链技术在元宇宙中得到完整记载。

一、数字化身

元宇宙是一个纯粹的数字生态系统。用户可以创建数字化身，以数字人或虚拟人身份在元宇宙进行生存、交互。除数字形象外，我们每个人还会拥有自己的数字身份，数字身份将与现实身份逐步融合。数字身份不仅是数字形象，而且是每个人在元宇宙中的标志(以数字代码或区块链地址的形式)，用于记录我们在元宇宙中的社会关系、活动记录、交易历史、数字贡献、财产权利、知识创意等一切信息。数字身份有点类似我们在元宇宙中的身份证号，是一种在数字世界中的通用的身份，但是又会比身份证号强大得多。数字身份是我们一切数字活动的基石，我们在元宇宙中的工作、生活、娱乐、投资、交易都会基于它来完成。因此，如果没有高度可信的数字身份体系，元宇宙中的数字社会就难以健康发展。〔1〕

数字化身的法律性质是什么？换句话说，个人与其数字化身之间的关系为何？有学者从数字媒体视角出发，认为两者存在三种身份关系：第一，对数字化身的认同，此时二者之间形成一个整体性的表达；第二，个人与数字化身之间彼此独立，后者仅仅被视为一种游戏工具；第三，将数字化身作为补偿物，即数字化身被视为个人某些品质的理想投射。这一分类的启示是，数字化身是否应纳入个人(动态)身份的范畴，需要结合具体场景进行判断。〔2〕

---

〔1〕 参见于佳宁、何超：《元宇宙——开启未来世界的六大趋势》，中信出版集团2021年版，第199页。

〔2〕 参见陈吉栋：《超越元宇宙的法律想象：数字身份、NFT与多元规制》，载《法治研究》2022年第3期。

二、区块链技术解决数字身份问题

在元宇宙中，我们需要一个更加安全、可信、通用化的数字身份。数字身份需要满足三个基本特点。第一，身份需要具有通用性，能够打通身份体系、数据体系、信用体系、资产体系，从而全面对接元宇宙中的各类应用。第二，身份需要具有独立性，完全由用户掌握。授权时，用户可以自主选择授权范围，并可以随时取消授权（取消后，对方无法再使用任何个人数据）。第三，身份需要具有隐私性。个人信息要实现"可验而不可得"，在授权的过程中，我们只需要告诉对方验证结果，而无须将自己的具体信息告诉对方，在保护个人隐私的前提下更方便地使用身份和个人数据。[1]

传统的集中式身份验证模式极易产生安全威胁和隐私滥用问题，元宇宙不仅要能与真实的身份绑定，而且需要在不同应用场景、次元宇宙、元宇宙间切换，这就需要利用区块链技术建立新的分布式身份认证体系，可以在跨生态网络中保护隐私和数据安全。以虚拟数字人为例，每个元宇宙都会有独特的应用场景，但如果在每个元宇宙中都有不同的虚拟数字人，将会给用户带来很大的困扰，极大地增加监管复杂程度。因此，需要通过区块链建立分布式身份体系，支持虚拟数字人在不同应用场景进行切换，也支持虚拟数字人相关的静态属性、动态属性和资产随着虚拟身份同步切换。同时，从社会学视角来看，虚拟数字人是没有人类身份的数字化形象，会带来很多使用权、运营权的归属等问题，同时也将带来法律、伦理、资产、安全等一系列新的社会问题。区块链技术可以通过分布式账本和智能合约完成虚拟数字人的权利分配和责任承担。[2]

事实上，目前我们已经可以基于区块链、非对称加密、隐私计算等技术获得加密、可控、真正属于自己的数字身份。比如知名的浏览器插件钱包 Metamask（图标是一个小狐狸，因此常被称作"小狐狸钱包"），本质上就是一个基于区块链的数字身份管理器，它可以帮我们管理基于区块链而产生，由地址与私钥两者组成的数字身份，并将数字身份和数字资产牢牢绑定在一

---

〔1〕 参见于佳宁、何超：《元宇宙——开启未来世界的六大趋势》，中信出版集团 2021 年版，第 204 页。

〔2〕 参见李鸣、张亮、宋文鹏等：《区块链：元宇宙的核心基础设施》，载《计算机工程》2022 年第 6 期。

起。此类身份具有高度的通用性，用户可以用任何支持以太坊区块链的钱包创建数字身份，并随时导入其他钱包中使用，也可以基于 Metamask 使用所有的以太坊 DApp。[1]

三、目前仍需解决的问题

在元宇宙社会里，尽管区块链技术的去中心、不可篡改的技术属性使身份认证具有了匿名性更强和身份信息更安全的特点，但目前仍存在以下三方面的问题：

第一，元宇宙上的区块链技术仅用于完整性校验，没有真实性的比对。元宇宙内活动的主体是虚拟用户，但每一个虚拟用户都关联着并受控于现实世界中的一个自然人或者法人，即"真人"。元宇宙内虚拟用户的行为，本质上都是现实世界里真人的行为。现实世界真人的伦理规范和法律体系，原则上都应该适用于元宇宙内的虚拟用户，即适用于虚拟用户背后的真人。但是，一个现实世界的真人在元宇宙中可以有多个化身，要实现每个化身与现实的真人唯一对应和匹配，防止真人不恰当地使用化身身份，防止真人仿制他人的化身身份，如仿制邓丽君等明星的虚拟身份，以假乱真，客观上需要一个中立性的权威机构来认证。[2]

但是，目前元宇宙认证使用的区块链技术仍然是"点对点"的，没有经过中立的独立机构的验证，即由各类主体自己提交身份证明材料，经过系统验证后分散存储在用户终端，而不是中心化的始端。虽然达到了个人信息保护的要求，但却忽视了个体身份的真实性验证。且当前的区块链仅用于完整性校验，只是对后期用户的进入起着验证作用，没有事前公认的、可信任的权威性的"真实性比对"，用户提交的身份材料的真实性没有得到权威性机构的证实，用户完全拥有自己数据（包括虚假身份数据）的主动权，能"真正掌管自己"，自然也不存在中心化的系统、大量的个人数据泄露的风险。这与当前的手机验证码验证没有质的区别，只是形式不同而已。

第二，多元身份混杂。区块链的开源分散身份框架，为各类主体提供了

---

〔1〕参见于佳宁、何超：《元宇宙——开启未来世界的六大趋势》，中信出版集团 2021 年版，第 204 页。

〔2〕参见李慧敏：《自由与秩序：元宇宙准入的价值选择与身份认证的元规则》，载《法治研究》2022 年第 2 期。

可分散身份,用户可以自由地创建多个元宇宙身份。现实人在同一元宇宙的虚拟社会里,可以男扮女装、女扮男装、童扮成装,以多身份多角色的"数字人"出现。现实人在不同的元宇宙里,可以建立不同的身份,这又涉及在跨平台、跨服务提供商之间进行身份认证的问题。这就需要构建统一的元宇宙可信身份认证平台,以满足元宇宙平台跨地域、跨国界的身份认证需求。元宇宙身份认证证明是各主体穿梭于各元宇宙之间、横跨物理空间和虚拟空间的通行证,是基于政府安全认证系统所确认的数字身份认证。仅靠私有链或联盟链自发建立的认证体系所发挥的认证功能依旧相当有限,往往仅局限于行业数据内,且数据认证格式和安全级别各不相同,无法做到互认互通,也不可能获得现实真人身份的"第一手资料"和"原始资料",靠他们来实现身份准入认证,其真实性难以得到保障,公信力不强。如何实现这种匿名凭证的"外显匿名,内存真实",揭开数字身份的"黑盒子",促进交往和交易安全,确保用户身份的真实性,做到虚拟身份和现实身份的一致性,建立可信身份认证制度必不可少。

第三,生物性特征难以真实呈现。在现实物理世界,真人通过实地提交政府签发的身份证即可获得现实验证,体貌、性别等特征一目了然。与 2D 互联网身份不一样,元宇宙的 3D 身份是具有生物特征、时间特征等特性的数字身份,是诸如性别、身高及未成年等生物特征的"数字证书",因此,元宇宙的 3D 身份验证是立体性活体检测,与 2D 静态检测显然不同,要求更高。这些仅靠当前的私有链和验证码技术是难以真实呈现和识别的,"丰巢刷脸取件事件"就是很好的例证。[1]

◆ 第三节 区块链技术与元宇宙经济社群的关系

元宇宙包括虚拟世界。现实世界和虚拟世界是相互融合的,虚拟世界也有自己的经济系统,有自己的经济社群,区块链技术构建了元宇宙经济社群的底层技术支撑。

---

[1] 参见李慧敏:《自由与秩序:元宇宙准入的价值选择与身份认证的元规则》,载《法治研究》2022 年第 2 期。

一、区块链与 DAO

通常认为，DAO 是一种全新的人类组织协同方式，是加密人在公有区块链去中心化保障和经济激励的基础上形成的一种自组织形式的社会组织。DAO 是一个由拥有共识的人群形成的非中心化组织，通过不断迭代的管理和运作规则（共识），以智能合约的形式逐步编码在区块链上，在没有第三方干预的情况下，通过智能化管理手段和通证（token）经济激励，使组织按照预先设定的规则实现自运转、自治理、自演化，进而实现组织的最大效能和价值流转，以公开、民主的方式实现共享资源的高效配置。

DAO 系统受到三个定律的整体性支持。定律一：诚信机制。通过多个 DAO 节点对每一个 DAO 节点的行为进行互相审查，以确保所有的规则能够被强制实施。单个节点违背规则，或者系统的制造者不遵守规则，均会被集体直接封锁。定律二：不可侵犯机制。确保在没有多数股东同意的情况下，对任何 DAO 规则（源代码）的更改都是不被执行的；没有一半以上的投票同意采纳，哪怕是对极少数节点的侵犯也是不会成功的。定律三：自我保护。能够让整个系统采取更多的手段，以抵挡对 DAO 的生存造成的任何威胁。一个公开的系统或者开源系统[1]，通过上述手段就能避免由于引入不良节点而造成整个系统的崩溃。

DAO 形成了四个基本特征：（1）分布式与非中心化特征。通过自下而上的网络节点之间的交互、竞争与协作来实现组织目标。（2）自主性与自动化特征。组织规则由程序自主运行，管理具有代码化、程序化自动化。（3）组织化与有序性特征。运转规则、参与者的职责权利以及奖惩机制等均公开透明。（4）智能化与通证化特征。以数字化、智能化、链上链下协同治理为治理手段，将组织中的各个元素（如人、组织、知识、事件、产品等）通证化，从而使货币资本、人力资本以及其他要素资本充分融合。通证是 DAO 的重要内容，是 DAO 的微励机制的载体。

DAO 可以看作最复杂的智能合约。这是因为智能合约是 DAO 的基石。DAO 的非中心化自治网络可以在预先设定的业务规则之下自动运行，进而衍生出人工智能的概念。这些智能合约不仅能够像一个自治企业模式

---

〔1〕 参见朱嘉明：《元宇宙与数字经济》，中译出版社 2022 年版，第 361～362 页。

一样运作，还能够构建一些完全和现实世界中的商业模式一样的功能，一旦完成部署，它将不受其创建者和任何外界力量的影响。

DAO 和区块链有着深层关联性。区块链和 DAO 是不可分割的。在 DAO 的运行中，其交易记录和程序规则在区块链上维护，这种方法不再需要传统金融交易中受交易双方信任的第三方，DAO 的运行依靠区块链通证的激励机制。现在，区块链和产业结合，特别是和工业智能制造、工业 4.0 结合。未来，区块链将成为管理中最重要的基石。简言之，没有 DAO，没有区块链作为 DAO 的基石，未来的管理是不可想象的。

二、元宇宙与 DAO

元宇宙的协作组织是 DAO。或者说，DAO 是元宇宙发展的重要构成形态。历史发展的逻辑是 DAO 在前，元宇宙在后，没有 DAO，就没有元宇宙，元宇宙给了 DAO 充分发展的机会。为什么说 DAO 在前，元宇宙在后？凡属于非通过自上而下模式，特别是非集权模式所形成的组织和所发生的事件都是一种 DAO 的实现。元宇宙并非由一个自上而下的力量或集权组织设计出来的，因此元宇宙的发生、演进和前景都是以 DAO 为前提的。这是历史，也是现实。

在数字化时代，DAO 催生了元宇宙的诞生。元宇宙的诞生有技术原因，也有经济、社会、文化和艺术等原因。如果对这些原因加以分析，就会发现过去几十年间，以科技革命为主导的演进过程中，DAO 的实现没有什么力量和资源能绝对垄断。在所有这些现象中，开源运动就是 DAO 的代表。元宇宙需要 DAO，同样元宇宙也需要区块链。

迎接 DAO 的挑战，DAO 的组织要完善，法律要完善，还要在管理中把政府和 DAO 结合在一起。DAO 并不意味着政府的缺席，而是对政府的治理提出了更多、更加严格的要求。DAO 的技术刚刚开始，DAO 和元宇宙怎么结合，DAO 和区块链怎么结合，一切都在进行过程中，比所有人想象的都快。[1]

DAO 包含着一种合作精神。今天所讲的合作社里面有 DAO 的意识，DAO 里包含着社会主义的基本理念。Web 3.0 的到来推动着人类活动和价

〔1〕 参见朱嘉明：《元宇宙与数字经济》，中译出版社 2022 年版，第 369～370 页。

值的转型变革,分布式社区和利益相关者之间的协作变得越发重要。

当 DAO 和元宇宙融合,DAO 成为元宇宙的组织模式,元宇宙为 DAO 提供平台,两者的特征会形成怎样的互动模式,使两者相得益彰? 基于 DAO 的元宇宙如果得以发展,将怎样影响现实世界,即人类的经济、社会、政治生活? 元宇宙不仅将颠覆资本主义制度,也将解决人类现存制度的各种弊端,打破现在所面临的社会资源在分配中越来越失衡的困境。当然,这一方面需要发挥各种自主力量,另一方面又需要依赖于强有力的政府干预。

元宇宙 DAO 的组织规则由程序监督运行,组织规则最终的保障是代码。代码的事前约束使得 DAO 能够在更低信任的模式下形成组织,用户在数字世界可更广泛地参与全球协作,DAO 弥合了全球各地的参与者在围绕同一使命和目标进行建设的鸿沟。

在元宇宙框架下,DAO 的原则对微观世界有什么影响? 从对企业和各种基本社会单位、社区治理的分析中发现,实现 DAO 和元宇宙的结合将是一个漫长的历史过程,一代人的时间无法完成。这将是一场社会变革运动。[1]

第四节 区块链技术与元宇宙金融服务

随着元宇宙的发展,元宇宙中也开始出现各式各样的金融服务,如 DeFi。区块链以其去中心化的特性实现高度安全、透明且可信的自动化金融服务。

一、基于区块链技术的 DeFi 与元宇宙

DeFi,也被称为“开放式金融”,是以比特币和以太币为代表的加密货币,是区块链和智能合约结合的产物。DeFi 有两大支柱,一是以比特币和以太币为代表的稳定币,二是实现交易、借贷和投资的智能合约。DeFi 具有以下三个特点:第一,它是加密金融体系的一种模式;第二,DeFi 的核心在于

〔1〕 参见朱嘉明:《元宇宙与数字经济》,中译出版社 2022 年版,第 369 ~ 370 页。

“去中心化”;第三,DeFi 还具有相当高的匿名性。[1]

在元宇宙中,数字与实体将全面融合,一切经济活动都会向数字经济转变。这就要求金融服务实现数字化,不仅要实现形式上的数字化,更要实现真正的普惠化,让每个人都能低成本、高效率地使用数字金融服务。现在,一些先行者已经在尝试用数字化的方式重构全球金融基础设施,消除不必要的金融中介,降低金融服务门槛和成本,优化人们使用金融服务的方式和体验。DeFi 领域的一系列创新实践可能是构建元宇宙时代数字金融体系的探索和尝试。DeFi 不仅能够让资产所有者自己掌控资产,还能实现高度安全、透明且可信的自动化交易。

在 DeFi 核心赛道中,除了数字资产和具体应用之外,还包括基础设施和工具。具体包括底层公链、二层网络(Layer2、Polygon、Arbitrum)、钱包(MetaMask、imToken)、资产管理工具和控制器(DeFiBox、DeBank)、区块链浏览器(Etherscan)、燃料费工具(Gas Now)、链上数据分析工具(Chainanalysis、The Graph、Dune Analytics)等。正是基础设施的逐步完善,工具体验的日益优化,数字资产品类趋于丰富,以及去中心化应用功能不断完善、场景不断扩展,DeFi 生态才能迅速崛起。[2]

二、DeFi 对金融服务的变革

DeFi 的出现也标志着基于区块链的“分布式商业模式”正在从理想变为现实。DeFi 的崛起让用户对自己的数字资产拥有完整的所有权和控制权,并可以低门槛地自由使用各种去中心化应用,交易过程也变得更加透明、可信和安全。DeFi 正在成为最前沿的金融科技的试验场,并不断提升资产的安全性、独立性、流动性和交易效率,引领金融业加速向数字化和智能化变革,从而实现真正的“数字金融”。具体来说,DeFi 从五大方面对金融服务进行了变革。

第一,业务载体变革。基于区块链上开源的智能合约程序,用真正“去中心化”的方式开展业务,在最大程度上降低交易中对手方的风险,使金融

〔1〕 参见《DeFi》,载百度网,https://baike.baidu.com/item/DeFi/60830213?fr=aladdin。

〔2〕 参见于佳宁、何超:《元宇宙——开启未来世界的六大趋势》,中信出版集团 2021 年版,第 268~269 页。

业中的信任机制发生根本性改变。大部分 DeFi 项目的交易机制是 P2C(peer to contract),其中 contract 是区块链智能合约,用户的交易对手其实都是智能合约。而那些智能合约大部分会开源并经过第三方安全审计公司的代码审计,所有交易在链上均可查询,透明度很高,任何人都能实时监控资产的动向,确保智能合约内的资产安全。因此,DeFi 使信任机制发生根本性变化,让用户的信任主要来自区块链和智能合约本身。由于大公司的品牌信用背书效应减弱,创业公司开始拥有越来越多的机会。

第二,风险机制变革。在 DeFi 的金融世界里,由于交易基于智能合约可自动执行,在排除了人为主观因素后,交易过程中的信用风险和操作风险都会大幅下降。但同时,与网络安全有关的风险大幅上升,一些智能合约由于存在逻辑和规则编写不完善、代码有漏洞等问题,给黑客攻击和盗窃资产留下可乘之机。

第三,分配模式变革。目前,收益农耕机制已经在 DeFi 领域广泛应用,实现了依据用户(数字贡献者)对项目关键资源的贡献程度自动、透明、公平地分配项目的长期价值。

第四,组织形态变革。经济社群组织取代基金会等中心化过渡形态的组织方式。大部分 DeFi 项目的治理通过链上治理机制实现,而链上治理的大部分关键流程又会通过智能合约来完成。其实,这种模式已经不再需要项目方基金会,可自动运转。经济社群组织真正登上历史舞台,开始成为主流的组织方式。

第五,产业关系变革。DeFi 时代也是开放的金融新时代,DeFi 是一个高度开放的金融体系,不同项目的业务实现叠加和组合是常态。在公链上,各个智能合约可以互相通过接口调用其他智能合约的功能,这一过程简单、快捷且透明。例如,收益聚合器不需要托管任何用户资产,仅通过接口调用就可以实现用户资产在多个项目之间的组合配置和自动操作,在为用户提供交易便利的同时大幅节省交易成本,也方便用户选择最优的配置组合。[1]

---

〔1〕 参见于佳宁、何超:《元宇宙——开启未来世界的六大趋势》,中信出版集团 2021 年版,第 271 页。

三、DeFi 的安全问题

技术发展具有两面性,“去中心化的可编程交易”也会引发一系列新型风险和问题。智能合约可以基于代码自动执行,但其中有些代码如果不完善,就很容易招致黑客的攻击,并导致数字资产失窃。当然,项目方有意留下后门,监守自盗卷走用户资产的情况也可能发生。在 2021 年 7 月至 8 月上旬的一个半月内,DeFi 领域就发生了 11 起重大安全事件。其中有一个案例让人印象深刻:跨链协议 Poly Network 被黑客攻击,被转移的数字资产价值达 6.1 亿美元。不过,这名黑客稍后同意归还这些资产,并通过以太坊网络转账留言的方式进行了公开的问答。他表明自己不是恶意的黑客,而是像白衣骑士那样来拯救项目的白帽黑客。他表示,他最初发现了这个漏洞,担心有人利用这个漏洞盗窃资产,于是将这些价值上亿美元的数字资产转移到了他认为安全的地方,但他本人对这些钱并不感兴趣,最后归还了资金。这个金额巨大且颇具戏剧性的事件引起了全球热议,也提醒我们一定要时刻加强智能合约的风险意识,并对自己的数据和资产安全有明确的保护策略。

对于 DeFi 的安全问题,有两个方面尤其值得关注。首先,要特别关注项目的智能合约代码是否经过知名安全审计机构的代码审计。经过专业的代码审计能有效地排查出大部分已知的漏洞,使智能合约的安全性显著提升,目前 DeFi 项目使用较多的安全审计公司包括 Certik、派盾(PeckShield)、漫雾(SlowMist)等。但经过审计的项目也绝非万无一失,还可能存在审计公司无法发现的新型漏洞。此外,智能合约经审计后,如果进行了升级,就可能存在出现新型漏洞或被恶意篡改的风险。因此,如果智能合约增加了新的功能模块或进行了升级,我们就需要及时查看是否有针对最新版智能合约的安全审计报告。其次,要定期清理授权项目。在使用 DeFi 服务时,我们往往需要授权智能合约调用钱包中的数字资产。通常来看,正规的项目会对授权的范围进行严格限定。但有些恶意项目会以高额的收益率为噱头吸引用户完成授权,再通过智能合约把用户钱包中进行过授权的资产全部转走。所以,在进行授权时,可以设定授权额度为当次交易的额度,以避免相关风险。同时,需要定期清理已授权的项目,将已经不用的授权及时取消。

总体来看,元宇宙中的形态是数字化的,这就要求金融生态的数字化。

这里的数字化不仅指形态上的数字化，也要符合数字金融背后的本质特征。数字金融需要实现真正普惠，让每个人都能无门槛、低成本、高效率地使用数字金融服务。万物皆可编程，智能合约代替人工操作，可消除信用风险和操作风险。[1]

---

〔1〕 参见于佳宁、何超：《元宇宙——开启未来世界的六大趋势》，中信出版集团 2021 年版，第 271 页。

第九章 人工智能(AI)与脑机

◇ 第一节　让元宇宙充满想象力之人工智能治理

无论是计算机视觉、机器学习,还是自然语言处理和智能语音,“人工智能是元宇宙重要的组成部分和关键之一,它与元宇宙切口高度重叠,有了这些人工智能技术的持续加持,元宇宙未来才会从概念到场景化的落地,两者之间的紧密关系,让市场有了更多想象力和期待”[1]。元宇宙中大量的应用场景和用户需要对大量的数据进行智能化处理,人工智能通过大量的数据进行机器学习,然后通过算法进行自动化决策。人工智能还可以独立或与人类共同创作场景内容,丰富元宇宙中各式内容之需求。人工智能通过上述应用,让用户对元宇宙有了更多想象力和期待。

一、人工智能的发展历程

“人工智能,英文缩写为 AI,它是研究、开发用于模拟、延伸和扩展人的智能的理论、方法、技术及应用系统的一门新的技术科学。”[2]“1936 年,24 岁的英国数学家图灵(Alan Mathison Turing)提出了‘自动机’理论,把研究

---

〔1〕 书翼:《从 AI 到元宇宙,谁会笑到最后?》,载澎湃新闻网 2021 年 12 月 17 日,https://m.thepaper.cn/baijiahao_15837312。

〔2〕 《人工智能》,载百度网,https://baike.baidu.com/item/%E4%BA%BA%E5%B7%A5%E6%99%BA%E8%83%BD/9180?fr=aladdin。

会思维的机器和计算机的工作大大向前推进了一步,他也因此被称为‘人工智能之父’。”[1]1956 年,在达特茅斯会议上首次提出了“人工智能”这一术语。1959 年,阿瑟·塞缪尔创造了“机器学习”一词,同年发生了人工智能战胜人类的事件。1966 年,世界上第一个聊天机器人发布,人机开始实现首次对话。1997 年,“深蓝”战胜人类国际象棋冠军。2007 年,世界上最大的图像识别数据集建立并帮助人工智能识别出了猫。2016 年,阿尔法战胜了人类职业棋手九段李世石。

二、人工智能发展的原则

2018 年 4 月发布的《英国人工智能发展的计划、能力与志向》为人工智能准则的制定提出了五条初步的原则:第一,开发人工智能应当为了共同利益和人类福祉;第二,人工智能的运行应符合可理解原则和公平原则;第三,不应利用人工智能来削弱数据权利或侵犯隐私;第四,所有公民都有权获得教育,以便享有人工智能带来的好处;第五,伤害、毁灭或欺骗人类的自主权力绝不应委托给人工智能。[2] 阿西洛马人工智能原则指出:“(1)研究目的:人工智能研究的目标应该是创造有益(于人类)而不是不受(人类)控制的智能。(2)价值归属:高度自主的人工智能系统的设计,应该确保它们的目标和行为在整个运行中与人类的价值观相一致。(3)人类价值观:人工智能系统应该被设计和操作,以使其和人类尊严、权力、自由和文化多样性的理想相一致。(4)个人隐私:在给予人工智能系统以分析和使用数据的能力时,人们应该拥有权力去访问、管理和控制他们产生的数据。(5)自由和隐私:人工智能在个人数据上的应用不能允许无理由地剥夺人们真实的或人们能感受到的自由。(6)分享利益:人工智能科技应该惠及和服务尽可能多的人。(7)共同繁荣:由人工智能创造的经济繁荣应该被广泛地分享,惠及全人类。(8)人类控制:人类应该来选择如何和决定是否让人工智能系统去完成人类选择的目标。(9)非颠覆:高级人工智能被授予的权力应该尊重和改进健康的社会所依赖的社会和公民秩序,而不是颠覆。(10)风险:人工智

---

[1] 孙柏林、刘哲鸣:《人工智能技术在仪器仪表中的发展与应用》,载《仪器仪表用户》2017 年第 12 期。

[2] 参见刘霞:《英国版“人工智能准则”有望确立》,载人民网,http://scitech.people.com.cn/n1/2018/0419/c1007-29936165.html。

能系统造成的风险，特别是灾难性的或有关人类存亡的风险，必须有针对性地计划和努力减轻可预见的冲击。”[1] 经济合作与发展组织（Organization for Economic Co-operation and Development，OECD）发布《确定 OECD 的人工智能发展原则》报告，报告提出了人工智能的五项原则：包容、可持续发展与福祉；以人为本的价值观和公平；透明和可解释性；健壮性和安全性；可问责制。[2] 2019 年 6 月，国家新一代人工智能治理专业委员会发布《新一代人工智能治理原则——发展负责任的人工智能》，提出新一代人工智能治理的框架和行动指南，突出了发展负责任的人工智能这一主题。[3] 笔者认为，人工智能的运行应符合可理解原则和公平原则，人工智能应该能够为人类社会现有的道德所理解；人工智能的运行应当保持透明可见的原则，不让特定个人或少数群体遭受偏见、侮辱和歧视；人工智能应当尊重人格尊严和个人隐私，保障人工智能参与者的知情权和选择权；人工智能的发展应当可控，人类不从属于人工智能也不应受到人工智能的胁迫，保障人类在人工智能中的决定作用，当人工智能失控时应当有毁灭装置。

三、人工智能发展现状

2017 年，国务院印发《新一代人工智能发展规划》，要求到 2030 年中国人工智能产业竞争力达到国际领先水平。2018 年 10 月，习近平在第十九届中央政治局第九次集体学习时指出，人工智能是引领这一轮科技革命和产业变革的战略性技术。人工智能是在 5G、大数据、云计算、物联网、算法等技术发展推动下，以深度学习、人机对话、自动决策等特征出现在人们的现实世界和虚拟世界中，出现在各式元宇宙应用场景中。人工智能产业链包括基础层、技术层和应用层，基础层包括芯片、数据采集设备、云计算，用于大量的数据采集并为人工智能提供数据及算力支撑；技术层包括神经网络、语音分析、计算机视觉、算法，帮助人工智能进行机器学习；应用层主要应用于

---

[1] 参见《23 条阿西洛马人工智能原则》，载 51CTO 博客 2021 年 7 月 2 日，https://blog.51cto.com/u_14808965/2966847。

[2] 参见高玉英：《科技启智向善：OECD〈人工智能原则〉解读与启示》，载《科技风》2021 年第 20 期。

[3] 参见《发展负责任的人工智能：新一代人工智能治理原则发布》，载中华人民共和国科学技术部网，https://www.most.gov.cn/kjbgz/201906/t20190617_147107.html。

元宇宙各大应用场景,包括教育元宇宙、工业元宇宙、文旅元宇宙等。

当前,以深度学习、人机对话、脑机协同、自动决策为特征的新一代人工智能不断取得新的突破,成为推动元宇宙各项应用场景落地的重要推动力量。数据是机器学习的根基,数据的真实性、完整性、数据规模以及质量是人工智能进行分析与建模的关键,带有偏见、歧视的数据将影响机器学习的质量,将影响自动化决策的倾向,影响自动化决策的公平正义。算法是人工智能自动化决策的核心,算法的黑箱、偏见及歧视也将对人工智能决策的结果起着决定性的影响。2015 年 2 月,英国人工智能机器人在做心瓣修复手术时出现大失误,导致患者死亡,据说背后可能还有人为因素。2019 年,智能音箱在回复用户心动周期的相关问题时,建议用户自杀。近年来,特斯拉"突然失控""自动加速""刹车失灵"等事件频繁发生。以上人工智能安全事件的频发,引发了社会、企业、个人对人工智能发展的担忧,此时人工智能治理这一概念应运而生。

四、人工智能治理

"人工智能治理是一项复杂的系统工程,既需要明确治理原则、目标以及厘清治理主体,又需要提出切实有效的治理措施。全球正在逐步构建起人工智能治理框架,以坚持科技造福人类,平衡创新发展与有效治理的关系作为治理目标,采用多元主体参与、协同共治的治理机制,通过制定伦理原则、设计技术标准、确立法律法规等综合治理手段,推动人工智能健康有序发展。"[1] 人工智能是推动新一轮科技革命和产业变革的战略性技术,是推动元宇宙各项应用场景落地的关键核心技术。人工智能正在深刻地改变着人们的生产模式和生活方式,给予人们更多的想象力和无限期待,推动元宇宙经济的快速发展。然而,科技伦理、人类尊严、数据固有歧视、数据偏见、算法黑箱、算法偏见、算法歧视、可控性等问题不断骚扰着人工智能日益脆弱的神经。

(一)科技伦理先行

2019 年 7 月,中央全面深化改革委员会第九次会议审议通过《国家科技

---

〔1〕《中国信通院:〈2020 人工智能治理白皮书〉(全文)》,载网经社网 2020 年 10 月 13 日,http://www.100ec.cn/index/detail—6573056.html。

伦理委员会组建方案》,这表明科技伦理建设已经进入国家层面。2022 年 3 月,中共中央办公厅、国务院办公厅印发了《关于加强科技伦理治理的意见》,该意见指出,科技伦理是开展科学研究、技术开发等科技活动需要遵循的价值理念和行为规范,要进一步完善科技伦理体系,提升科技伦理治理能力,有效防控科技伦理风险,不断推动科技向善、造福人类。科技伦理治理要求伦理先行,明确科技伦理原则,包括:增进人类福祉,不断增强人民获得感、幸福感、安全感,促进人类社会和平发展和可持续发展;尊重生命权利,科技活动应最大限度避免对人的生命安全、身体健康、精神和心理健康造成伤害或潜在威胁,尊重人格尊严和个人隐私;坚持公平公正,公平、公正、包容地对待不同社会群体,防止歧视和偏见;合理控制风险,防止科技成果误用、滥用,避免危及社会安全、公共安全、生物安全和生态安全;保持公开透明,公布科技活动相关信息时应提高透明度,做到客观真实。

“伦理是指在处理人与人、人与社会相互关系时应遵循的道理和准则。是指一系列指导行为的观念,是从概念角度上对道德现象的哲学思考。它不仅包含着对人与人、人与社会和人与自然之间关系处理中的行为规范,而且也深刻地蕴涵着依照一定原则来规范行为的深刻道理。”[1] 人工智能伦理是指处理人与机器、机器和社会之间相互关系时应遵循的道理和准则,包含着人与机器、机器和社会之间的行为规范。“人工智能最大的弱点是缺乏直接的感受能力,在价值判断上存在弱点”,而人工智能伦理准则所倡导的造福人类、避免伤害、公平正义等价值理念,为人工智能技术层面的开发和运用提供了价值判断标准。[2] 人工智能的研发与应用首先应当为了共同利益和人类福祉,以促进人类向上向善为目的,保护人类在社会和工作中的尊严、诚信、自由、隐私和安全,推动全社会公平共享人工智能带来的益处,不断增强人民获得感、幸福感、安全感,促进人类社会和平发展和可持续发展;其次,运行应符合可理解原则和公平原则,人工智能应该能够为人类社会现有的道德所理解,切实保护各相关主体合法权益,促进社会公平正义和机会均等;再次,人工智能的运行应当保持透明可见的原则,不让特定个人或少

---

〔1〕 参见《伦理》,载百度网,https://baike.baidu.com/item/%E4%BC%A6%E7%90%86/2138438?fr=aladdin。

〔2〕 参见张倩蓉:《人人皆可换脸 眼见不再为真:人工智能安全如何保障?》,载中国财经网 2021 年 1 月 8 日,http://finance.china.com.cn/roll/20210108/5472031.shtml。

数群体遭受偏见、侮辱和歧视;又次,尊重生命权利,人工智能应最大限度避免对人的生命安全、身体健康、精神和心理健康造成伤害或潜在威胁,尊重人格尊严和个人隐私,保障人工智能参与者的知情权和选择权;最后,人工智能的发展应当可控,人类不从属于人工智能也不应受到人工智能的胁迫,保障人类在人工智能中的决定作用,当人工智能失控时应当有毁灭装置。

(二)数据伦理

以机器学习为代表的人工智能技术需要大量的数据,数据是机器学习的根基,数据的真实性、完整性、规模和质量是人工智能进行分析与建模的关键。人工智能公平性的核心和基础是数据,数据的不公平主要体现在:不同群体在数据中所占比例不均衡,数据固有的歧视,数据固有的偏见,数据的包容性不够,数据的通用性以及数据的准确性不足等。数据固有的歧视和偏见,是因为一些带有歧视和偏见的价值观映射在数据上。如果没有对上述数据的不公平现象进行调试和校验,就将反馈到人工智能算法模型并将最终映射到人工智能公平性上。

“2018 年,德国成立了数据伦理委员会,负责为德国联邦政府制定数字社会的道德标准和具体指引。”“德国数据伦理委员会认为,人格尊严、自我决策、隐私、安全、民主、正义、团结、可持续发展等应被视为德国不可或缺的数字社会行为准则,这一理念也应在‘数据’和‘算法系统’的监管中加以贯彻。”[1]人工智能数据伦理以人格尊严、自我决策、隐私、安全、民主、正义、团结、可持续发展等为原则,尊重人在科技时代的主体地位,构建人与机器、机器与社会之间的和谐关系,增进人类和社会福祉。我们要强调人在数据中的主体地位,尊重人的权利和自由,实现有序、规范的数据共享。

2021 年 9 月《数据安全法》开始施行,明确规定“国家保护个人、组织与数据有关的权益”。因此,数据主体、数据处理者、第三方数据利用者对数据只享有一定的数据权益,并没有数据所有权。数据主体是指提供单一数据的个体,其对其个体信息的处理享有知情权、决定权、查阅权、复制权、更正

〔1〕 曹建峰、熊辰:《德国发布 AI 和数据伦理的 75 项建议,提出数据和算法协同治理等理念|腾讯网络法专报》,载微信公众号“腾讯研究院”2020 年 1 月 7 日,https://mp.weixin.qq.com/s/W-4lYEQM-G1evreawLT87g。

权、删除权。数据包括数据资源整体和单一数据,单一数据只是将数据主体提供的信息作了数字化记录后而形成的原始数据,并未提供创造性劳动成果以提升用户信息的品质,对于社会的价值贡献仍未脱离用户信息所包含的资讯内容,只能依附于用户个人信息权益,依其与用户的约定享有原始数据的有限使用权;数据资源整体也就是数据产品,数据处理者通过大量的智力劳动成果投入,并经过深度开发与系统整合,形成的数据产品是与原始用户信息、原始网络数据无直接对应关系的衍生数据。数据产品虽表现为无形资源,但可以为运营者实际控制和使用,能够为运营者带来相应经济利益,在实践中已经成为市场交易的对象,具有竞争性财产权益。

(三)算法治理

随着元宇宙时代的来临,算法已经广泛应用于在线社交、游戏、媒体、学习、医疗、教育、工作、生活等诸多元宇宙场景,全面渗透于人们的现实世界和虚拟世界之中。元宇宙时代,同时也是一个算法的时代,算法合规与否直接决定了元宇宙合规与否。算法时代,是一个由政府机构、社会团体、商业平台等基于大量数据,利用并通过算法进行自动化决策的时代,是广泛应用在医疗、教育、就业、金融等行业决策的时代。算法源自计算机科学的发展,它基于输入的原始数据,通过自动化决策产生结果数据。算法是执行预定良好计算过程的计算机代码或指令,其能够执行大规模重复的任务和计算,实现商业高效快速交易、公权力高效运行。算法现如今也广泛应用到我们的生活之中,成为政治、经济、文化、社会发展的重要工具。在应用算法的过程中,应当遵循人类共同价值观,遵守国家或地区伦理道德;应当尊重人类主体地位,给用户选择权和决策权;应当抑制人类社会无处不在的歧视和偏见;算法应当保障用户的人身权和财产权。

政府机构、社会团体、商业平台等将算法内嵌在健康码、个人征信、风险评估、金融风控、智能安防、公共卫生防治等应用场景中,可以支配数据流动、挖掘数据价值并构建新的社会秩序。算法已经不是纯粹的计算机代码或指令,不再是简单的数据处理工具,而是被政府机构、社会团体、商业平台等预设了其利益或偏见的不透明的自动化决策系统。“算法滥用”,即算法的不正当使用,借助算法的工具属性和算法“技术中立”的本质属性,将其利益或偏见嵌入算法运行的各个微观层面,嵌入新生产生活资料引发的经济秩序和社会秩序重构,可能对公民权利、社会秩序、政治权力体系等造成一定的冲击。算法治理,就是对政府机构、社会团体、商业平台等控制算法的人采集、传输、分类、选择、分析、评估、控制数据方式的治理,是对算法自动化决策系统本质方面的深入理解,也是对社会秩序的一种治理。比如,麻省理工学院的研究人员开发了一种新的深度学习算法,旨在帮助机器在真实的、不完美的世界中导航,通过对它们收到的测量和输入建立健康的"怀疑论"。[1] IBM 研究人员开发了一种方法来减少训练数据集中可能存在的偏见,这样之后利用该数据集进行学习的人工智能算法就能尽量保持公平。[2]

(四)法律制定

2021 年 4 月,欧盟委员会公布了《人工智能法》草案,也是全球第一个人工智能法律框架。草案将人工智能系统划分为不同风险级别并采取不同监管路径,规定了禁止的人工智能实践。2021 年 11 月,美国发布的《人工智能应用监管指南》提出了十大监管原则,包括公众对人工智能的信任、公平与非歧视、披露与透明度等原则。2022 年 9 月,深圳市人大常委会通过全国首部地方性人工智能领域法规《深圳经济特区人工智能产业促进条例》。该条例指出,人工智能产业发展遵循科技引领、开源开放、应用驱动、以人为本、安全可控的原则;市场监管部门会同市产业主管部门等有关部门应当建立和完善人工智能地方标准体系;市人民政府应当按照国家人工智能治理相关规定,设立人工智能伦理委员会,履行研究制定人工智能领域的伦理规范,建立健全人工智能伦理安全标准管理制度,引导和规范人工智能伦理安全标准的制定和实施,对数据垄断、算法歧视、智能滥用、深度造假、数据投毒、隐私保护、伦理道德、不平等智能操作以及对社会结构的影响等重点领域开展监测与研判等职责。我们应当加大对人工智能的立法,确立以人为本、公平与非歧视、披露与透明度、安全可控、伦理规范等原则,建立和完善人工智能标准体系,确保人工智能系统的公平、可信赖、可治理。

---

〔1〕 参见通信小金:《MIT 开发新算法,帮助人工智能系统躲避"对抗性"输入》,载贤集网 2021 年 3 月 9 日,https://www.xianjichina.com/special/detail_475806.html。

〔2〕 参见《IBM 发布未来五年五大科技预测之 AI 偏见》,载中国安全防范产品行业协会网 2018 年 3 月 20 日,http://news.21csp.com.cn/c5/201803/11367635.html。

第二节　颠覆教育元宇宙入口之脑机接口

元宇宙是一个现实世界与虚拟世界相互映射的经济系统，以虚实融合的方式形成现实世界和虚拟世界的相互映射。现行教育的特点主要是地域化、差异化和被动化，随着虚拟人、人工智能、数字孪生技术的发展，教育元宇宙可以给用户提供虚拟身份以进入虚拟课堂接受个性化的教育，并最终可能会实现教育公平。随着脑机接口技术的发展，可以实时监测学生注意力等脑电波，教师可以实时改变教学方法提高教学质量，有望成为颠覆教育元宇宙的新一代入口。

一、脑机发展历程

1989 年，美国发布了《全国性脑计划》，并把 20 世纪的最后 10 年命名为"脑的 10 年"。[1] 2006 年，中国在《国家中长期科学和技术发展规划纲要(2006—2020)》中首次把"脑科学与认知科学"列入基础研究八大科学前沿问题。2013 年 4 月，美国总统奥巴马宣布启动"脑科学计划"。2013 年 10 月，欧盟启动"人类脑计划"。2016 年，"中国脑计划"启动，包括脑科学研究和类脑研究。2017 年 6 月，科技部等四部门共同制定了《"十三五"国家基础研究专项规划》，明确提出了脑与认知、脑机智能和脑的健康三个核心问题。2017 年 7 月，国务院印发《新一代人工智能发展规划》，指出类脑智能计算理论重点突破类脑的信息编码、处理、记忆、学习与推理理论，形成类脑复杂系统及类脑控制等理论与方法，建立大规模类脑智能计算的新模型和脑启发的认知计算模型。2020 年 11 月，《中共中央关于制定国民经济和社会发展第十四个五年规划和二〇三五年远景目标的建议》提出瞄准脑科学等前沿领域，实施一批具有前瞻性、战略性的国家重大科技项目。

2014 年，一名瘫痪少年在巴西世界杯上通过意念控制机械外骨骼开出

---

〔1〕 参见《「深度解析」一文看懂脑机接口技术的现状与未来》，载百度网 2019 年 8 月 2 日，https://baijiahao.baidu.com/s?id=1640756834733030010。

第一球。[1] 2019 年 7 月,马斯克创办的 Neuralink 公司发布第一代脑机接口设备 N1 芯片、柔性电线及芯片植入设备"缝纫机"系统;2020 年 8 月,该公司发布第二代脑机接口设备"硬币"Link V0.9。[2] 2020 年年初,浙江大学附属医院通过电极植入收集脑神经信号,通过算法进行分析并输出机械臂可以理解的指令信号,在国内首次实现了高位截瘫病人通过意念控制机械臂完成进食、饮水和握手等上肢运动。[3] 2021 年 8 月,清华大学研发出了首个基于无创医学影像技术导引的微创脑机接口系统。2022 年 2 月,教育部智能医学工程研究中心等单位联合推出我国首个脑机接口领域综合性开源软件平台,集成了 14 种脑机接口源数据集以及多类经典脑机接口范式,设计了脑机解码算法调用接口。[4]

二、脑机的概念与分类

脑机是一种类似键盘、鼠标的人机交互方式,该种人机交互方式的实现依赖脑机接口技术完成。脑机接口是在大脑(人或动物脑)与外部计算机设备之间建立的一种信息系统,可以实现大脑与外部计算机设备之间信息的直接交互,该种信息传递是双向的,也可以从大脑传递脑电信号到计算机,然后通过相关算法操控与之相连的外部设备,亦可以从外部设备通过计算机反馈信息到大脑。脑机接口技术的实现大抵包括以下步骤:(1)脑电信号采集,通过侵入式或非侵入式脑机接口采集大脑活动产生的电波并转换为电信号传输至计算机;(2)脑信号清洗和处理,首先需要对脑信号中包含的多种噪声进行清洗,如无关的神经信号等,其次通过算法将与预设心理活动任务相关的神经信号规律相结合来提取特征,最后进行分类处理并转换为可以执行输出的对应信号;(3)信号的输出和执行,计算机将上述信号传输

[1] 参见白杨:《用意念开出的世界杯第一球已飞逝六年:距离人类"改造"还有多远?》,载百度网 2020 年 11 月 12 日,https://baijiahao.baidu.com/s?id=1683158374384431045&wfr=spider&for=pc。

[2] 参见 Otter:《马斯克「脑机接口」:Neuralink 芯片硬币大小,机器人植入,猪先试了……》,载搜狐网 2020 年 8 月 29 日,https://www.sohu.com/a/415471496_642250。

[3] 参见小真:《意念控制! 浙大发布植入式脑机接口临床研究成果》,载百度网 2020 年 5 月 22 日,https://baijiahao.baidu.com/s?id=1667384322712128341&wfr=spider&for=pc。

[4] 参见朱虹、焦德芳:《天津大学牵头组建我国首个脑机接口综合性开源软件平台》,载人民日报网 2022 年 2 月 7 日,https://wap.peopleapp.com/article/6504331/6386469。

至外部连接设备并执行对应的目标任务;(4)神经反馈,执行结果以视觉、听觉或触觉等方式可视化地反馈给大脑,调整心理活动进而影响脑信号,提升脑机交互的性能。脑机接口包括侵入式、半侵入式和非侵入式脑机接口,侵入式脑机接口是指采用神经外科手术方法将采集电极或芯片植入大脑灰质,优点在于能够获得高质量的脑电信号,但存在较高的安全风险;半侵入式脑机接口是指采用神经外科手术方法将采集电极植入颅腔内灰质外的位置;非侵入式脑机接口是指通过附着在头皮上的穿戴设备来监测大脑的电活动,无须手术,安全可靠,但脑电信号分辨率不高。脑机接口技术的应用主要在医疗健康领域,可用于癫痫、阿尔茨海默病、创伤后应激障碍症等疾病的治疗;在游戏领域,用户可以用意念来控制游戏操作;在军事领域,人脑利用意识控制附着在人体外部的外骨骼,实现军事武器自动化和智能化;在教育领域,可以实时监测学生注意力以改变教师教学方法。

三、脑机的相关法律问题

(一)伦理底线

2022 年 3 月中共中央办公厅、国务院办公厅印发了《关于加强科技伦理治理的意见》,明确指出科技伦理是开展科学研究、技术开发等科技活动需要遵循的价值理念和行为规范,是促进科技事业健康发展的重要保障。要提升科技伦理治理能力,有效防控科技伦理风险,不断推动科技向善、造福人类,实现高水平科技自立自强。

1. 增进人类福祉

增进人民福祉是发展的根本目的,是立党为公、执政为民的本质要求。科技活动应坚持以人民为中心的发展思想,有利于促进经济发展、社会进步、民生改善和生态环境保护,不断增强人民获得感、幸福感、安全感,促进人类社会和平发展和可持续发展。增进人民福祉,应当以最广大人民的根本利益作为最高标准,多谋民生之利、多解民生之忧,符合社会公德和伦理。

在北京某视界科技有限公司诉上海某界信息技术有限公司、厦门市扒某肌网络科技有限公司、浙江某宝网络有限公司不正当竞争纠纷案中,法院认为:“社会公共利益方面。某界公司的基础数据直接来源于‘抖音’,并经简单计算得出,对数据的使用行为没有任何创新,涉案数据展示的透明化一定程度上反而会带来平台之间的恶性竞争、家庭与社会不稳定等,使社会福祉总体降低。"[1]

2. 隐私权

《民法典》第1032条规定,自然人享有隐私权。任何组织或者个人不得以刺探、侵扰、泄露、公开等方式侵害他人的隐私权。隐私是自然人的私人生活安宁和不愿为他人知晓的私密空间、私密活动、私密信息。个人的脑电波可以反映个人的内心活动,属于人的思想范畴,应当属于自然人的私密信息。在庞某某诉中国某航空股份有限公司、北京某信息技术有限公司隐私权案中,法院认为:被告两公司"作为各自行业的知名企业,一方面因其经营性质掌握了大量的个人信息,另一方面亦有相应的能力保护好消费者的个人信息免受泄露,这既是其社会责任,也是其应尽的法律义务。本案泄露事件的发生,是由于航空公司、网络购票平台疏于防范导致的结果,因而可以认定其具有过错,应承担侵权责任"[2]。

3. 知情权和选择权

基于上述分析,可知脑机接口有可能损害个人的意识自主权,有可能侵害个人的隐私权。因此我们在使用脑机接口时,平台或厂商等首先应当提示我们脑机接口可能接触到的脑电波范围、算法对脑电波的处理规则,包括清洗及选取特征等具体参数、脑电波转换为操作指令的具体过程、执行完上述指令后如何实现信号反馈等;其次应当给予我们一定的明示选择权,比如脑电波范围的选择权,而不能仅仅为是或否的选择权。

在张某与杭州某府网络科技有限公司、江苏某趣网络科技有限公司网络服务合同纠纷案中,法院认为:根据张某提供的游戏页面截图,某趣公司在游戏登录页面用具有区分性的文字对用户进行了有关游戏运营商信息的提示:"版本号:ysc3rd. 6. 8. 0. 1133;游戏名称:《云上城之歌》;出版单位:杭州某府网络科技有限公司;著作权人:广州诗悦网络科技有限公司;运营单位:江苏某趣网络科技有限公司;出版物号:ISBN978 – 7 – 498 – 07537 – 6;审批文号:国新出审[2020]657号。"故某趣公司已对游戏运营商等重要信息

---

〔1〕 参见互联网法律评论:《首例直播数据权益案丨法院对数据不正当竞争的认定原则》,载搜狐网2022年5月16日,https://www. sohu. com/a/547577299_120287836。

〔2〕 参见《最高人民法院发布第一批涉互联网典型案例》,载中华人民共和国最高人民法院网2018年8月16日,https://www. court. gov. cn/zixun – xiangqing – 112611. html。

履行了告知义务，未对张某隐瞒上述信息，未侵犯其知情权。[1] 在深圳某讯计算机系统公司、某讯科技（深圳）公司与某推网络科技公司、谭某不正当竞争纠纷案中，法院认为："我国法律法规在不同层面都赋予网络用户和消费者对互联网产品或服务享有知情权和选择权。实施对特定互联网产品或服务的刷量行为，以虚高或虚假数据欺骗和误导用户和消费者，是对用户和消费者的知情权和选择权的侵害。"[2]

4. 意识自主权

个人大脑中的脑电波实际上就是人的意识，首先，脑机接口可以探测人的意识，并有可能通过脑神经触发和修正人脑特定功能的运作；其次，脑机接口通过分析病患的脑信号，进而帮助他们以意念的方式通过外接机械设备实现在物理世界的行动；最后，脑机接口可以帮助人们以意念的方式实现在虚拟空间中的特定操纵和服务。我们要防范技术抹杀或吞噬个人意识，需要遵守技术合乎目的、尊重生命权利、必要且恰当等原则。

（二）数据安全

脑机接口技术需要在大脑与外部计算机设备之间建立信息交互的信息系统，首先采集大脑活动产生的电波并转换为电信号传输至计算机，对脑信号中包含的多种噪声进行清洗，其次通过算法将与预设心理活动任务相关的神经信号规律结合来提取特征，最后进行分类处理并转换为可以执行输出的对应信号。脑机接口技术的核心在于对大脑活动产生的电波进行采集并清洗、存储和转换，该部分数据因为涉及人类的大脑活动，应当属于敏感个人信息，处理敏感个人信息应当取得个人的明确同意、授权，建立集中统一、高效权威的数据安全风险评估、报告、监测预警机制和数据安全应急处置机制。

在深圳市某讯计算机系统有限公司、某讯科技（深圳）有限公司等与浙江某道网络技术有限公司等不正当竞争纠纷案中，法院认为："两原告对于某个特定的单一微信用户数据并不享有专有权，同时两原告在本案中并未提供证据证明其与微信用户约定享有微信平台中用户数据的专有使用权，故两被告擅自收集、存储或使用单一微信用户数据的仅涉嫌侵犯该微信用

[1] 参见广州互联网法院民事判决书，(2021)粤0192民初4405号。

[2] 重庆市第五中级人民法院民事判决书，(2019)渝05民初3618号。

户个人信息权益,两原告不能因此而主张损失赔偿。但被诉侵权软件的运行如果危及了微信产品用户的个人数据安全,两原告作为微信产品用户数据的收集、存储、使用方,对于微信用户数据负有提供安全保障的法定义务,其对于两被告侵害微信产品用户个人数据安全的行为应当有权请求予以禁止。"[1]

最高人民法院、最高人民检察院发布的《关于办理侵犯公民个人信息刑事案件适用法律若干问题的解释》规定,公民个人信息是指以电子或者其他方式记录的能够单独或者与其他信息结合识别特定自然人身份或者反映特定自然人活动情况的各种信息,包括姓名、身份证件号码、通信通讯联系方式、住址、账号密码、财产状况、行踪轨迹等。随着网络技术发展,应当逐步扩展到人脸、虹膜、脑电波等生物识别信息,而且其范围仍在逐步扩展。违反国家规定,非法获取、出售或提供上述公民个人信息,情节严重的,构成侵犯公民个人信息罪。

在吴某一审刑事案中,法院认为:个人信息,是指以电子或者其他方式记录的能够单独或者与其他信息结合识别自然人个人身份的各种信息,包括但不限于自然人的姓名、出生日期、身份证件号码、个人生物识别信息、住址、电话号码等。被告人吴某非法购买的127,786条公民电话信息,已核实实名登记号码为33,893条,虽然被告人吴某的目的是注册小米账号转售牟利而非法获取这些公民电话信息,但这些公民电话信息是能与其他信息结合识别自然人个人身份的信息,属于公民个人信息。[2]

(三)算法黑箱

脑机接口技术涉及的算法有:采集大脑活动产生的电波识别个人身份、将与预设心理活动任务相关的神经信号规律来提取特征、将脑信号进行分类处理并转换为可以执行输出的对应信号。算法是一个数据处理的自动化决策系统,其处理过程通常以计算机代码或指令的形式呈现,且算法主体以外的人通常无从知晓,仅留行为规则对外可见,俗称"算法黑箱"。所谓的算法,即计算机代码或指令,其由算法设计者人为设计而成,并为算法使用者在特定的应用场景中使用。简言之,再复杂的算法都是由诸个小的计算机

---

〔1〕 杭州铁路运输法院民事判决书,(2019)浙8601民初1987号。

〔2〕 参见广东省广州市黄埔区人民法院刑事判决书,(2018)粤0112刑初1201号。

代码或指令组合或调用而成，小的计算机代码或指令组合或调用的程序不同可以得出不同的决策结果；同时，算法的决策结果受参数设置、消费者画像、决策规则等因素影响，而上述因素均是由算法设计者和算法使用者控制和决定的。

在一起网络服务纠纷案中，杭州互联网法院认为：在网络交易空前活跃的背景下，扰乱网络空间正常交易秩序的现象严重，平台对海量交易进行高密度排查，借助算法技术手段进行大数据分析，是目前较为有效的排查手段。但大数据分析具有很强的专业技术性，平台的自动化决策并非纯粹工具性角色，面对算法权力不断嵌入社会生活的局面，司法机关应当对这种重要的社会权力进行有效监督，避免形成以专业技术分析代替司法判断的局面，否则司法权威将受到挑战。[1]

---

〔1〕 余建华：《杭互法院宣判一起涉平台算法规则网络服务纠纷案》，载《人民法院报》2021 年 9 月 23 日，第 3 版。

第十章 数 据

第一节 元宇宙场景下数据确权及数据安全的法律问题

元宇宙时代的来临，在线社交、游戏、媒体、学习、医疗、教育、工作、生活等诸多元宇宙场景都涉及数据的收集、传输、清洗、处理、使用和共享，从某种程度上说，数据构建了各式元宇宙的血液，各式元宇宙的运行都离不开数据。

一、数据的概念及特点

ISO 将“数据”定义为“以一种适合沟通、解释或处理的形式化方式，对信息的可解释性呈现”。在计算机科学领域，数据指的是可以输入计算机并可被计算机系统进行处理的符号的总称。《数据安全法》对数据的定义为“是指任何以电子或者其他方式对信息的记录”。数据作为信息的载体，其存在既需要介质又不依赖于任何特定介质，可通过多种表现形式展现，但无法通过单一的注册或载体固定。与信息相比，数据在技术上具有可控性及客观独立性。与其他的动产、不动产、知识产权相比，数据具有非排他性、使用竞争性、多归属性，其可以持续产生、共用共存，因此无法成为物权中的“物”[1]。

自然资源论认为，数据作为信息的记录，是反映某一事实的“描述性资讯”，其产生独立于劳动，对应的动词是“采集”或“收集”，在场景上就如同原始社会摘野生果实或捡鸟蛋，野果鸟蛋都非人类劳动产生，谁获取到便归谁。劳动产出论认为数据的产生仍然是劳动的结果，对应的动词是“生产”，在场景上如同农业社会种植果树、养殖家禽，因为其产生是种植者劳动的结果，不论采摘收集行为由谁实施，果实和禽蛋属于种植者。两种观点统一的认知是数据具有价值，有流动交易的必要，需要通过法律来对数据进行保护。到了数字经济时代，数据作为新一代信息通信技术的底层驱动力，具备了生产要素和战略资源的双重角色，因而对数据的争夺、博弈更加激烈。

二、欧盟和美国的数据法律历史及现状

2016 年欧盟出台《通用数据保护条例》(General Data Protection Regulation，GDPR)对个人数据基本权利进行规范和保护，其前身是 1995 年出台的《计算机数据保护法》。2018 年欧盟还出台《非个人数据自由流动条例》，(Regulation on the Free Flow of Non – personal Data) 在欧洲单一市场内消除非个人数据在储存和处理方面的地域限制。2019 年欧盟各国及英国开始制定出台《数字服务税》(The Digital Services Tax，DST)及相关法律。2020 年欧盟相继制定了多项数据战略法案，包括《数据治理法案》(Data Governance Act，DGA)、《数据法案》(Data Act)、《数字市场法案》(Digital Markets Act，DMA)、《数字服务法案》(Digital Services Act，DSA)。欧盟数据立法从保护个人权益向完善数据市场设计转变。

美国并未对数据进行立法，而是将其归入信息进行规范。和个人密切相关的个人数据被归入信息隐私权(Right To Informational Privacy)的架构下。非个人数据以及公开之后的个人数据，则不再归属信息隐私权的保护范围，而是通过合同确定其权利。1999 年出台的《统一计算机信息交易法》(Uniform Computer Information Transaction Act)列出以计算机信息(数据)为主要对象的多种合同形式，包括访问合同、许可交易合同、校正及支持合

---

〔1〕 参见梅夏英：《数据的法律属性及其民法定位》，载《中国社会科学》2016 年第 9 期。

同等。以 2004 年“John Ellsworth 诉 Yahoo！案”为触发点，美国多个州开始制定数据财产继承的法案。

三、我国数据权利的法律现状

（一）党和国家高度重视数据立法

2016 年国务院发布的《“十三五”国家信息化规划》指出，在“十二五”时期特别是党的十八大之后，成立中央网络安全和信息化领导小组[1]，通过完善顶层设计和决策体系，加强统筹协调，作出实施网络强国战略、大数据战略、“互联网＋”行动等一系列重大决策，开启了信息化发展新征程。“十三五”时期在政策措施上要完善信息化法律框架，统筹信息化立法需求，优先推进电信、网络安全、密码、个人信息保护、电子商务、电子政务、关键信息基础设施等重点领域相关立法工作。加快推动政府数据开放、互联网信息服务管理、数据权属、数据管理、网络社会管理等相关立法工作。

2019 年党的十九届四中全会《中共中央关于坚持和完善中国特色社会主义制度推进国家治理体系和治理能力现代化若干重大问题的决定》提出要“健全劳动、资本、土地、知识、技术、管理、数据等生产要素由市场评价贡献、按贡献决定报酬的机制”。这是我国首次明确将数据列为生产要素，要求建立健全按贡献参与分配的机制。2020 年中共中央、国务院发布了《关于构建更加完善的要素市场化配置体制机制的意见》，将数据与土地、劳动力、资本、技术并列成为第五大生产要素，并提出要加快培育数据要素市场。该意见提出明确要推进政府数据开放共享；提升社会数据资源价值；加强数据资源整合和安全保护。

（二）立法现状

数据与信息两个概念是不可分离的，数据是信息的记录表达，信息是数据所保留的内容。

（1）我国立法对数据与信息进行区分，将数据与网络虚拟财产予以区别。

（2）我国民事、行政立法对数据仅以数据权益进行宣示性规定，多作为

---

〔1〕 2018 年 3 月中共中央印发的《深化党和国家机构改革方案》中将中央网络安全和信息化领导小组改为中央网络安全和信息化委员会。

财产加以规范保护，对特定的重要数据进行特殊类型化区分及规范保护。

(3)对“个人信息”进行规范而未定义也未规范“个人数据”，且对“个人信息”的规范最多。

(4)刑法上对非法获取计算机系统数据罪的法益定义为“妨害社会管理秩序”而非侵犯财产犯罪或侵犯人身犯罪。

四、数据确权的理论与实践共识和分歧

关于数据是否需要单独确权，现有理论和实践的共识是现有法律已经将数据定位为重要财产并为数据设立了权利，对数据提供者、使用者、管理者的权利义务进行了规范；但现有的法律框架无法充分回应数据负载多元主体的多元价值。

对于数据权利的归属必要性就有不同的观点。持肯定说的一方认为，数据权利为物权、知识产权、新型财产权，应归属数据提供者所有。持否定说的一方认为通过强制性的公法明确数据收集、存储、传输、处理的规则进行规范即可。持折中说的一方认为，在数据提供者获得数据所有权时，对数据使用者赋予数据用益权。

在数据赋权的地方立法层面，实践中各地各部委采取了不同的做法。《深圳经济特区数据条例》(2021 年)第 4 条规定，自然人、法人和非法人组织对其合法处理数据形成的数据产品和服务享有法律、行政法规及该条例规定的财产权益。《上海市数据条例》(2021 年)第 12 条规定，上海市依法保护自然人对其个人信息享有的人格权益。上海市依法保护自然人、法人和非法人组织在使用、加工等数据处理活动中形成的法定或者约定的财产权益，以及在数字经济发展中有关数据创新活动取得的合法财产权益。《北京市数字经济促进条例》中针对“数据权属”问题的有关建议，未予以采纳，因为数据权属的法律定义属于国家事权，不宜通过地方立法确定。上海市数据交易中心发布的《流通数据处理准则》第 4 条数据权益保护准则规定了合法持有受保护原则、增值处理受保护原则、不法行为不受保护原则、数据权利可共存原则、数据权利有限原则、数据正当使用原则。《北京数据交易服务指南》以数据使用价值为基本交易对象，探索从数据、算法的定价到收益分配，涵盖数据交易全生命周期的价格体系，形成覆盖数据全产业链的数据确权框架。

回避数据权属，从数据规制角度对数据进行规范和保护是目前司法实践的主流做法。在刑事方面，非法获取计算机系统数据罪表现为“存储”、“处理”和“传输”三种形态，涵括了计算机信息系统中所有的数据形态。在民事方面，法院多引用《反不正当竞争法》的条款，通过认定不正当行为的侵权来保护企业的数据权益。《个人信息保护法》、《生物安全法》、《电子商务法》、《信息网络传播权保护条例》及相关的部门规章及规范性文件，通过规范信息收集、处理、使用、传播、传输、存储等行为，实现对数据权益的保护。在行政监管方面，从 2017 年开始，证监会对 IPO 企业提出数据合规质询。

五、数据确权的必要性

数据包含了财产性权益和人格性权益。民事权利是经过类型化的列举性民事权益，民事利益是未经类型化的兜底性民事权益，两者都是受法律保护的民事权益，但对权利的法律保护力度要大于利益。[1] 数据共用共存，单个数据价值或其创造价值有限，聚合后的大量数据经过处理才能够带来巨大价值，所以数据的开发、许可、转让权能的行使非常重要。为实现数据价值最大化及数据安全保护的目的，数据确权的必要性是毋庸置疑的。除具有个人权益特性外，数据还具有社会性、公共性，因此现行法律物权理论中无论“物权”或“知识产权”的定义并不能直接套用在数据确权上。

六、元宇宙视角下的数据法律秩序

在元宇宙世界里面，数据提供者、使用者、管理者之间角色转换并存，其权利边界亦模糊交叉。元宇宙的参与者提出了社区规则自治、算法正义等自律规则。基于人类的想象不能超越时代的思维局限，只要人们在虚拟世界中依然遵守关于契约和财产的基本规则，其法律秩序就并未发生根本性改变，现有法律法规仍能适用。以主权国家为空间平台的规范化机制，被各种新的跨国家、超国家、亚国家、区域性、平台性、私人性、随机性、部落化、区块化的空间算法机制取代，现行法律法规的规范限制虽然仍有约束力，但其能力被极大地削弱甚至不予适用。

---

〔1〕 参见《数据治理研究报告—数据要素权益配置路径(2022 年)》，载中国信通院网，http://www.caict.ac.cn/kxyj/qwfb/ztbg/202207/t20220715_405971.htm。

数字化和智能化使人类生活越来越多地进入虚拟世界，必将对物理世界产生消融，元宇宙更会使虚拟世界和物理世界交融并彼此影响，以物理世界为中心的法律规则必须随之作出适当调整。技术的快速发展迫使法律与技术的互动增强。人工智能的主体化必然造成新的物种之间的不平等。元宇宙平台的经营者与平台内经营者、参与者之间的技术能力差异被网络、技术无限放大，数字鸿沟造成的不对等使得平台经营者与参与者之间不再具备平等民事主体的定位。

法律通常对技术保持远距离的克制和敬畏。通过确立“技术中立”原则，法律并不干涉具体技术的发展。但技术的快速发展带来的影响是现有法律规范从技术层面上不可实现，算法社会的形成使“技术向善”不再只是道德自律而需要法律的直接干预。例如，无论是《通用数据保护条例》还是《个人信息保护法》都明文规定了用户个人有权要求责任方删除其个人信息。然而基于元宇宙去中心化和区块链技术的特点，一旦进入元宇宙，数据客观上几乎不可能被彻底删除。即使技术进步了，在元宇宙平台运营商终止服务后，大量数据的归属、继承、存储、删除都无法以现在的法律进行规范。法律如果一直以滞后的形式进行调整，由法律建构的社会秩序及通过法律运行形成的法治秩序将会由于无法实现而崩塌。

七、元宇宙视角下的数据确权

如前所述，数据共用共存，单个数据价值或创造价值有限，聚合后的大量数据处理才能够带来巨大价值，所以数据的开发、许可、转让权能的行使非常重要。元宇宙更是建立在数据的基础之上，只有数据的流动和使用才可使元宇宙存在发展。一个完整的元宇宙场景是现实世界在虚拟世界的投射扩展，因此数据类型会包括所有人都可采集并使用的自然数据（例如风雨雷电山川河海）。原则上免费使用的开放公共数据，以及需要获得授权转让的个人数据，最终汇聚成数据池形成新的大数据。自然数据和公共数据归属所有人共同共有没有争议，其中网络个人数据的权利归属是本文的讨论重点。

元宇宙普遍推崇 UGC，并且提出“去平台化后，个人数据生产者从个人数据中获益”的创作者经济（Creator economy）愿景观点。在缺乏数据的法定权利而又需要使用数据并分配数据权益的前提下，劳动价值论在元宇宙数据权利配置中占据了重要地位。目前占主流的是 17 世纪约翰 · 洛克

(John Locke)提出的财产权劳动论,每人对他自己的人身享有所有权,通过他身体的劳动和双手进行的工作成果是正当属于他的。只要他使任何东西脱离自然状态,掺进自己的劳动,就使这个东西成为他的财产。每一位数据提供者(用户)即为其原始数据的所有人,数据可以自愿交换。数据处理者通过提供服务、签订合同等合法方式收集原始数据,并进行筛选、加工,渗透劳动因素,在使用原始数据的过程中赋予原始数据更高的财产价值,获得数据要素相关权益。在洛克财产权劳动论下,数据处理者通过数据加工过程而取得的数据财产权益获得了保护。但数据提供者(用户)的数据财产权益保护不足,数据产生即被转让而且是一次性转让,无论将数据理解为自然资源还是劳动产品,最终的结论是个人数据的财产权益都不属于数据提供者(用户),而属于数据处理者。这个数据处理者在第二代互联网(Web 2.0)时代是各互联网平台企业,在元宇宙时代也不会是数据提供者。

另一种是马克思主义劳动价值论,马克思阐明了生产商品的劳动二重性,即具体劳动和抽象劳动。从抽象劳动来理解数据生产,强调数据作为人类集体劳动的成果,则个体数据有使用价值而无交换价值,有价格而无货币形式,因此个人数据可以被采集、使用,但无法一次性转让,数据提供者和数据处理者的财产权利可以因此获得保护。

我们以目前第二代互联网(Web 2.0)阶段的典型案例为切入点,看看两种观点在司法实践中的体现。

1. 王某诉深圳市某讯计算机系统有限公司个人信息保护纠纷案

法院认为,数据是数字经济时代重要的生产要素,信息是数据的基础,基于个人信息而产生的数据,是企业竞争、行业发展的资源和支撑。对于社交软件来说,更加依赖用户之间的社交关系来拓展其产品和服务。适度允许互联网行业在合法、正当、必要和安全的前提下合理使用个人信息,可以促进互联网行业和数字经济的发展,但这种适度的合理使用应以不损害个人利益为前提。[1]

2. 某宝(中国)软件有限公司诉安徽某景信息科技有限公司不正当竞争纠纷案

法院认为,"生意参谋"数据产品中的数据内容系某宝公司付出了人力、

---

[1] 参见广东省深圳市中级人民法院民事判决书,(2021)粤03民终9583号。

物力、财力,经过长期经营积累而形成,具有显著的即时性、实用性,能够为商户店铺运营提供系统的大数据分析服务,帮助商户提高经营水平,进而提高广大消费者的福祉,同时也为某宝公司带来了可观的商业利益与市场竞争优势。“生意参谋”数据产品系某宝公司的劳动成果,其所带来的权益,应当归某宝公司所享有。[1]

3. 深圳市某讯计算机系统有限公司、某讯科技(深圳)有限公司诉浙江某道网络技术有限公司、杭州某客通科技有限公司不正当竞争纠纷案

本案系全国首例涉及微信数据权益认定的案件。数据作为数字经济的关键生产要素,已成为市场激烈竞争的重要资源,数据权益的权属、权利边界以及数据抓取行为不正当性应如何判断,受到社会广泛关注。本案判决兼顾并平衡了各方利益,为数据权益司法保护提供了理性分析基础,也为构建数据权属规则、完善数字经济法律制度提供了可借鉴的司法例证。对防止数据垄断,促进数字经济创新发展亦具有积极意义。[2]

法院认为,两原告主张数据权益的涉案数据,可以分为两种数据形态:一是单一原始数据个体,二是数据资源整体。就单一原始数据个体而言,数据控制主体只能依附于用户信息权益,依其与用户的约定享有原始数据的有限使用权。使用他人控制的单一原始数据,只要不违反“合法、必要、征得用户同意”原则,一般不应被认定为侵权行为,数据控制主体亦无赔偿请求权。就数据资源整体而言,因系网络平台方经过长期经营积累聚集而成,且能够给网络平台方带来开发衍生产品、获取增值利润和竞争优势的机会,网络平台方应当就此享有竞争权益。如果未经数据控制主体许可,规模化、破坏性使用其数据资源的,数据控制主体有权要求获得赔偿。[3]

从上述案例可以总结出:用户生成(generate)数据不等于用户生产(produce)数据;数据处理者享有对第三方的限制性权益,即“价值贡献说”被作为数据权属的主要判断径路。

20 世纪 20 年代,美国法学家霍菲尔德(Wesley N. Hohfeld)提出了“权利束”的初步构想,他认为,财产权的本质并不是人对物的关系,而是人与人

---

〔1〕 参见杭州铁路运输法院民事判决书,(2017)浙 8601 民初 4034 号。

〔2〕 参见《人民法院反垄断和反不正当竞争典型案例》,载中华人民共和国最高人民法院网 2021 年 9 月 27 日,https://www.court.gov.cn/zixun-xiangqing-324491.html。

〔3〕 参见杭州铁路运输法院民事判决书,(2019)浙 8601 民初 1987 号。

之间的法律关系，而且是由一系列复杂权利，即请求权（claim）、特权（privilege）、权力（power）和豁免（immunity）构成的关系集合[1]。1985 年迈克尔·波特（Michael E. Porter）提出价值链（value chain）概念。再结合马克思主义劳动价值论，可以对网络个人数据的权益归属进行很好的解释，保证平衡各方权利，有益于数据流通共享，促进数据产业发展。

网络活动中，数据会分别呈现用户信息—原始数据—原始数据汇聚—大数据产品（衍生数据）四种基本形态。[2]

1. 用户信息主体的数据权益边界判断与保护

用户信息的人格权应自始至终完整归属用户个人，并获得法律的保护。用户信息的财产权，法律上应限制其任意让渡，包括禁止、限制敏感信息、重要信息的让渡。法律赋予并保障用户对个人数据享有知情同意权、限制处理权、访问复制权、数据更正权、删除请求权、损害求偿权等权利后，用户对其产出的主要为描述性资讯的用户信息和个人数据具有自始至终的控制权，其中的人格权保护的需要得到了保障。

《民法典》确立了人格利益许可使用制度。但若法律允许用户仅以合同等形式，以平等民事主体活动的方式，任意让渡用户信息给数据使用方，一方面与个体相关的其他个体权益有受到侵犯的可能，还必然会导致数据使用方对用户个体的剥削。如前所述，元宇宙平台的经营者与平台内经营者、参与者之间的技术能力差异被网络、技术无限放大，数字鸿沟造成的不对等使平台经营者与参与者之间不再具备平等民事主体的定位。此时就需要法律的介入和干预。

2. 原始数据采集主体的数据权益边界的判断与保护

原始数据作为用户信息数字化处理后的符号，其权益系用户信息权益的附属性权益，不能成为一项独立的权益。因此其人格权及财产权亦自始至终完整地归属于用户个人。但数据采集方在其中付出了劳动，应当获得对应的使用权等用益权，且不可具有独占性。

除涉嫌侵犯相关用户信息主体数据权益外，允许数据独占会刺激低质

---

〔1〕 参见王利明：《论数据权益：以“权利束”为视角》，载《政治与法律》2022 年第 7 期。

〔2〕 参见浙江高院研究室：《2021 年浙江法院十佳案例分析出炉》，载微信公众号“浙江天平”2021 年 12 月 22 日，https://mp.weixin.qq.com/s/-5AKjTZ3mrC0kpgSRlkyMw。

量数据的收集处理,加剧数据公害。

3. 数据汇聚主体的数据权益边界判断与保护

原始数据汇聚是因数据收集方的劳动而产生增值,并且这种具有一定规模的数据资源才能够给大数据分析提供必要的样本,但仍然是松散的集合,尚未满足被赋予独立财产权益的条件,因此不具有物权的积极主张权。但数据收集方为此付出劳动,可获得竞争利益,即取得竞争法层面的保护,对抗其他人的不正当竞争。

4. 大数据产品主体的数据权益边界的判断与保护

大数据产品是经过数据处理方的劳动而获得超出原始数据的价值,已经满足被赋予独立财产权益的基本条件,数据处理方因此可获得独立的财产权。但需要尊重个人在个人信息处理活动中的权利,并对“技术向善”严格自律或接受法律的使用规制。

大数据产品与单个用户信息、原始数据间关系疏离,且经匿名化脱敏处理后亦无法与用户人身权利关联。大数据产品的使用与处分亦不会限制单独用户个体对数据库中原始数据行使各项控制权。在收集数据时,数据处理方或数据收集方与被收集的个人用户已经完成了财产权让渡的有价交易,除非双方另有约定,用户无权再主张分享大数据产品的财产权。

八、元宇宙视角下的数据安全

元宇宙为提供给用户更真实、沉浸式的体验,必然需要收集更多的数据,尤其是用户个人数据,因此数据安全问题会更加凸显。个人信息的数据安全会在下一章中进行详细讨论。本部分就非个人信息的数据安全进行简要讨论。

(一)元宇宙运营服务商终止服务后存在的数据安全问题

在第二代互联网(Web 2.0)时代,平台运营商终止服务时,用户有时间将数据信息下载或转移至自愿选择的新平台,原有平台所采集的信息数据会随着中心存储的销毁而被彻底删除。元宇宙持久性、去中心化的特点决定了元宇宙中的数据在技术上是自由的,无法被彻底删除。元宇宙运营服务商终止服务后,海量的数据将处于权利可被任意侵犯的危险境地。目前法律对此尚无规范,笔者认为可以参考《保险法》对于经营人寿保险业务的保险公司被依法撤销或者被依法宣告破产的规定,即必须转让给其他元宇宙运营服务商，不能同其他元宇宙运营服务商达成转让协议的，由政府相关机构指定的元宇宙运营服务商接受转让。通过不中断管理主体，以确保数据持续处于有效保护中的方式来保证用户的权益及数据安全。当然，由于元宇宙跨国家、超国家、私人性、随机性、部落化的特点，单一政府的权力会被削弱，DAO 的自治模式在元宇宙的治理中或许应发挥更重要的作用。

（二）智能合约带来的数据交易风险

1994 年尼克 · 萨博（Nick Szabo）提出智能合约的概念。智能合约是一个自动执行合约条款的计算机程序。在元宇宙的环境下，智能合约指存储在区块链上的代码行，当满足预定的条款和条件时，代码会不以人的意志为转移而自动执行交易。智能合约具有自动执行、不可变更、不可逆的特点，因此智能合约可以防止合同双方拒绝以原约定进行履行。在面对交易方行使撤销权、变更权或者出现无权处分、合同无效的情况时，智能合约无法解除，导致相关权利无法行使，与《民法典》中相关法律规定相悖。

智能合约并非法律意义上的合同，在元宇宙环境下，交易各方发布或使用智能合约更多是交叉要约的形式，交易各方并非基于对合同相对方的信任或依赖，而是基于对于该智能合约背后的合约或者实体组织或者虚拟社区的信任。若智能合约代码出现安全漏洞，造成损失，谁作为责任主体来承担相应的责任，除约定外，目前尚无其他解决方案。即使有约定，由于智能合约可执行违约责任的能力有限，同时由于元宇宙的特点，损失方的救济方式仍极为有限，尤其在现实世界和虚拟世界交互的情况下。因此需要加强智能合约服务提供方对交易双方的解释责任，确保交易双方充分理解并可以接受智能合约与现有合同的差异。

第二节　元宇宙应用中的个人信息保护合规问题

元宇宙通过 AR、VR、MR 等技术使现实世界中的人类有了更加沉浸式的体验。但同时，为了给使用者带来更真实的体验，在这些沉浸式技术的运用中，元宇宙应用平台或服务提供者将收集、处理大量的个人信息，尤其是人脸、虹膜、指纹等生物识别特征，银行账户、交易消费记录、虚拟交易等金融账户信息，医疗记录、病史情况等医疗健康信息以及未满 14 周岁未成年人个人信息等大量个人敏感信息,这些个人信息一旦被滥用,势必对个人权益造成严重侵害。因此在元宇宙中建立个人信息保护制度,使元宇宙各项应用合法合规,保证个人信息和权益不受侵害,是元宇宙产业健康良好发展必不可少的环节。

一、个人信息保护的基本合规要求

根据《个人信息保护法》和《信息技术安全个人信息安全规范》(GB/T 35273—2020)的规定,所有元宇宙平台及服务提供者在个人信息处理活动中均需遵守个人信息处理的基本原则和要求,总结归纳起来主要包括以下几方面内容:

(一)合法、正当、必要和诚信

该项原则是个人信息处理活动中的一项基本原则,是元宇宙平台及服务提供者在个人信息处理活动中必须遵守的基础性合规要求,主要包括:不以误导、欺诈、胁迫等方式处理个人信息;不得从非法渠道获取个人信息;如实告知产品或服务中处理个人信息的具体场景及处理目的、方式、范围等,不得隐瞒;处理个人信息必须具备合法性基础,如取得个人同意,为订立、履行合同所必需,为履行法定职责或法定义务等。

(二)最小必要

最小必要原则主要包括目的明确合理及信息处理最小化两方面的合规要求。其中目的明确合理要求元宇宙平台及服务提供者每一项个人信息处理活动都应具有明确、具体、合理的目的,且处理目的应当与实现产品或服务功能直接相关。信息处理最小化要求元宇宙平台及服务提供者所处理的个人信息类型应仅限于实现处理目的的最小范围且必要的信息,不可过度收集;处理个人信息的频率和数量,也应仅限于为实现其产品或服务功能所需的最小频率和数量;个人信息的存储期限应为实现处理目的所需的最短时间。

(三)告知同意原则

告知是指公开收集、使用规则,明示收集、使用信息的目的、方式和范围,此处的告知应当是充分告知,通常是在隐私政策中公开收集、使用规则。收集敏感个人信息的,还应当对用户进行单独告知。同意采用指不得采用一次概括授权、默认授权、与其他授权捆绑等方式,而应当是明示同意的方式。明示同意指个人信息主体通过书面、口头等方式主动作出纸质或电子形式的声明,或者自主作出肯定性动作,对其个人信息进行特定处理作出明确授权的行为。肯定性动作包括个人信息主体主动勾选、主动点击“同意”“注册”“发送”“拨打”、主动填写或提供等。

（四）公开透明

公开透明原则要求在处理个人信息活动中应公开个人信息处理规则,明示处理的目的、方式和范围。元宇宙平台及服务提供者可以通过制定面向使用者的隐私政策、用户使用协议等制度文件,向使用者告知产品或服务的基本情况,个人信息处理的目的、方式、范围、保存期限,个人享有的合法权利和行权途径等内容。在制定面向使用者的隐私政策等制度文件时需同时注意,相应文件应紧紧围绕产品及服务实际情况制定,且与企业内部的实际操作制度、流程相匹配;相应文件语言及表述应当准确、清晰、易懂;相应文件应当以公开且易于访问、查阅和保存的方式提供;在需告知、明示的内容发生变更时,应及时对相应文件进行更新并提示告知。

（五）信息准确完整

对个人信息处理活动,个人享有知情权、决定权,享有请求查阅、复制、更正、补充、删除的权利。对于个人就其个人信息的处理所提出的合法权利要求,平台及服务提供者应当积极响应。信息准确完整原则要求元宇宙应用平台及服务提供者在处理个人信息的活动中,应当保证个人信息准确、完整。在个人提出更正、补充其个人信息的要求时,元宇宙平台及服务提供者应当对其个人信息予以核实,并及时更正、补充,以确保个人信息质量,避免因个人信息不准确、不完整给个人权益造成损害。

（六）处理者负责制

处理者负责制包含两方面的要求,即元宇宙平台及服务提供者等个人信息处理者对其个人信息处理活动负责;在个人信息处理活动中应采取必要的安全保障措施。为满足该部分合规要求,元宇宙平台及服务提供者应当对个人信息进行分类管理,并采取必要的安全技术措施,如加密、去标识化等;企业内部建立完善的个人信息保护制度和操作规程,合理确定个人信息处理的权限;制定个人信息安全事件预案,并定期组织内部相关人员进行应急响应培训及应急训练;结合企业自身情况指定专门的个人信息保护负责人,建立专门的个人信息保护部门。

二、元宇宙具体应用场景中的特别合规要求

在元宇宙应用中,平台及服务提供者还需处理大量诸如个人生物识别信息、医疗健康信息、金融账户信息及未满14周岁未成年人个人信息等敏感个人信息。在此情况下,平台及服务提供者除了需遵守个人信息保护合规的基本原则、规则和合规要求之外,还需满足对敏感个人信息和未满14周岁未成年人个人信息进行处理的特殊合规要求。

(一)零售

零售购物作为人们日常生活的重要部分,无疑将成为元宇宙产业的重要组成部分。目前,已经有不少运用VR、AR、数字模拟等技术的早期零售元宇宙应用落地。例如:耐克(Nike)与Roblox合作建立虚拟世界耐克乐园(Nikeland);奢侈品旅游零售商DFS环球免税店推出虚拟人成为其"礼物推荐官";国际奢侈品品牌古驰(Gucci)推出数字商品等。除此之外,更加成熟且常见的应用场景则是虚拟穿戴。通过虚拟穿戴,消费者可以足不出户挑选自己喜欢的商品并看到试穿效果,省去了线下购物的麻烦以及传统网购后因穿戴效果不好退换货的烦琐。

但在使用虚拟穿戴时,为了更好、更精确地给消费者提供虚拟穿戴服务,更趋近于真实穿戴,平台通常需要收集并使用消费者的人脸、身高、体脂、身体各部位数据等生物识别特征,一旦这些个人信息被非法收集和处理,将会对个人带来巨大的不利影响,对于平台和服务提供者来说,也很有可能因为个人信息处理不合法不合规而面临诉讼及监管风险。例如,国际奢侈品品牌LV北美公司就曾在2022年因虚拟试戴涉嫌收集消费者的生物识别数据而遭受诉讼指控,此案中原告认为LV在未取得同意的情况下对原告进行完整面部扫描并获取了详细的生物识别信息,此举违反了美国伊利诺伊州《生物识别信息隐私法》"明确授权"之规定[1]。

而在我国法律框架内,根据《个人信息保护法》规定,生物识别信息属于敏感个人信息,一旦泄露或者非法使用,容易导致自然人的人格尊严受到侵害或者人身、财产安全受到危害。根据《信息技术安全个人信息安全规范》

---

〔1〕 参见黄斌:《元宇宙法律篇(十)——LV虚拟试戴引发的数据诉讼案律师点评》,载微信公众号"德和衡律师"2022年5月10日,https://mp.weixin.qq.com/s/lIeC8GAcm4qhWZrB8GYt7A。

(GB/T 35273—2020)规定,生物识别信息包括个人基因、指纹、声纹、掌纹、耳廓、虹膜、面部特征等。对于服装、眼镜、化妆品等的虚拟试穿、试戴、试妆,一般至少会收集个人面部识别特征,此种业务场景下将会涉及敏感个人信息的处理。对于敏感个人信息,元宇宙平台及服务提供者除了遵守个人信息保护的基本原则和基本合规要求之外,还有一些必须遵守的特殊的合规要求。

根据《个人信息保护法》《信息技术安全个人信息安全规范》(GB/T 35273—2020)的相关规定,就虚拟穿戴中需收集个人生物识别信息的场景,平台及服务提供者需注意以下合规要求:

1. 进行事前个人信息保护影响评估

在处理生物识别信息等敏感个人信息之前,需要先进行个人信息保护影响评估,相应个人信息保护影响评估报告和处理情况记录应当至少保存三年。

个人信息保护影响评估应当包括的内容有:个人信息的处理目的、处理方式等是否合法、正当、必要;对个人权益的影响及安全风险;所采取的保护措施是否合法、有效并与风险程度相适应。

2. 特别告知及单独同意

在收集个人生物识别信息等敏感个人信息之前,除应当告知个人信息处理者的信息和联系方式,处理目的、方式、种类、保存期限,个人行使法律规定权利的方式和程序等一般告知事项之外,还需向个人告知处理个人生物识别信息等敏感个人信息的必要性及对个人权益的影响等,并取得个人的单独同意,确保该单独同意是在个人信息主体充分知情、自愿的基础上作出的具体、明确、清晰的同意。

3. 严格的储存和传输要求

在储存和传输敏感个人信息时,应当采用加密等安全措施。除此之外,《信息技术安全个人信息安全规范》(GB/T 35273—2020)对个人生物识别信息的储存和传输还提出了额外要求,包括:

(1)与个人身份信息分开储存;

(2)原则上不储存原始个人生物识别信息,而是采用其他对个人权益侵害相对较小的方式,如不储存原始图像而仅储存个人生物识别信息的摘要信息等。

4. 严格的访问控制措施

对于个人生物识别特征等敏感个人信息,应建立更为严格的访问控制权限措施,对个人信息的访问、操作权限作出明确的制度规定和流程控制,避免内部人员不当或违规接触个人信息而造成不良后果。

5. 信息安全事件告知

发现个人生物识别特征等敏感个人信息发生或者可能发生泄露、毁损、丢失的,应当立即启动应急预案,采取补救措施,通知主管部门和个人并将事件相关情况告知受影响的个人。告知内容包括:安全事件的内容和影响;已采取或将要采取的处置措施;个人自主防范和降低风险的建议;针对个人提供的补救措施;个人信息保护负责人和个人信息保护工作机构的联系方式等。

(二)医疗

医疗行业也将成为元宇宙技术应用的一个重要方向,通过AR、VR、人工智能等技术,在医疗教学、问诊、外科手术及护理、心理健康诊疗方面,都可能获得新的突破。目前,阿联酋已推出了首家元宇宙医院,患者通过该医院提供的AR、VR设备访问医院,从咨询台、门诊到各科室都有相应的医生和医护人员与患者接洽,患者足不出户即可享受到医疗服务〔1〕。该虚拟医院还计划使用VR技术和人脸识别摄像头来识别患者,患者将无须出示身份证明,其档案就可以直接打开传达到医院〔2〕。

在医疗元宇宙场景中,最直接相关的个人信息主要涉及生物识别特征和医疗健康信息。而生物识别特征和医疗健康信息均属于法律规定的敏感个人信息。在处理此类敏感个人信息时,元宇宙平台及服务提供者同样需要特别注意对处理敏感个人信息的合规要求,包括进行事前个人信息保护影响评估;特别告知及单独同意;严格的储存和传输要求;严格的访问控制措施;信息安全事件的告知等。

(三)金融

元宇宙应用对金融行业也将带来深刻影响。以银行业为例,国内外均

〔1〕 参见MetaPost:《元宇宙医疗已来,可不是"沉浸式就医"那么简单》,载36氪网2022年7月14日,https://36kr.com/p/1826832875680384。
〔2〕 参见MetaPost:《元宇宙医疗已来,可不是"沉浸式就医"那么简单》,载36氪网2022年7月14日,https://36kr.com/p/1826832875680384。

有不少银行进军元宇宙,创设虚拟人客服、建立元宇宙营业服务厅等,如韩国国民银行(Kookmin Bank)等银行正研究在元宇宙场景下开设分行,在虚拟金融小镇中,客户可以在设立的虚拟分行以及金融游乐场享受各类服务,而银行员工则在"远程办公"中心提供相关服务〔1〕。国内如江苏银行、浙商银行、南京银行、百信银行等,也率先建立了元宇宙技术应用如虚拟数字员工、数字藏品和元宇宙营业厅等,以让客户充分享受沉浸式服务体验〔2〕。

在金融元宇宙中,客户可以更加便利甚至无感、无接触地享受各项金融服务。但金融本身作为强合规、强监管行业,在元宇宙应用中无疑应更加注重各项风险及合规要求。在个人信息方面,与金融元宇宙直接相关且涉及最多的无疑是个人金融信息,下面将主要针对个人金融信息保护的特殊合规要求做简要说明分析。

根据《个人信息保护法》及《信息技术安全个人信息安全规范》(GB/T 35273—2020)的相关规定,金融账户信息属于敏感个人信息,金融账户信息可以包括银行账号、鉴别信息(口令)、存款信息、信贷记录、征信信息、流水记录等,也包括虚拟货币、虚拟交易等。平台及服务提供者在处理金融账户等敏感个人信息时,需同时满足处理个人信息的基本原则和合规要求以及处理敏感个人信息的合规要求。

除此之外,中国人民银行发布的《金融消费者权益保护实施办法》也是银行等金融机构处理消费者金融信息的重要合规要求文件。中国人民银行发布的《金融消费者权益保护实施办法》是针对消费者金融信息保护的相关规定,整体上与《个人信息保护法》中对个人信息保护规定的基本原则和敏感个人信息处理规则相适应,具体包括:

(1)收集消费者金融信息的方式合法、正当,仅收集与业务直接相关的消费者金融信息,仅限于约定的用途使用消费者金融信息。

(2)公开收集、使用消费者金融信息的规则;明示收集、使用消费者金融信息的目的、方式和范围;显著、清晰、通俗易懂地向个人提示同意处理消费

〔1〕 参见陆岷峰:《元宇宙赋能场景金融:商业银行竞争发展新赛道》,载《金融科技时代》2022年第7期。

〔2〕 参见陆岷峰:《元宇宙赋能场景金融:商业银行竞争发展新赛道》,载《金融科技时代》2022年第7期。

者金融信息的可能后果。

(3)获得个人明示同意。

(4)建立以分级授权为核心的消费者金融信息使用管理制度,合理确定工作人员调取信息的范围、权限,严格落实信息使用授权审批程序。

(5)采取严格的技术措施、保密措施等必要的安全保障手段;在发生信息泄露、毁损、丢失等安全事件时,应立即采取补救措施,必要时向住所地的中国人民银行分支机构报告并告知金融消费者。

《个人金融信息保护技术规范》则从安全技术和安全管理方面,对个人金融信息保护做出了规范性要求,也是金融业机构在金融元宇宙场景下需参考和遵守的合规要求文件。

(四)教育

现阶段的教育基本是以教材、课件、教学视频、课堂实验等为主要工具,通过教师讲授的传统方式进行。在这种传统的教育情景下,学生往往较难身临其境地领会到书本中所描写的各种人文景观、自然现象、物理原理等,需要通过想象和不断练习才能记住相关知识,对教师的授课水平以及学生的想象力和专注力的要求都很高[1]。

在教育元宇宙场景下,通过运用 VR、AR、MR 等技术,为学生建立起高度还原的具体的学习场景,让学生可以通过视觉、听觉、触觉、嗅觉、味觉等综合感官体验进行沉浸式学习。在教育元宇宙中,学生可以身临其境地感受宇宙中天体的运动,可以通过虚拟现实进行各种实验,可以观赏到收藏于各大博物馆中的文物和藏品,可以"穿越"到历史上的任一时期体验历史上的重大事件,可以在任何地方与老师、同学进行互动;通过虚拟人技术,还可以打造虚拟老师,随时随地给学生上课,答疑解惑……[2]

由于教育更多面向未成年人,在教育元宇宙场景中,元宇宙平台除了必须做到个人信息保护合规的基本要求之外,更应当注意对未成年人的个人信息保护。因我国《个人信息保护法》仅将不满 14 周岁的未成年人的个人信息规定为敏感个人信息,对其做出了特殊的保护要求,故此处我们仅讨论

---

〔1〕 参见毕马威中国:《初探元宇宙》,载毕马威中国网 2022 年 3 月 2 日,https://home.kpmg/cn/zh/home/insights/2022/03/first-exploration-metaverse.html。

〔2〕 参见黄斌:《元宇宙法律篇(十一)——教育元宇宙相关法律问题探析》,载微信公众号"德和衡律师" 2022 年 5 月 16 日,https://mp.weixin.qq.com/s/_kvp1w-2_0MHmxC7P47adg。

不满 14 周岁的未成年人（为简要说明，下文根据《儿童个人信息网络保护规定》第 2 条“本规定所称儿童，是指不满 14 周岁的未成年人”之规定，将不满 14 周岁的未成年人简称为儿童）的个人信息保护问题。

根据《个人信息保护法》《儿童个人信息网络保护规定》的规定，教育元宇宙平台及服务提供者在处理不满 14 周岁的未成年人的个人信息时，除需遵守个人信息保护的基本原则和合规要求外，还需注意以下几方面的特殊合规要求：

1. 告知监护人及取得监护人同意

处理儿童个人信息，必须以显著、清晰的方式告知儿童监护人，同时取得监护人的单独同意，在获取监护人同意时应当同时提供拒绝的选项。

需告知的内容包括：

个人信息处理者的名称或姓名和联系方式；处理儿童个人信息的必要性及对个人权益的影响；处理儿童个人信息的目的、方式和种类；儿童个人信息存储的地点、期限和到期后的处理方式；儿童个人信息的安全保障措施；拒绝的后果；投诉、举报的渠道和方式；更正、删除儿童个人信息的途径和方法；行使其他个人信息保护法规定的权利的方式和途径；其他法律法规规定应当告知的事项。

2. 专门规则、专人负责

处理儿童个人信息，需要制定专门的儿童个人信息处理规则和用户协议，并指定专人负责儿童个人信息保护。

3. 进行事前个人信息保护影响评估

儿童个人信息属于敏感个人信息，在处理之前，同样需按照前述个人信息保护影响评估的要求进行事前个人信息保护影响评估。

4. 严格的存储和保护措施

应当采取加密等措施存储儿童个人信息，确保信息安全。以最小授权为原则，严格设定儿童个人信息访问权限，控制儿童个人信息知悉范围。工作人员访问儿童个人信息的，应当经过儿童个人信息保护负责人或者其授权的管理人员审批，记录访问情况，并采取技术措施，避免违法复制、下载儿童个人信息。

5. 信息安全事件处理及报告

发现儿童个人信息发生或者可能发生泄露、毁损、丢失的，应当立即启动应急预案，采取补救措施，并通知主管部门和个人，造成或可能造成严重后果的，将事件相关情况告知受影响的儿童及其监护人。

第十一章 算法合规

◇ 第一节 元宇宙中的算法相关法律问题

无论是元宇宙的内部秩序建构，还是元宇宙与人类现实世界的关系问题，都离不开制度规范。元宇宙不是法外之地。有关元宇宙制度和规范的构建，离不开算法。因此可以说算法是构建元宇宙的基石。

一、算法的概念

算法（Algorithm）是什么？简单理解就是计算机解决问题的处理步骤，是一系列解决问题的计算机指令或代码，代表着用系统的方法描述解决问题的策略机制。算法的路径就是通过对一定数据的输入，要求在有限时间内获得所要求的结果输出，这是一种基于原始数据的输入通过自动化决策产生结果数据的输出。如果一个算法有缺陷，或不适用于某个问题，执行这个算法便难以解决这个问题。不同的算法可能用不同的时间、空间或效率来完成任务。一个算法的优劣可以用空间复杂度与时间复杂度来衡量。

随着算法的广泛应用，算法与算力结合，实现对数据的占有、处理和结果输出。可以说每个人其实都处于算法世界当中，算法已经成为促进政治、经济、文化和社会发展的工具。

二、元宇宙中的算法应用

元宇宙是一种融合各种数字技术的共享 VR 的全真互联网和社会形态，

它不是一个具有特定参数和目标的游戏环境，而是一个开放的数字文化与社会。算法作为元宇宙的底层技术基础之一，对未来元宇宙的连接规则和社会结构将产生关键性影响，甚至成为元宇宙调配资源、构建元宇宙秩序或伦理规则的权力工具。

就目前的算法技术而言，算法的发展呈现迭代变化的过程，即算法从最初作为认知中介，到目前机器深度学习算法，根据人们反馈的数据不断进化，人们在体验中也逐渐收获和算法交互的知识，而未来元宇宙中算法的角色及其与人的关系必将越来越重要。元宇宙时代，同时也是一个算法时代，算法就是元宇宙中的法律和制度，算法合规与否直接决定了元宇宙合规与否。

具体而言，算法对元宇宙可能产生如下几个方面影响：

首先，依据算法支撑的数据收集和利用在元宇宙的各个层面、各种应用和场景下无处不在。其中既包括 VR 交互下的人工智能识别和物联网内的数据人工智能应用，还包括元宇宙里虚拟人物的语音语义识别与沟通、社交关系的人工智能推荐、DAO 的人工智能运行、虚拟场景的人工智能建设、分析推理等。

其次，元宇宙场景下人的社会活动依赖于数据分析和处理，在虚拟现实技术、算法技术、大数据技术以及人工智能技术的支撑下，元宇宙中人与人的交互将由传统的感性认知主导逐步向数理逻辑主导转变。以传统的商业交易为例，银行作为买卖双方值得信赖的中介组织，承担了终极信任者的角色，使商业交易顺利进行。但在元宇宙下，中介组织的信用承担功能可以被智能合约或算法取代，钱货交易的流程通过算法控制。又如，可以想象在元宇宙场景下，广告投放将可能以人工智能控制的代理人形式出现，其被大数据技术和算法编程所控制，与用户进行直接对话，用户可以直接与虚拟代理人近距离接触，而平台也可以观察到用户的面部表情、姿势和生命特征等。平台通过操作虚拟代理人的形象和沟通方式，可以通过更具说服力的话术和亲临现场的体验感进行宣传。这种由人工智能优化的交互式操纵形式在元宇宙下将很快或更容易实现，其宣传效果是现实世界中的传统方式所不能比拟的。

最后，算法已经不是纯粹的计算机代码或指令，不再是简单的数据处理工具，而是被政府机构、社会组织、企业、商业平台广泛应用的不透明自动化决策系统。元宇宙下的社会虚拟行为必须获得数据和算法的支持，并满足算法预先设定的条件，元宇宙中人与人之间的社会交往将由数据和算法驱动，这将极大地改变传统经验主义认识论，乃至改变人的世界观和价值观。

因此，对于元宇宙中的算法相关问题以及算法对元宇宙影响的研究，应坚守或回归到人的主体性视角，坚持以人为本的原则，在法律原则、公共伦理的基础上，将个体的内在需求、评价标准与价值体系纳入对算法的监管与考察中，以实现人机关系下人的主体性、能动性和价值的复归与重构，来完善以算法为技术支撑的虚拟空间合法合规。

三、元宇宙中算法存在的法律问题

算法是构建元宇宙的基石。算法目前存在的法律问题主要包括算法黑箱遮蔽、算法歧视频发、信息茧房、算法霸权威胁等。2022 年 3 月 1 日实施的《互联网信息服务算法推荐管理规定》，明确提供算法推荐服务，应当遵守法律法规，尊重社会公德和伦理，遵守商业道德和职业道德，遵循公平公正、公开透明、科学合理和诚实信用的原则。而算法治理法律法规、监管标准规范、监管技术及平台的缺失缺位，是建立健全算法治理体系中的重大挑战。

（一）算法黑箱

由于算法是一个数据处理的自动化决策系统，其处理过程通常以计算机代码或指令的形式呈现，且算法主体以外的人通常无从知晓，仅有行为规则对外可见，这种现象俗称算法黑箱。事实上，近年来由于算法黑箱产生的负面作用正在凸显，一些平台利用算法决策侵犯用户权益的问题层出不穷。而且，因为数据产权制度正在探索和创建，数据产权归属问题尚待进一步明确，但基础数据的控制权主要集中在互联网平台企业，这些平台企业从用户的数据收集到操纵或控制算法的设计、运行和分析全过程，始终占据着优势地位。即使在元宇宙中，依然会存在算法黑箱等问题。

导致算法黑箱问题出现的因素有很多，主要原因是监管部门在算法时代中因为算法技术快速迭代，而监管政策或法律制度建设相对滞后，容易失去对关键数据和关键算法的监督主动权或者控制权。同时，算法黑箱在客观上隐藏了算法自身存在的缺陷，并可能触发安全风险。监管内容与手段均受到限制，难以及时发现和纠偏。例如，一些平台基于用户数据对用户进行“大数据杀熟”，暗中形成价格歧视，侵害消费者权益。又如，某些互联网平台企业使用动态定价算法,形成算法共谋,即在多个动态定价算法同时被使用时,在用户不知情的情况下通过算法对市场进行垄断,从而提高市场价格或者提供不一样的产品或服务。除了商业服务之外,算法黑箱也让诸多算法流程处于不透明、不公开的状态,公民的知情权在相当程度上失去保障。从技术上看,算法推荐的设计本身即属于黑箱操作,平台在选择推荐对象以及推荐产品或服务时充满了各种精致的"算计",且不排除推荐算法设计过程中,对用户的喜好进行筛选并以此构建用户画像的可能性。

根据权利义务对等原则,推荐算法的利用者对算法推荐的内容,理应负担更高的注意义务。网络服务提供者以算法技术主动向用户推送内容链接或发布内容信息的,应就其主动推送或发布的信息承担注意义务;若知晓某个侵权行为存在的,对已知作品的其他类似被侵害行为应负有注意义务。注意义务标准的提高,并非无端加重网络服务提供者的负担,而是权责对等下的"能力越强、利益越大、责任越重"的必然要求。当然,判断算法利用者对其利用行为是否尽到合理注意义务,应结合平台的法律地位、算法错误的明显程度、因果关系、平台规模、平台营利模式及获利情况等动态因素综合考量。

例如在我国首例算法推荐案中[1],法院经审查认为:某节公司向用户提供的不仅是信息存储空间服务,同时也提供了信息流推荐服务。字节公司与仅提供信息存储空间服务的其他经营者相比,理应对用户的侵权行为负有更高的注意义务。对于允许哪些短视频进入算法推荐的范围,如何设置和优化算法推荐的具体应用方式,以及如何将已经进入推荐范围的侵权短视频纳入复审环节以避免其被大范围、长时间地传播等方面,某节公司仍可以通过在其服务和运营的相应环节中施以必要的注意、采取必要的措施加以完善。正如某节公司自己在《3分钟了解今日头条算法原理(科普版)》视频中所言:算法分发并非把所有决策都交给机器,我们会不断纠偏、设计、监督并管理算法模型,希望能让更多的人理解算法,并共同参与到算法模型的制定中来,让算法为社会创造更大的价值。

---

〔1〕 参见北京爱某艺科技有限公司与北京某节跳动科技有限公司侵害作品信息网络传播权纠纷案,北京市海淀区人民法院(2018)京0108民初49421号民事判决书。

(二)算法歧视

由于算法主要是由算法设计者设计而成的计算机代码或指令,所以算法设计者的个人想法、世界观、价值观、知识背景和成长经历,总会不经意间融入整个算法设计及运行过程。因此,算法设计者的价值偏向及其对算法方法的选择,均影响到算法的公平公正,关系到算法是否包含社会歧视与不公。

实际上,不同的算法设计者或使用者有不同的目的或利益,在算法应用中包含着不同的价值判断,更多的时候从自身利益出发来选择参数设置,制定或形成用户画像及决策规则。因此,这必然会形成一定意义上的算法偏见或歧视与不公。换句话说,算法歧视是算法时代全球性的问题,只要有算法,或多或少就会带有不同评价。其实算法歧视的运行原理,主要是平台通过计算用户浏览次数、支付意愿与能力、用户的依赖程度与交易频次,甚至监测用户在交易时使用的终端设备或品牌信息等因素,作为与用户交易的条件与参数,对不同用户使用有违社会公德、带有歧视性或偏见性的用户标签,通过算法推荐给用户在交易价格与机会上实行不合理的差别待遇,或者让不同消费者花费了同样的价格却得到不同服务。

例如,在意大利甚至欧洲首次针对算法歧视做出的司法判决,即欧洲算法歧视第一案中[1],法院审理认为,表面上看意大利户户送有限责任公司行为具有中立性,其平台系统对所有的骑手都适用而且并不针对任何人,但平台算法参数的设置没有考虑外卖骑手未能赴约的真正原因,对外卖骑手产生一定的消极影响,实质上阻碍了外卖骑手参加工会、罢工、预防和治疗疾病等合法权利的行使,减少其未来获得工作的机会,属于间接歧视。又如2022年3月7日光明网报道[2],北京市消费者协会发布互联网消费大数据"杀熟"问题的调查结果显示,约85.38%的受访者认为大数据"杀熟"主要体现为同一时间不同用户购买相同商品或服务的价格不同,约79.98%的受访者认为"杀熟"主要体现为多次浏览后价格自动上涨……还有部分受访者认为"杀熟"体现为手机配置不同价格不同、默认勾选之前购买过的服务、不

---

〔1〕 参见罗智敏:《算法歧视的司法审查——意大利户户送有限责任公司算法歧视案评析》,载《交大法学》2021年第2期。

〔2〕 参见《北京市消协发布互联网消费大数据"杀熟"问题调查结果》,载光明网,https://m.gmw.cn/baijia/2022-03/07/1302833633.html。

买时送优惠券买时却没有等形式。事实上，这些都是典型的通过算法技术，根据交易相对人的支付能力、消费偏好、使用习惯等，实行差异性交易价格或者其他交易条件的差别待遇行为。

（三）信息茧房

信息茧房，主要是指人在筛选或收取外部信息时，习惯性地接收自身兴趣爱好所关注的信息，最终将自己困在蚕茧那样的“茧房”里。在算法时代，平台利用算法形成的检索、排序、选择、推送、展示等规则，进行个性化信息推送，以刻意迎合用户的主观喜好，导致用户陷入相对封闭的“信息茧房”，“作茧自缚”。平台对用户投其所好，导致用户陷入单一信息构造的“茧房”中，最终被虚拟世界所桎梏，被现实世界孤立。

其实，在数字时代，资讯万千，人喜欢看自己想看的，想听自己想听的，本无可厚非。但如果平台凭借着自身优势，通过算法设计，以资讯订阅、智能分类等持续、长久地向用户推送信息，久而久之，就会使用户长期封锁在平台和自己所建构的“信息茧房”中，其个人生活的世界也就呈现一种定式化、程序化，沉浸在个人满足当中。这种“信息茧房”的出现，长久以往会让用户失去其他好奇心，失去探索未知的兴趣以及机会，尤其是对自我约束能力差、辨别能力弱的用户而言，更会沉溺其中。这种为吸引客户眼球、增强客户黏性，遵循“流量为王”“逐利为上”的商业逻辑，人为制造信息传播的“茧房”，容易让人深陷其中而不自知。与此同时，因“信息茧房”带来的“隔离感”也将可能导致不同社会群体甚至是同类社会群体的认知差异。近年来，随着算法技术的不断发展，平台可以更轻松、更具针对性地通过算法分析用户的兴趣爱好，从而完成信息的“精准投送”。在元宇宙中，作为技术基石的算法也有可能会进一步加剧信息茧房的形成，从而阻碍元宇宙的健康发展，这也是元宇宙发展过程中不得不面对的严峻问题之一。

（四）算法垄断

算法即权利[1]，算法已经成为大型平台控制市场的主要工具之一，平台往往也打着保护竞争优势或者商业秘密的旗号，想方设法形成算法优势地位，维护甚至滥用算法优势地位从事垄断或不正当竞争行为。涉及算法垄断的几类典型行为：歧视推荐、歧视定价、算法合谋、算法控制。其中，对

---

〔1〕 参见谭九生、范晓韵：《“算法权力”的异议与证成》，载《北京行政学院学报》2021年第6期。

算法垄断最简单、直接的理解就是利用算法、技术以及平台规则实施自我优待,对自身商品给予优先展示或者排序,开发自身商品,辅助自身决策等。

对于算法垄断问题,2021 年 2 月 7 日发布实施的《国务院反垄断委员会关于平台经济领域的反垄断指南》第 5 条规定了垄断协议的形式,虽未明确订立协议或者决定但通过数据、算法、平台规则或者其他方式实质上存在协调一致的行为,属于反垄断法规定的其他协同行为。通过平台规则、数据、算法、技术等方面的实际设置,实施拒绝交易、限定交易、差别待遇等行为,均属于反垄断法所禁止的垄断行为。2022 年 6 月 24 日第十三届全国人民代表大会常务委员会第三十五次会议审议通过的《反垄断法》第 9 条规定,经营者不得利用数据和算法、技术、资本优势以及平台规则等从事本法禁止的垄断行为。此外,自 2022 年 3 月 1 日起施行的我国首部规制算法的部门规章《互联网信息服务算法推荐管理规定》第 15 条还规定,算法推荐服务提供者不得利用算法对其他互联网信息服务提供者进行不合理限制,或者妨碍、破坏其合法提供的互联网信息服务正常运行,实施垄断和不正当竞争行为。

可见,垄断行为所使用的手段不仅局限于传统的商业方式中,数据、算法、技术等科技手段亦可用于实施垄断。对此,监管部门已经着手对企图利用算法等手段实施垄断的行为进行规制。2015 年,被认为是全球算法合谋第一案的美国"Topkins 案"[1],正是因为利用算法技术违反了反垄断法而遭到处罚。美国司法部指控亚马逊网站的主管人员 Topkins,其编写了用于自动交换价格信息、协调卖价的算法,与该公司的竞争对手达成横向垄断协议,通过算法技术促进了竞争对手之间共谋意图的实现。同时,还应注意到的是,算法垄断不仅存在于现实社会中,在元宇宙中同样无可避免,应引起业界的重视。

(五)算法不正当竞争

网络不正当竞争行为时有发生,特别是网络经营者利用数据、算法等技术手段,通过影响用户选择或者其他方式,实施流量劫持、干扰等行为;又或者通过收集、分析交易相对方的交易信息、浏览内容、浏览次数、交易时使用的终端设备品牌及价值等方式,提供不合理或者不同的交易信息,侵害交易

---

〔1〕 参见刘佳:《人工智能算法共谋的反垄断法规制》,载《河南大学学报(社会科学版)》2020 年第 4 期。

用户知情权、选择权、公平交易权。由于算法的特殊性，平台可以利用算法实施不正当竞争行为，从而获取非法利益，扰乱市场秩序。

在我国首例“人工刷量平台干扰搜索引擎算法不正当竞争案”中[1]，法院经审查认为，被告运营的人工刷量交易平台，在了解原告算法的情况下，对“任务”进行了提示，设置了交易的步骤和规则，所采用的刷量手段完全使非目标客户伪装成目标客户，足以达到以假乱真的效果，原告很难对此进行识别和监测。被告运营的人工刷量交易平台依附于原告的搜索引擎，并通过干扰原告经营活动的方式获取自身的商业利益，该种经营模式无任何创新价值，损害经营者和消费者的利益。且被告的经营模式使大量虚假数据流入搜索引擎的搜索逻辑中，造成市场信息传递的错误，扭曲搜索引擎的商业模式。最终，法院认定被告的涉案行为具有不正当性，对包括原告在内的相关领域市场参与者均造成了损害，应受到反不正当竞争法的规制。

自 2022 年 3 月 1 日起施行《互联网信息服务算法推荐管理规定》第 15 条明确规定，算法推荐服务提供者不得利用算法对其他互联网信息服务提供者进行不合理限制，或者妨碍、破坏其合法提供的互联网信息服务正常运行，实施垄断和不正当竞争行为。随着算法技术的快速发展和消费者需求的改变，经营者需不断改进商业模式，市场竞争秩序将逐渐被算法技术影响和改变，可以预见未来算法技术将对反不正当竞争法提出诸多挑战。另外，算法不正当竞争必然也会延伸到元宇宙领域，扰乱元宇宙秩序的健康发展。

因此，无论是在现实社会还是在元宇宙中，商业竞争行为都应以法律为边界，树立正确的价值观，“倡导算法向上向善，抵制算法逐利作恶”，合理规制涉及数据、算法的竞争行为，确保公平、透明，为以算法为基础的元宇宙的健康发展营造一个公平自由的竞争环境。

第二节　元宇宙中的算法治理

算法借助算力和架构实现对数据占有、处理和结果输出，日益成为调配

[1] 参见北京百度某讯科技有限公司诉深圳市某爱网络技术有限公司不正当竞争纠纷案，北京市海淀区人民法院(2020)京 0108 民初 43224 号民事判决书。

资源、构建网络秩序和伦理规则的权力工具。算法在数字社会中至关重要，正逐渐从科技之“法”转化为数字社会之“法”。在建构网络世界规则的某种意义上，算法即权力，算法治理成为网络治理的底层架构。[1] 因此，对于算法治理，最基本的要求应当是遵循人类共同价值观，遵守国家法律和伦理道德，尊重人类主体地位，抑制歧视和偏见，保障用户的人身权和财产权。

一、算法治理的发展历程

2014 年 5 月，美国白宫发布了《大数据：抓住机遇，保护价值》报告，该报告认为，受数据来源的特定性和算法设计者主观意图的影响，算法自动化决策往往会构成隐性偏见，从而系统性地减少个人获得信贷、就业和教育的机会。2017 年，美国计算机协会公共政策委员会发布了《关于算法透明性和可问责性声明》，指出应当把算法透明和可问责性的原则应用于系统开发和部署的每个阶段，以便在可能产生损害时对算法进行审计；同时希望使用算法决策的机构对算法所遵循的程序和特定的决策提供解释。2019 年 10 月，美国《算法问责法 2019（草案）》为了防止自动化决策算法对消费者的歧视，要求大型互联网平台针对自动化决策算法进行评估，并消除对消费者个人信息和隐私安全带来的风险，以及因种族、肤色、宗教、政治信仰、性别或其他方面的差异带来的算法歧视与偏见。2020 年 6 月，美国参议院发布《数据问责和透明度法 2020》，将算法自动化决策纳入监管，提出消费者有权质疑平台收集数据的理由，也有权要求对自动化决策算法进行审查和解释。

2018 年 5 月，欧盟出台《通用数据保护条例》，首次在立法中提出和创设了算法解释权，并试图通过算法解释权来确保算法透明原则的实现。2019 年 4 月，欧洲议会研究服务机构发布《算法问责及透明度监管框架》，就算法及其在自动化决策系统中快速增长的应用提出了全面的监管框架。2020 年 2 月，欧盟发布《人工智能白皮书——通往卓越和信任的欧洲路径》，提出构建“卓越生态系统”和“信任生态系统”。2021 年 4 月，欧盟发布世界范围内第一份综合性《人工智能法案》，采取了四类风险分级方法，对不同风险级别的人工智能系统采取不同的限制措施。2022 年 10 月，欧盟理事会批准通过

---

〔1〕 参见洪学军：《关于加强数字法治建设的若干思考——以算法、数据、平台治理法治化为视角》，载《法律适用》2022 年第 5 期。

了《数字服务法案》,要求提高在线平台透明度,对平台推荐算法进行审核,防止滥用平台权利。

与此同时,算法的不合理应用也影响了我国正常的市场秩序和社会秩序,国家互联网信息办公室等九部门于2021年9月正式印发《关于加强互联网信息服务算法综合治理的指导意见》。2021年12月31日,我国正式颁布第一部以算法推荐服务为规制对象的部门规章《互联网信息服务算法推荐管理规定》,自2022年3月1日起施行。在我国境内应用算法推荐技术提供互联网信息服务,包括利用生成合成类、个性化推送类、排序精选类、检索过滤类、调度决策类等算法技术向用户提供信息,除法律、行政法规另有规定的,皆适用该规定。

二、提高算法透明度

如前所述,2017年,美国计算机协会公共政策委员会发布《关于算法透明性和可问责性的声明》,指出应当在系统开发和部署的每个阶段应用算法透明和可问责性的原则。2021年,美国参议院出台《算法正义和互联网平台透明度法案》,提出一系列措施确保平台在算法使用过程中履行审核和透明度义务。2022年,欧盟《数字服务法案》要求在线平台采取广泛的透明度措施,包括推荐算法的透明度,让用户更好地了解平台是如何向他们推荐内容的。我国《互联网信息服务算法推荐管理规定》第4条规定,提供算法推荐服务应当遵循公正公平、公开透明的原则;第7条规定,算法推荐服务提供者应当制定并公开算法推荐服务相关规则;第12条规定,鼓励算法推荐服务提供者优化检索、排序、选择、推送、展示等规则的透明度和可解释性;第16条规定,算法推荐服务提供者应当以显著方式告知用户其提供算法推荐服务的情况,并以适当方式公示算法推荐服务的基本原理、目的意图和主要运行机制等。

算法透明度,即算法服务提供者应当公开披露其算法的基本原理、逻辑、操作规则、运作过程及决策方式。自2020年9月12日起施行的《最高人民法院关于审理侵犯商业秘密民事案件适用法律若干问题的规定》将算法列入商业秘密保护客体。因此,算法的公开和透明度应当在一个适度的范围内,既要保护企业的商业秘密,又要维护用户的合法权益。

一般而言,算法透明度标准有:(1)首先对算法应用场景进行区分,数字平台公开算法透明度标准与其涉及民生及广大公众利益的广度和深度呈正相关,即与其公共属性呈正相关,比如用户数量越大公共属性就越强,其让用户充分了解其优化检索、排序、选择、推送、展示等规则的义务就越高;(2)算法公开的透明度应当以社会公众的感知、明白和了解为标准,而不是对源代码的彻底公开,因为公开源代码涉及企业商业秘密,也可能对公众利益造成损害,比如谷歌曾经公开 PageRank 的算法对于 META 标签、关键字等参数,结果很多网站就开始利用此类算法以实现网站在谷歌搜索结果页面排名靠前的目的;(3)算法公开应当涵盖数据的采集与分析、模型的设计与优化、决策的判断依据的全过程,以及各项参数权重和人工干预的途径,说明算法如何工作的全流程;(4)涉及公众利益的算法代码应当适度开源,进行事前披露、事后解释,并定期或不定期地接受社会公众的质询。

三、提升算法可解释性

联合国教科文组织《人工智能伦理问题建议书》指出,可解释性是指让人工智能系统的结果可以理解,并提供阐释说明。人工智能系统的可解释性也指各个算法模块的输入、输出和性能的可解释性及其如何促成系统结果。

我国《互联网信息服务算法推荐管理规定》第 12 条规定,鼓励算法推荐服务提供者综合运用内容去重、打散干预等策略,并优化检索、排序、选择、推送、展示等规则的透明度和可解释性,避免对用户产生不良影响,预防和减少争议纠纷。根据第 16 条规定,算法推荐服务提供者应当以显著方式告知用户其提供算法推荐服务的情况,并以适当方式公示算法推荐服务的基本原理、目的意图和主要运行机制等,也就是保障了用户的算法知情权。根据第 17 条规定,算法推荐服务提供者应当向用户提供不针对其个人特征的选项,或者向用户提供便捷的关闭算法推荐服务的选项,也就是保障了用户的算法选择权。

传统社会中存在偏见和歧视,算法设计者也会将个人偏见和歧视带入算法中,数字平台也会将其商业价值观应用到算法中。另外,算法是通过分解像素并给予一定数值,然后根据不同特征属性的权重进行思考,该种思考不同于人类的高阶思考,也可能会产生新的偏见和歧视。

综上,算法歧视、偏见和算法黑箱导致用户逐渐对算法的发展从害怕到恐惧,人类渴望理解算法并能更好地引导和使用算法,因此算法必须为数据主体或终端用户所理解。算法之可解释性是指对算法的输入、输出、决策等过程的可解释性,包括事前可解释性、事后可解释性,让用户对算法的结果可以理解。

四、倡导算法伦理

算法是元宇宙的重要支撑,元宇宙运转需要强大的算力和精细的算法。同时算法与数据紧密相连,在元宇宙的构建过程中,每一个个体都会在元宇宙世界中产生各类活动记录,这些记录以数据的形式存储在元宇宙中,海量的存储数据为算法技术的运用提供"原料"。对算法的规制意味着对数据利用层面的规制,而非过去偏重数据收集的规制。[1]

随着算法技术在元宇宙构建过程中的深入应用,算法与歧视、隐私权保护、言论自由保护、反垄断等将是不得不考虑的问题。例如,电商平台根据消费者的消费偏好、消费能力、消费习惯、消费需求、是否为新用户等设置差异化的交易价格或交易条件,损害消费者权益;在求职广告领域根据求职者的性别等因素设置不同的推送页面。算法歧视的出现大概有三方面的原因:第一,数据本身存在歧视;第二,算法开发者在开发时将自身的偏见和价值观嵌入软件的指令中;第三,算法社会本身就意味着不公平,这样的智能体系对人的科技素质要求极高,导致未来出现少数科技精英主宰大多数普通人的局面。[2]

因此,算法虽在外部显现出理性、中立、高效的形象,但实际上算法并非一种完全价值中立的数学运算活动或科学活动。[3] 算法不可避免地蕴含价值判断,在设计之初就带有开发者本身的价值理念。为此,需要透过算法源代码背后对现代伦理基础的挑战,提倡新的算法伦理规制,避免算法隐含的歧视与不公。

---

〔1〕 See Cate F. H. & Mayer Schnberger V. , *Notice and Consent in a World of Big Data*, International Data Privacy Law, p. 67 – 73(2013).

〔2〕 参见於兴中:《算法社会与人的秉性》,载《中国法律评论》2018 年第 2 期。

〔3〕 See Felicitas Kraemer, Kees Overveld & Martin Peterson, *Is there an ethics of algorithms*? Ethics and Information Technology, p. 251 – 260(2011).

五、建立算法标准

元宇宙是由一行行代码组成的，而基于代码即是规则的算法运行逻辑，算法伦理的落实和规制应前移至代码设计阶段。可考虑在行业、企业、自律组织的参与下，由监管部门牵头制定元宇宙算法设计的强制性技术标准，包括但不限于国际标准、国家标准、地方标准和团体标准等。以新兴的道德算法设计科学为指导，从算法的设计、编写、测试等算法设计的全流程出发，制定符合元宇宙算法伦理的技术标准，以在源头上杜绝元宇宙算法歧视的发生。

六、规范数据收集和使用，引导元宇宙数据层发展

在元宇宙中，算法离不开数据，数据同样也离不开算法。在《中共中央、国务院关于构建更加完善的要素市场化配置体制机制的意见》和《关于构建更加完善的要素市场化配置体制机制的意见》等多个顶层文件规范中，数据作为重要的生产要素已经达成共识。但在公共数据的产生和处理方面，目前暂无统一的上位立法，而各地为了更好地开放利用公共数据，逐步以地方立法来规范公共管理和服务机构在依法履行公共管理职责或者提供公共服务过程中产生、处理和开放公共数据的问题。例如，元宇宙的游戏场景构建真实的虚拟现实，需要地理位置信息或公用服务机构提供的基础数据，如此才能开发出无限贴近真实的3D 环境。

我国《民法典》《个人信息保护法》和最高人民法院相关司法解释对个人数据的规范保护，已经确立以单独同意为基础的个人数据收集原则。《上海市数据条例》和《深圳经济特区数据条例》中的个人信息保护规则主要是对《网络安全法》和《个人信息保护法》等立法规范的重述和细化。但在元宇宙游戏企业收集个人数据和获取公共数据及其数据衍生利用方面，还有许多值得推进的工作。一方面，安全和隐私保护依赖于差分隐私等技术应用来加以保障；另一方面需要通过完善数据利用的法律规则来指导和规范主体的行为。

在保障数据安全和保护个人隐私的基础上，未来应当加强数据分享和利用，增加数据的利用价值应成为重要的导向。《个人信息保护法》已经从源头上对数据的供应设置了阀门，《国务院反垄断委员会关于平台经济领域

的反垄断指南》对收集、处理数据以及利用数据优势排除或限制竞争的行为进行规制。

如此一来，在前端的数据收集和后端的数据滥用方面，已经有相应的法律法规规则制度，但在中间过程中的数据合规利用和数据财产的法律保护中仍有许多急需完善的地带。立法应当坚持“保护与发展并重，以保护为基础，以发展为目标，以保护促发展”的基本指导思想，着力平衡发展数字经济与保护个人信息、数据开发利用与数据安全之间的关系，推进公共数据开放与共享，构建数据治理的具体制度，力图在确保数据安全、保护个人信息的基础上，最大限度激发、释放数据作为生产要素的经济价值，为数字经济的发展提供良好的法治环境和制度文件。

七、健全算法监督机制

从算法应用者的角度来看，应增加算法影响评估和算法运行结果的监控义务。各国主流监管策略也是要求事先做出影响评估，例如欧盟《数字服务法案》及美国《算法问责法》都要求平台做出风险评估报告。算法运行结果的监管则要求应用者一旦发生或可能发生危害事件时，就应当立即采取补救措施，并通知相关监管部门和用户。

从算法监管者的角度来看，自行或委托第三方对算法进行定期审计以检查是否存在偏见，是预防算法伦理风险的最佳做法。审计对输入数据和输出决定进行审查，可以提高监管部门对算法行为的洞察力。美国的经验已经表明，“反社会”的算法行为可以通过适当的审计发现。例如，美国通过算法审计发现，相较于白人，以防止儿童虐待风险为目的自动评分系统更容易将黑人作为施暴对象。算法审计制度的确立，初步建立了监管部门、企业自律与第三方共同参与的算法多元治理框架。〔1〕

从算法使用者的角度，用户拥有自由选择的权利，平台不应对用户的选择提供歧视性服务，也不能以种族、经济和社会条件、性别、政治或宗教偏好为由对个人进行歧视。在《个人信息保护法》等已经赋予个人知情权、拒绝

---

〔1〕 参见张凌寒：《〈个人信息保护法（草案）〉中的平台算法问责制及其完善》，载《经贸法律评论》2021 年第 1 期。

权和一定限度的“算法解释权”的基础上,[1]应进一步以算法透明度为基本原则,通过程序要求和技术赋能的方式,便于算法使用者行使算法监督权能。

因此,无论是元宇宙应用还是执法监管,都离不开以数据为基础的科学决策;数据的合规利用为算法实施提供养料,但算法实施不能成为从事危害国家安全、扰乱经济秩序和社会秩序、侵犯他人合法权益的工具。元宇宙服务平台需要承担主体责任,协助做好数据和算法的合规使用,监督内容治理的有效实施和数字秩序的有效维护。

八、保障算法向善

算法的运用并非一种完全价值中立的活动,算法总是隐含了价值判断。[2] 算法的价值导向应当是“向上”和“向善”。旗帜鲜明地提出这个价值导向,就是对“算法中立”和“算法无价值观”等主张的有力回应。比如,算法不能成为从事危害国家安全、扰乱经济秩序和社会秩序、侵犯他人合法权益的工具,更不得利用算法推荐服务传播法律、行政法规禁止的信息而主张享受避风港原则来免责。

市场主体经常运用“技术中立”或“算法中立”作为违法犯罪的挡箭牌。然而,当市场主体提供基于算法优势的产品或服务时,都必须要进行价值取舍,而产品或服务是否会传播非法内容、是否会被他人用作犯罪或侵权活动是重要的价值选项之一,也是开发者需要慎重考虑的选项。[3] 美国学者劳伦斯·莱斯格在互联网发展早期曾提出“代码即法律”(Code is Law)的思想:尽管代码可以实现去管制化,但代码本身不是固定的,而是可以被商业、政治等非技术力量操纵和改变的,人们在网络上的行为仍受到管制,只不过这种管制是通过更改代码而实现的。

2021 年以来,《关于加强互联网信息服务算法综合治理的指导意见》等中央监管文件频繁出现对算法使用的具体要求,所以 2021 年也是算法监管

---

〔1〕 参见梁振文:《算法解释权的构造与法治保障路径——以社会信用体系建设为场景》,载《吉首大学学报(社会科学版)》2021 年第 1 期。

〔2〕 参见丁晓东:《算法与歧视:从美国教育平权案看算法伦理与法律解释》,载《中外法学》2017 年第 6 期。

〔3〕 参见孙益武:《算法也应接受法律的审视》,载《民主与法制时报》2018 年 4 月 21 日,第 2 版。

的“元年”。在2021年中央宣传部等五部门联合印发的《关于加强新时代文艺评论工作的指导意见》中提出：加强文艺评论阵地管理，健全完善基于大数据的评价方式，加强网络算法研究和引导，开展网络算法推荐综合治理，不给错误内容提供传播渠道。而个别地方立法如《天津市网络虚假信息治理若干规定》也要求网络信息内容服务平台应设置符合法律、法规和国家有关规定中关于鼓励传播、禁止传播、防范和抵制传播等要求的算法推荐模型，并建立健全人工干预和用户自主选择机制。

在竞争合规层面，以算法等技术手段实施不正当竞争的行为被纳入监管。最高人民法院和国家市场监管总局都对以算法等技术手段实施不正当竞争保持了较高的关注〔1〕，包括利用算法针对其他特定经营者实施不兼容、妨碍用户正常使用其他经营者合法提供的网络产品或服务、违背其他经营者意愿并导致其合法提供的网络产品或服务无法正常运行。由于算法的隐蔽性，经营者很容易利用算法侵害交易相对方的知情权、选择权、公平交易权等，扰乱市场公平交易秩序。例如，对于交易中的刷单炒信，网络平台经营者需要摒弃“流量为王”的理念，减少经营算法中对阅读量、转发量和交易量等权重参数的依赖，合理设定展示和搜索的权重。

总而言之，算法不是法律的禁区，元宇宙的虚拟世界也不例外。无论是在现实社会还是元宇宙中，都应以法律为边界，树立正确的价值观，“倡导算法向上向善，抵制算法逐利作恶”，合理规制涉及数据、算法的竞争行为，确保公平、透明，为以算法为基础的元宇宙的健康发展营造一个公平的竞争环境。

---

〔1〕 参见《最高人民法院关于适用〈中华人民共和国反不正当竞争法〉若干问题的解释（征求意见稿）》（2021年8月18日发布）；国家市场监督管理总局《禁止网络不正当竞争行为规定（公开征求意见稿）》（2021年8月17日发布）。

第十二章 各式元宇宙解读

◇ 第一节 工业元宇宙

工业元宇宙是采用数字孪生构建一个 1:n 的多元宇宙，以 VR、AR、MR 等技术呈现从物理世界映射到虚拟世界中的各种信息，以人工智能等技术优化工业生态模式，促进工业企业从信息化向数字化转型，实现工业领域内资源调配、智能化生产，显著提高工业领域的生产效率。

一、工业元宇宙的起源及发展

2022 年 1 月，鸿海集团旗下主营工业控制设备和系统的桦汉科技获谷歌 4000 万美元投资，双方将携手进军工业元宇宙市场。2022 年春季图形处理器技术大会[1]上，"英伟达宣布了对于 Omniverse 平台的多项更新，让开发人员、决策者，甚至是大众消费者都能受益，更高效的开发、更强大的工具、更便捷的演示，以及更好的体验，正在让元宇宙虚拟世界加速变身生产力，提升工作效率，改善生活品质"[2]。微软举办 build 2022 年开发者大会，会上微软首席执行官萨提亚首次详细披露微软在元宇宙的最新进展：在聊

---

〔1〕 该大会是英伟达（一家人工智能计算公司，其创始人兼首席执行官是美籍华人黄仁勋）从 2009 年举办的活动，最近几年聚焦人工智能和深度学习。

〔2〕 魏德龄：《英伟达打造全环虚拟世界平台，元宇宙变身生产力》，载百度网 2022 年 4 月 1 日，https://baijiahao.baidu.com/s?id=1728857903579505408&wfr=spider&for=pc。

天软件 Teams、B 端会议应用 Mesh 的应用。值得注意的是,萨提亚还首次介绍了微软在工业元宇宙的探索成果。[1] 2022 年 5 月,工业互联网平台企业雪浪云宣布完成超过 3 亿元人民币的 B 轮融资,本轮融资后,雪浪云将进行以下行为:(1)强化核心技术平台雪浪 OS,建设工业元宇宙的数字底座;(2)进一步深度融合工业知识模型,实现新工业软件的创新与国产化替代;(3)继续在生态建设上进行战略性整合,进一步深化与高校等科研机构的合作。[2] 据 Trend Force 集邦咨询预测,到 2025 年,工业元宇宙将催动全球智能制造市场规模突破 5400 亿美元,2021 年至 2025 年复合成长率高达 15.35%。[3]

二、工业元宇宙的概念与特征

"'工业元宇宙是一种全新的工业互联网交互模式,将带来开放协作的产业形态和商业模式'。北京信息化和工业化融合服务联盟理事长闫同柱表示,工业元宇宙更强调可视化、准确性和调优性,比起构建新的场景和体验而言,工业元宇宙更关注解决确切场景中的确切问题。"[4] 对于元宇宙来讲,可能概念会更广一些。如今元宇宙跟区块链、游戏、社交的炒作层出不穷,XGRIDS 总经理、CloudMinds 首席架构师赵开勇的理解是:"元宇宙不只是有社交、游戏属性,更多是在虚拟场景里面把真实世界仿真,在虚拟世界里进行模拟或演练,并将好的结果反馈给虚拟世界,把社会往前推。"[5] 除了川崎重工之外,亨氏和波音都已经成为微软的工业元宇宙客户。虽然工业元宇宙听起来像是一个噱头,但随着元宇宙概念的流行,这是微软的客户一直在要求的东西。微软混合现实公司副总裁杰西卡 · 霍克(Jessica Hawk)

---

〔1〕 参见王伟:《"叫板"英伟达和 Meta,微软首提工业元宇宙》,载百度网 2022 年 5 月 26 日,https://baijiahao.baidu.com/s?id=1733862144022280783&wfr=spider&for=pc。

〔2〕 参见《雪浪云宣布完成超三亿元 B 轮融资,加码建设工业元宇宙》,载百度网 2022 年 5 月 15 日,https://baijiahao.baidu.com/s?id=1732899821506192955&wfr=spider&for=pc。

〔3〕 参见《探路工业元宇宙!卡奥斯 D^3OS 亮相数博会,锚定数智化转型新方向》,载中国商务网 2022 年 6 月 6 日,http://business.china.com.cn/2022-06/06/content_41993049.html。

〔4〕 刘海美:《工业遇上元宇宙,展现智造"未来形态"》,载和讯网 2022 年 6 月 2 日,http://news.hexun.com/2022-06-02/206086396.html。

〔5〕 心缘:《Omniverse 先锋人物大聊元宇宙,详解 CG 行业核心痛点》,载百度网 2021 年 7 月 9 日,https://baijiahao.baidu.com/s?id=1704762175146985510&wfr=spider&for=pc。

表示，工业元宇宙是对今天的技术在未来完全沉浸之前可以完成的事情的一种体验。[1]“海尔卡奥斯物联生态科技有限公司副总经理谢海琴在采访中也表示，‘工业元宇宙’有望在效率提升、质量提升等基础上，形成全新的‘元宇宙+制造+服务’体系，促进产业数字化的高质量应用和数字产业化的高水平发展。”[2]业界提得比较多的一种定义是：工业元宇宙（Industrial Metaverse）是以XR、数字孪生为代表的新型信息通信技术与实体工业经济深度融合的工业生态，它通过XR/人工智能/IoT/云计算/区块链/数字孪生等技术打通人、机、物、系统等的无缝连接，将数字技术与现实工业结合，促进实体工业高效发展，构建起覆盖全产业链、全价值链的全新制造和服务体系，是工业乃至产业数字化、智能化发展的全新阶段。[3]笔者以为，工业元宇宙是采用数字孪生技术构建的一个1：n的多元宇宙，将物理世界的所有细节都复制到虚拟世界中，以VR、AR、MR等技术呈现从物理世界映射到虚拟世界中的各种信息，以人工智能等技术优化工业生态模式，将开发、设计、测试、检修等所有过程都集中在虚拟环境中执行，促进工业企业从信息化向数字化转型，实现工业领域内的资源调配、智能化生产，显著提高工业领域的生产效率。其特征主要在于：(1)以数字孪生、VR、AR、人工智能、云计算等新兴技术之集成；(2)劳动力、设备和数据之间实现互联互通；(3)由“虚”向“实”指导产品全生命周期的工业流程优化和效率提升；(4)从岗前技能培训、研发设计、生产优化、设备运维、产品测试等多个环节优化工业领域内资源调配、智能化生产；(5)从信息化向数字化转型，推动制造数字化；(6)最终实现物理世界与虚拟世界互联互通，虚实融合共同发展。

---

[1] 参见《微软宣布川崎重工将加入其工业元宇宙》，载腾讯网，https://view.inews.qq.com/a/20220526A06ZT600。

[2] 《“所得超所见”：卡奥斯以数字孪生敲开“工业元宇宙”之门》，载百度网2022年5月17日，https://baijiahao.baidu.com/s?id=1733036344231960952&wfr=spider&for=pc。

[3] 参见5G产业时代数据中心：《工业元宇宙=工业乌托邦?》，载搜狐网2022年1月22日，http://news.sohu.com/a/518275648_120744257。

◇ 第二节 教育元宇宙

教育元宇宙将存在于现实世界中和原生于虚拟世界中的教学资源，利用VR、AR等技术为教师和学生构建一个沉浸式的虚拟教学场景，该场景可以呈现现实世界中难以呈现的教学环境，学生们可以立体、全方位地感受教学场景，并能和教师进行交互式互动。

一、教育元宇宙的起源与发展

2018年3月，韩国斯诺公司（SNOW）推出崽崽（Zepeto）元宇宙平台软件，该平台有着强大的用户创作平台工具，用户可以自拍然后通过创意捏脸来创造自己的虚拟形象和装扮，创作了大量UGC；该平台可以为教师、学生、管理者等相关人员创建虚拟分身，教师可以在元宇宙中开拓和选择教学场所，师生之间可以通过语言、动作和文字等方式交互，学生可以自主选择学习场所进行可移动学习和交互式学习。2021年11月，Roblox创始人兼首席执行官大卫·巴斯祖齐（David Baszucki）正式介绍了Roblox社区基金计划，Roblox社区基金将为提供开发课程和教育体验的教育合作伙伴给予相应投资和扶持，让他们可以更深入和更具创新性地使用开发工具和社区；反过来，教育伙伴也会提供相应服务来推动Roblox社区教育和学习。“在不断扩张教育工作的过程中，Roblox会不断专注于技术改进和提升生态能力，希望能更好地服务于全球的学生和学校；同时，Roblox也会扩大合作伙伴和教育计划的覆盖范围，以此来确保它们能够覆盖到更多被忽视的社区”。[1] 2022年1月26日，网龙通过线上线下的方式，对外举行“元宇宙战略发布会”。会上，网龙首席执行官熊立博士表示，网龙华渔教育的愿景为共创全人类教育元宇宙。熊立博士强调，网龙打造的元宇宙组织，完全开放、技术共享、没有边界，人人都可以参与，让那些宝贵的人才发挥自己的专长，一起

[1] 参见《Roblox 1000万美元投入RCF基金，开启Roblox学习教育新篇章》，载知乎网2021年12月13日，https://zhuanlan.zhihu.com/p/444712703。

参与到推动全人类教育事业发展中去。[1] 2022年2月,成立两个月的与"元宇宙"结合的教育科技公司——因瓦特元宇宙大学(Invact Metaversity),已经完成首轮融资,该公司最新估值高达3300万美元(超2亿元人民币)。塔纳·普拉塔普(Tanay Pratap)的技术将支持学生通过动画化身,和他们的老师进行交流,无论他们身在何处。用户使用VR设备,而不是看着屏幕,用户会真有一种3D身临其境的体验,因瓦特(Invact)就是这种身临其境的教育体验平台。通过互动、食堂对话和头脑风暴会议,确保学生在元宇宙中获得完整的大学般的在线体验。[2] 2022年6月,韩国国立江原大学上线"元宇宙校园"服务,并声称希望通过这种方式,为学生、教职员工等用户提供差异化的教育和信息服务。该系统支持学生之间在元宇宙平台上实现信息共享和交流,如学习成绩查询、课程完成情况查询、奖学金查询、非面对面授课、就业信息和职业咨询。江原大学说,计划利用元宇宙平台开展符合大数字化转型时代的业务,努力打造教育生态系统。[3]

二、教育元宇宙的概念与特征

教育元宇宙是各式元宇宙之一,其运用VR、AR、MR和XR等虚拟现实技术构建虚实结合的虚拟学习世界,运用虚拟人技术提供师生的虚拟分身进入虚拟课堂学习交互,运用脑机接口技术提高学生的专注能力和学习效果,运用NFT制造毕业证书及职称证书等。教育元宇宙创建的三维VR、AR等学习情境,可以让学生通过视觉、听觉、触觉、嗅觉、味觉等综合感官体验进行沉浸式学习,可以让学生行走在清明上河图的街头近距离走进历史,还可以让学生近距离靠近各大星球并实地勘察,最终实现师生共同协作开发,实时优化学习内容,促进学习资源的持续丰富。教育元宇宙主要有以下特征:(1)节约教育成本,利用数字孪生人体器官、手术过程、化工实验等虚拟场景进行教学、培训等;(2)实现教育公平,让更多学习者可以跨越时空限

---

〔1〕 参见一枝:《勇做时代的弄潮儿,网龙(00777.HK)引领元宇宙"开放时代"》,载百度网2022年1月28日,https://baijiahao.baidu.com/s?id=1723183534681038943&wfr=spider&for=pc。

〔2〕 参见Edu指南:《元宇宙在教育科技火了,这家公司成立2个月估值过亿》,载百度网2022年2月8日,https://baijiahao.baidu.com/s?id=1724179988308060216&wfr=spider&for=pc。

〔3〕 参见《韩国江原大学上线"元宇宙校园"服务》,载物联网智库网2022年6月8日,https://www.iot101.com/news/3791.html。

制，随时随地获得优质教育资源；（3）交互性，学生可以参与学习资源、学习环境的修改，实现师生共同协作开发，实时优化学习内容，促进学习资源的持续丰富。

第三节　旅游元宇宙

旅游元宇宙是通过数字孪生技术将现实世界中的旅游场景和场景地图等映射到虚拟世界中，还可以通过VR、AR及MR相关技术虚拟重构旅游空间场景，解决某些历史场景不能复现还原的问题，同时通过注入内容和创意的方式，让游客以虚拟分身的角色深度沉浸于历史故事和角色扮演中。

一、旅游元宇宙的起源和发展进程

2021年11月，张家界元宇宙中心作为全国首个设立在景区的元宇宙研究中心正式挂牌。2021年12月，国务院印发《"十四五"旅游业发展规划》，指出要开发数字化体验产品，发展沉浸式互动体验、虚拟展示、智慧导览等新型旅游服务，推进以"互联网+"为代表的旅游场景化建设。2022年5月，亚洲先锋娱乐控股有限公司推出元宇宙体验项目"迷你澳门"（Mini Macau），该项目让人们化身成为数码旅客，在这个虚拟世界内探索澳门旅游景点，还计划在2022年年底前推出旅游和酒店元宇宙平台"度假宇宙"（Resortverse）。[1] 2022年6月，携程集团与AR公司亮风台正式签署战略合作协议，将采用AR和AI创新技术，携手把大理打造成为国际旅游名城和大滇西旅游环线示范区，开发旅游数字化产品，发展强交互、强沉浸的新型旅游服务，这也是携程集团与亮风台携手元宇宙旅游第一站。2022年6月，瑞丽市政府与小签科技签署建设瑞丽市元宇宙剧本游小镇战略合作协议。小签科技的神奇旅行元宇宙剧本游引擎平台由场景地图引擎、实景剧本创作平台和商业植入平台共同构成，将打造集家国情怀、边境旅游、中缅友好展示、

〔1〕 参见《元宇宙中的旅行，旅游商家如何变现?》，载网易网2022年6月7日，https://www.163.com/dy/article/H98BUVV00524AKMQ.html。

文化体验、爱国主义教育等功能于一体的瑞丽市畹町小镇。[1] 51WORLD智慧景区平台是景区元宇宙落地的成功尝试，结合云渲染能力与数字孪生技术可以高精度复刻景区内的一草一木，景区内的每个细节都可以在智慧平台中实现逼真的虚拟化建设，为景区运营单位提供云旅游的实景化旅游内容。[2] 日本全日空控股正在着手开展"旅行元宇宙"业务，届时游客可通过操作虚拟形象来漫步游览街市景观和购买特产，享受旅游的乐趣。大唐不夜城与太一集团联合打造全球首个基于唐朝历史文化背景的元宇宙项目——"大唐·开元"，它像一个通往数字"虚拟世界"的工具，无论身在何处都可以在"大唐不夜城"游览娱乐。[3]

二、旅游元宇宙的概念与特征

"文旅元宇宙具有普适性、普世性，通过流连裂变、元赋能、元传播、元体验、元运营的产业赋能模式，颠覆了传统文旅产业的投建结构、经营方式与运营管理方式，实现数字智慧运营与全民营销，让沉浸式夜游实现智慧化的业态转型"[4]，金东文旅文博产品线总裁黄倩这样说道。旅游元宇宙可以通过数字孪生技术将现实世界中的旅游场景、场景地图等映射到虚拟世界中，还可以通过VR、AR及MR相关技术虚拟重构旅游空间场景，解决某些历史场景不能复现还原的问题，同时通过注入内容和创意的方式，让游客以虚拟分身方式深度沉浸于历史故事和角色扮演中。旅游元宇宙可以拓展旅游目的地的深度和广度，将游客带向更大的虚拟世界，给游客一种真实的体验感，比如通过莫干山红色旅游产品"莫干山往事"，游客可以穿越到1937年的莫干山，见证一些历史事件。旅游元宇宙可以让游客成为旅游场景、故事的编辑创造者，比如游客可以在旅游元宇宙中创建类似西游记中的"女儿

---

[1] 参见《瑞丽市与小签科技签署战略合作，投资8600万建设元宇宙剧本游小镇》，载搜狐网2022年6月22日，https://www.sohu.com/a/559864813_121236604。

[2] 参见51WORLD数字孪生平台公司：《文旅行业下一个风口，数字孪生打造景区元宇宙》，载新浪网2022年1月7日，http://k.sina.com.cn/article_5279455021_13aae172d00100wmbi.html。

[3] 参见《曲江文旅：大唐不夜城与太一集团打造全球首个基于唐朝文化背景的元宇宙项目》，载百度网2021年11月15日，https://baijiahao.baidu.com/s?id=1716462193728296471&wfr=spider&for=pc。

[4] 高慧、李金枝、王思超、魏彪：《"元宇宙+旅游"创意亮点频频闪现》，载百度网2022年2月24日，https://baijiahao.baidu.com/s?id=1725625181311686538&wfr=spider&for=pc。

国”。除此之外，旅游元宇宙可以有效地保护文化遗产，防止旅游场景过度开发或人为破坏；旅游元宇宙可以帮助人们实现一种可能永远无法实现的体验，比如70岁的老人也可以攀登珠穆朗玛峰并获取相应的登山身体体验和心理体验；旅游元宇宙可以帮助游客实现更好的社交体验，在旅游途中可以为游客带来场景化的社交新体验。

第四节　建筑元宇宙

元宇宙中有各种各样的应用场景，比如提供虚拟购物体验的虚拟商城、进行产品全生命周期管理的虚拟工厂、利用VR、AR等技术构建的虚拟教学场景和历史场景等，这些虚拟场景必然涉及元宇宙中虚拟建筑的构建。在元宇宙中，建筑师不再需要考虑预算、结构、材料、重力等现实世界建筑之因素，可以突破空间和时间的限制，突破现实建筑界限的桎梏，将其非比寻常的设计角度和天马行空的想法用计算机代码呈现出超现实的、科幻的虚拟建筑。

一、建筑元宇宙的起源及发展

虚拟城市自由之地（Liberland）是一个由捷克人创立的私人国家，它的合法性完全基于渲染。三维模型是利伯兰自由共和国（Liberland）的虚拟世界和它适度的物理地块的蓝图。帕特里克·舒马赫（Patrik Schumacher[1]说，建筑师不受预算、建筑安全规范或重力的影响，他们的想法可以肆无忌惮。“这里不需要管理大型建筑工地的记录”，他解释说，“它更关注设计的核心竞争力”。帕特里克·舒马赫预测，元宇宙将迎来参数化的黄金时代——一种基于计算机算法的前卫建筑风格，定义了哈迪德的职业生涯和遗产。“每个机构都可以在元宇宙中拥有一个镜像空间”，他争辩道，“我们建筑师可以同时满足两者的需求”[2]。2021年5月，艺术家克里斯塔·金

[1] 帕特里克·舒马赫（Patrik Schumacher）为扎哈·哈迪德建筑师事务所（Zaha Hadid Architects）负责人，自扎哈·哈迪德（Zaha Hadid）2016年3月逝世后领导事务所的工作。

[2] 参见《扎哈·哈迪德事务所搭建利伯兰虚拟世界的未来城市，实现元宇宙建筑设计》，载搜狐网2022年2月28日，https://roll.sohu.com/a/525938505_121104438。

(Krista Kim)设计的世界上第一栋虚拟住宅“火星之家”在 NFT 艺术品交易平台“超稀有”(SuperRare) 上出售,售价 288 以太币,约合 323 万元人民币。2022 年 3 月,家具设计师安德烈斯 · 雷辛格(Andrés Reisinger)在 NFT 平台 Nifty 售出了十件自己设计的数字家具,售价 45 万美元。由元界实验室(Metaverse Labs)团队打造的中国风著名建筑龙城,是建立在分布式大陆(Decentraland)上的虚拟中国文化主题城市,并于 2022 年 3 月作为第一届元宇宙时装周(MVFW)亚洲品牌的独家场地。2022 年 4 月,中国知名建筑师马岩松创作的虚拟建筑主体“元宇宙誌屋 Meta ZiWU”在百度“希壤”元宇宙世界正式亮相。誌屋的“建筑”以有机的状态自然生长,没有核心筒、楼板、建筑结构和任何传统意义上的物理空间,也没有立面的概念。它的表皮像海洋生物的皮肤,半透明又闪闪发光。“建筑”内的空间都是一个个岛屿和气泡,没有重力的约束,在“裙房”的穹顶下和所谓“塔楼”的半通明通道中漂浮,建筑内是一个全新的时空,随着时间和内容不停变幻。[1] 随着建筑设计行业实践中创建孪生的数字建筑的趋势逐渐发展,建筑师可以充当物理世界和虚拟世界之间的桥梁。欧特克(Autodesk)指出,“建筑、工程和建筑领域的数字孪生兄弟是一个动态的、最新的实体资产或资产组的复制品——无论是建筑、校园、城市还是铁路——将设计、施工和实时运营数据结合在一起。数字建筑可以进行模拟、预测和实时决策”[2]。风语筑元宇宙数字艺术馆是由风语筑在百度希壤元宇宙平台打造并面向 M 世代用户开放运营的虚拟艺术世界。作为风语筑元宇宙文化设施集群之一,该馆基于虚拟引擎进行 3D 设计和开发,在未来将引入国内外顶流数字艺术家,用户可以在其中进行沉浸式观展、娱乐、社交,也可以在其中购买数字艺术藏品。[3] 一款名为虚幻引擎(Unreal Engine)的实时引擎与编辑器也成为建筑师翱翔在虚拟空间进行建筑设计和生产的利器。这个开放且可扩展的平台具备照片级逼真的渲染功能、动态物理与效果、栩栩如生的动画、健壮的数据转换接口

---

〔1〕 参见《建筑师马岩松虚拟建筑艺术首作亮相“希壤”元宇宙》,载 TOM 网 2022 年 4 月 30 日,https://travel.tom.com/202204/1916017570.html。

〔2〕 Chloe Sun《元宇宙为建筑设计师带来的全新机遇与挑战?》,载新浪网 2021 年 9 月 27 日,http://k.sina.com.cn/article_6311913111_178382697020018uxs.html。

〔3〕 参见《风语筑元宇宙数字艺术馆全球招标,初评推荐团名单公布》,载百度网 2022 年 1 月 26 日,https://baijiahao.baidu.com/s?id=1723026132441900015&wfr=spider&for=pc。

等,点击几下鼠标就能将建筑可视化,为建筑设计师带来无限的创作自由。[1]

二、建筑元宇宙的概念与特征

在现实世界中,土坯房、砖瓦房和高楼等建筑为我们提供了住所,道路、桥梁等为我们提供了日常出行便利,商场、影院等建筑为我们提供了购物、娱乐等便利,以上建筑连接了我们的城市和日常生活。在元宇宙中,建筑师不再受预算、结构、材料、重力等现实世界建筑因素之限制,可以突破空间和时间的桎梏,建设出具有想象力的虚拟建筑。除上述静态的建筑外,建筑师还可以在计算机代码中通过设置动态参数,用户可以通过调整参数获得不一样的动态建筑。建筑师还可以将其虚拟建筑铸造成 NFT 进行出售,并通过智能合约设置合理的版权交易费,为建筑师获得合理的报酬。《火星房屋》(*Mars House*)的作者金说道:"我可以想象得到,未来会有数字建筑,有了 AR 眼镜,人们就会在数字房屋、数字空间里消磨时间。"[2] AR、MR 技术的广泛使用,可以让用户进入虚拟建筑中感受不同的交互式体验,比如在虚拟校园中齐聚参加毕业典礼,攀登珠穆朗玛峰。笔者认为,建筑元宇宙是建立在数字孪生、AR、MR、人工智能、算法等基础上的,通过街景图像、测绘数据等训练算法,通过人工智能、算法构建虚拟建筑,通过数字孪生、计算机程序呈现虚拟建筑,通过 AR、MR 让用户实现交互式体验。

第五节 医疗元宇宙

现在医生和患者之间的沟通处在一个"浅度"的区域,相互之间信任度不高,交流的效率低,总体而言医疗服务质量欠佳、看病难的现状没有大的改观。现在正处于数字经济的时代,未来的医疗之路应当利用好数字科技,一定要在医生和患者之间搭建一个深度共情的联结桥梁。随着数字孪生、

---

〔1〕 参见 Queena Yao:《元宇宙虚拟建筑的工作激动人心,进入却没那么容易!》,载搜狐网 2022 年 3 月 15 日,https://www.sohu.com/a/529871008_120860591。

〔2〕《元宇宙深处的冥想 NFT 能重新唤起久违的诗意吗?》,载凤凰艺术网,http://art.ifeng.com/2021/0930/3521494.shtml。

VR、AR、人工智能等技术的发展，元宇宙的虚拟分身、沉浸式、临境感、交互式体验等特征可以为我们构建一个医疗元宇宙。

一、医疗元宇宙的起源及发展

2022年2月19日，元宇宙医学协会暨联盟创立大会在上海举行，会上元宇宙医学联盟（International Association and Aliance of Metaverse in Medicine，IAMM）正式成立。与会专家认为，传统医疗模式下所产生一些困境值得关注，比如社区医院高端设备覆盖率低、高端技术掌握程度低、病人认可度低；入名院难、看名医难；医疗资源利用不合理、医疗服务质量欠佳、医疗体系效率较低、慢病诊疗管理覆盖面小。如何有效解决这些问题？从物联网医学进一步拓展的元宇宙医学可能会给医学带来新的力量。[1] 2022年6月，阿联酋一位高级官员表示，医疗保健公司 Thumbay Group 将在10月推出阿联酋的第一家元宇宙医院。[2] 目前，美国食品和药物管理局（Food and Drug Administration，FDA）已经通过其医疗增强现实计划来审查 AR 和 VR 设备；我国也正在完善人工智能软件的审批流程，这将为未来的虚拟现实设备和用途设定监管要求奠定基础。[3] 2022年6月，东软集团董事长刘积仁博士出席第六届世界智能大会，并在演讲中指出人工智能已经成为新经济发展的重要基础，渗透我们的生活以及各行各业。在医疗健康领域，人类已经进入元宇宙的时代。[4] 在元宇宙医疗应用场景方面，通过使用 VR 和 AR 技术、人工智能、大数据等技术，可以在临床手术、药物及医疗器械研发、医疗机器人、医疗培训教学、“AI 医生”等场景落地应用，打破空间和时间障碍，有望进一步促进诊疗、健康管理等方向的虚拟现实交互融合。[5] 上海钛

---

〔1〕 参见李佳蔚：《元宇宙医学联盟在上海成立，有望解决看名医难等问题》，载澎湃新闻网2022年2月19日，https://www.thepaper.cn/newsDetail_forward_16769995。

〔2〕 参见《阿联酋将在10月推出第一家元宇宙医院》，载搜狐网2022年6月30日，https://www.sohu.com/a/562468739_121124402。

〔3〕 参见郝云颖：《“元宇宙医学”雏形初现 虚拟世界中的疾病防治有何不同?》，载第一财经网2022年2月21日，https://www.yicai.com/news/101323615.html。

〔4〕 参见东软集团：《东软集团刘积仁出席第六届世界智能大会》，载电子发烧友网2022年6月28日，https://www.elecfans.com/d/1854366.html。

〔5〕 参见季媛媛：《万物智能互联时代：元宇宙在医疗场景中应如何落地?》，载21经济网，http://www.21jingji.com/article/20220619/herald/41906271d8042f186498a99a701f9597.html。

米机器人股份有限公司基于手术室、重症监护室、病房、门诊、急诊、检验、后勤七大医院场景，以特定用途的机器人及自动化产品构建一体化的"医院数字底座"，打造了全生命周期人工智能系统——"医院数字孪生体"，实现医院的全过程高效管理。[1] "医疗元宇宙的终极目标是'治未病'，最终是要全面提升国民健康，这也和《健康中国 2030 规划纲要》里的目标一致"，蒋慧琴教授表示。通过全面监测人体微生物、营养、心理等更高层次的生命体征指标，为综合提高人体健康提供数据基础，由此寻找健康干预的生物学靶点。[2]

二、医疗元宇宙的概念与特征

现在普遍认为"元宇宙医学"是利用 VR、AR 和人工智能等技术来增强患者的治疗效果，构建一个物联网医学平台。然而，所谓的"元宇宙医学"不过是医疗元宇宙的趋势。笔者认为，医疗元宇宙是建立在数字孪生、VR、AR、人工智能、虚拟人、区块链、脑机接口等技术基础上的用于医疗的元宇宙，患者可以通过虚拟分身方式在虚拟医院就诊，患者和医生均可通过虚拟分身的方式沟通交流，医生首先通过人工智能辅助对患者的体检报告进行专业解读，其次以数字孪生技术映射患病脏器并进行医学分析，最后用 VR、AR 技术进行手术模拟加强患者对手术过程的了解、设计长期康复方案、指导院外护理操作，VR、AR 还可广泛用于高效、安全和可测量的医学训练。医疗元宇宙主要有以下特征：(1) VR、AR 技术帮助患者突破物理时空限制，可以获得很好的沉浸式体验；(2) 虚拟分身可以帮助在患者和医生之间建立良好的交互式体验；(3) 区块链技术可大大保障患者数据存储的安全，减少患者一些无谓的检查；(4) 数字孪生技术不仅可以用于疾病的诊治，还可用于健康和疾病状态的预测；(5) 脑机接口技术可以帮助瘫痪患者利用脑电波控制机械手臂实现自理。

---

〔1〕 参见《「AI 上海范」"机器人 + AI 脑"构建数字孪生医院》，载上海市经济和信息化委员会网，http://sheitc.sh.gov.cn/gydt/20211227/3bcbe6fe73f742cf921bf461e403b862.html。

〔2〕 参见蒋慧琴：《人机融生，打造医疗元宇宙》，载医疗健康网，http://www.yiliaochina.com/xinwen/yiyaoqianyan/2022/0527/29188.html。